Lasst uns gehen in Frieden

Pater Josef Schulte OFM

Lasst uns gehen in Frieden

Pater Josef Schulte OFM

Predigten 2017 – 2022

PalmArtPress
Berlin

Pater Josef Schulte hat die Predigten in den Jahren 2017 bis 2022 in seiner Gemeinde St. Ludwig, Berlin-Wilmersdorf, gehalten. Das gesprochene Wort wurde mit seinem Wissen regelmäßig aufgezeichnet und dokumentiert. Nach seinem Tod wurden ca. 70 Predigten von Mitgliedern der Gemeinde ausgewählt und in diesem Buch zusammengestellt. Die unter einigen Predigten angeordneten Aphorismen entstammen der persönlichen Aphorismen-Sammlung von Pater Josef.

St. Ludwig, Wilmersdorf © Marian Duryn

Vorwort

Pater Josef Schulte sagte einmal: „Wenn man eine große Beerdigung haben möchte, muss man jung sterben.“ Bei Pater Josefs Requiem am 03.12.22 war seine Kirche, St. Ludwig in Berlin, in der er von 1986 bis zu seinem Tod gewirkt hat, bis auf den letzten Stehplatz gefüllt. Im Rückschluss zu seiner These heißt das: Pater Josef ist jung gestorben.

Und so war es, so war er: bis zu seinem Tod mit 80 Jahren war er jung, aufgeschlossen, interessiert an Menschen, offen für Neues. Er lebte nicht im Vergangenen sondern im Jetzt, wollte in der Gegenwart aktiv sein.

Er wirkte als Seel-Sorger im wahrsten Sinne des Wortes, von ganzem Herzen und mit Leidenschaft. Viele von uns haben dies in verschiedensten Situationen ihres Lebens erfahren dürfen, vielen Menschen war er Vertrauter, Ratgeber, Helfer.

Seine große Leidenschaft war das Predigen. Von Jugend an beschäftigte er sich damit in den unterschiedlichsten Facetten, zahlreiche Geistliche kennen ihn aus seinen Predigtkursen.

Seine „Messe für Ausgeschlafene“, sonntags um 12h in St. Ludwig, wurde in Zeiten, in denen sich die meisten Kirchen mehr und mehr leerten, zum Magneten, zum Anziehungspunkt für viele unterschiedliche

Menschen verschiedener Gemeinden, Konfessionen und Lebensentwürfe. Sie kamen, um ihn zu hören, um aufzutanken, um Anstöße für die kommende Zeit mitzunehmen.

Es war beeindruckend, wie nah Pater Josef mit seinen sanften und behutsam gesetzten Worten über Liebe, Toleranz, Verständnis, Geduld, Hoffnung, Vertrauen, Mut, Entschlossenheit … den einzelnen Zuhörerinnen und Zuhörern kam.

Lag es daran, dass er, wie er sagte, „eine Woche mit einer Predigt schwanger ging"? Oder daran, dass er bei der Vorbereitung an einzelne dachte oder dass er aus eigener Erfahrung und tiefer Überzeugung sprach? Wahrscheinlich war es eine Mischung von allem.

Er lebte in seinem Glauben und er lebte und predigte seinen Glauben. Er wusste, was er sagte und was er sagen wollte – ruhig aber bestimmt.
Wenn man ihn um einen Rat fragte, konnte er kluge Worte wählen – oder klug schweigen.

In diesem Buch haben wir eine Auswahl seiner Predigten von 2017 bis 2022 zusammengestellt. Karin Schellmann hat diese Predigten über all die Jahre mit dem Einverständnis von Pater Josef aufgenommen und aufgeschrieben.

Wir wollen damit das Geschenk, das er uns gemacht hat, weitergeben an alle, denen er viel bedeutet hat, an alle, die in seinen Worten Halt und Hoffnung gefunden haben und weiterhin finden.

Wenn wir uns an ihn erinnern, haben wir seinen Gruß, mit dem er uns am Ende des Gottesdienstes verabschiedete, im Ohr: „Lasst uns gehen in Frieden“.

Ursula Hüffer

Ein glückseliges Neues Jahr

Predigt vom 1.1.2017

Ich kann mich noch ganz gut an den Sound, an die Melodie, an den Klang erinnern in früheren Jahren, Jahrzehnten, wenn sich Menschen am ersten Tag des Neuen Jahres begegneten – in meiner Heimat. Dann hieß der Gruß: Ein glückseliges Neues Jahr! Auf Plattdeutsch klang das noch intensiver. Ein glückseliges Neues Jahr! Diesen Wunsch hört man heute und auch schon seit einigen Jahren nicht mehr so freudig und so laut. Die Wünsche sind eher verhalten: Ich wünsche ein gutes Neues Jahr! Ich wünsche ein Jahr mit Gesundheit, ja, Gesundheit vor allem wird noch nachgeschoben – und vielleicht auch mit ein bisschen Glück.

Ja, das wünschen wir uns an der Schwelle, an der wir stehen, rückblickend auf das, was gewesen ist. Lassen wir uns locken von der Zukunft, von dem neuen Ufer, auf das wir wahrscheinlich, vielleicht oder sicher zugehen werden, zugehen müssen. Dafür brauchen wir Glück! Aber was für ein Glück? Nicht ein Lotterieglück sondern ein Glück, das etwas zu tun hat mit Bindung, mit Stetigkeit und mit Festigkeit. Ich will das einmal als Bindungsglück bezeichnen, mit der Erfahrung, dass wir zugehörig sind, dass wir nicht nur uns selbst gehören, sondern dass wir zugehörig sind zu einer engen Gemeinschaft, sei es in der

Familie, sei es in anderen Gemeinschaften. Dass wir zugehörig sind zur Gemeinschaft der Glaubenden in der Kirche, die uns in besonderen Zeiten auch Bindungsglück oder Bindungsgnade schenken wird.

Das Glück, das nicht einfach per Zufall da ist sondern das wächst wie ein Organismus, an dem man selbst etwas tut. Das Tätigkeitswort, das zu ‚Bindungsglück' gehört, das heißt: ‚verbindlich leben'. Aus einem verbindlichen Leben kann neues Glück wachsen.

Bindungsglück – und ich füge ein zweites hinzu: Wurzelglück – die Erinnerung daran, dass wir Wurzeln haben, die Kraft und Feuchtigkeit und Energie und Lebenssaft ziehen aus dem Boden, auf dem wir stehen. Ich meine das jetzt in metaphorischem Sinn.

Bindungsglück, Wurzelglück und Flügelglück, und damit meine ich das Glück, einen neuen Anfang geschenkt zu bekommen, neu aufbrechen zu dürfen, das, was gewesen ist, gewesen sein lassen, um den nächsten Schritt nach vorn zu tun.

Ich schließe mit Theodor Fontane: „Glück ist dann da, wenn einer da steht, wo er hingehört", wenn ein Mensch seinen Platz – im tieferen Sinn – im Leben gefunden hat. Darum kann man immer nur beten, dass wir auf dem Platz stehen, wo wir hingehören.

Gereifte Sorglosigkeit

Predigt vom 26.2.2017

An den Sonntagen dieser Fastenzeit werden wir wieder Fastenpredigten halten, jeweils in den verschiedenen Gottesdiensten, und dieses Mal stehen sie unter dem Thema des Kernprogramms der Reformation. Nicht nur wir hier bei uns sondern auch viele andere Kirchen und Gemeinden, sowohl katholisch wie evangelisch, werden sich in dieser Fastenzeit mit dem Erbe der Reformation beschäftigen, und immer wieder wird gefragt: Was ist das typisch Katholische, was ist das typisch Evangelische? Wie kann die Einheit in Vielfalt aussehen, auf die wir immer mehr zugehen.

Ich war vor einiger Zeit auf einer Tagung, die hatte das Thema: Ist die Ökumene am Ziel oder am Ende? Das Ergebnis dieser Tagung war: Sie ist eigentlich am Ende, denn es ist in den letzten Jahrzehnten so viel auf theologischer, auf oberkirchlicher Ebene an Kontakt und Bewegung zueinander geschehen, dass man sagen kann: Es ist genug geschrieben und doziert worden. Jetzt geht es um den Vollzug der Ökumene, ganz konkret in den Gemeinden. Ich glaube, da läuft in vielen Gemeinden und Kirchen in Deutschland ganz viel.

Was ist typisch evangelisch? Was ist typisch katholisch? Mit dieser Frage hat sich auch jemand beschäftigt, der ein sehr kritisches Verhältnis zur Institution Kirche hatte, der aber wohl schon gläubig war, ein Schriftsteller, Theodor Fontane. Er selbst evangelisch, Protestant, ein richtiger Protestant, sehr kritisch. Er hat gefragt: Was unterscheidet denn den Protestantismus vom Katholizismus? Er sagt: Das Thema und das Schlüsselwort, die Kernbotschaft des Protestantismus – und darauf können wir nicht stolz genug sein – das ist die Freiheit eines Christenmenschen. Für ihn ist das Schönste am Christentum die Freiheit und die Liebe. Dann fährt er fort: Zur katholischen Kirche möchte ich nur einen Satz sagen, und der heißt: Die katholische Kirche bettet das Herz weicher. Diese Beobachtung, die er gemacht hat, trifft.

Ich könnte das jetzt ausführen – will ich aber nicht – sondern ich möchte es in Verbindung bringen mit dem, was einer der Höhepunkte der Bergpredigt ist, nämlich die Worte und die Bilder und die Schlüsselaussagen, die wir eben im Evangelium (Mt 6,24-34) gehört haben. Wenn man sich dieses Evangelium nimmt und in den Hinterkopf leitet oder ins Herz sacken lässt, dann spürt man: Diese Worte, dieses Evangelium bettet das eigene Herz weicher und es entlastet von künstlichen, auch kirchlich künstlichen Sorgen und sagt, worauf es ankommt. Ich möchte einen kurzen Blick auf dieses Evangelium werfen und greife nur mal vier Punkte heraus, über die man ganz lange predigen könnte.

Der erste Punkt steht gleich zu Anfang, gewissermaßen als Vorzeichen vor der Klammer, dieser einfache Satz mit der klaren Entschiedenheit: Man kann nicht zwei Herren dienen. Du kannst nicht Gott dienen und dem Mammon. Mit ‚Mammon' war damals nicht nur Geld gemeint sondern Besitz. Etwas heruntergebrochen auf den Alltag, verbunden mit einer Erfahrung, die Sie, die ich, immer wieder machen können – auch wenn viel von multitasking geredet wird – man kann nur auf einer Hochzeit tanzen. Diese tiefe Erfahrungs- und Lebensweisheit kann man nicht genug beherzigen. Sie steht als Vorzeichen vor der Klammer, die klare Entscheidung in kleinen und in großen Dingen. Wenn die gefallen ist, dann lässt sich das Ganze mit den Sorgen etwas anders an. Dann erübrigen sich manche Sorgen.

Zweiter Gesichtspunkt: Dieses Evangelium – man würde es falsch verstehen, wenn man an eine primitive Sorglosigkeit denken würde. Hier geht es um eine geläuterte oder gereifte Sorglosigkeit. Diese macht sich für mich fest in einem kleinen Satz – ich weiß nicht, woher er kommt – er lautet: Vertrau auf Gott, aber schließe dein Auto ab! Klingt fast banal, aber meint einen ganz tiefen Zusammenhang, nämlich: Der gesunde Menschenverstand wird vorausgesetzt, wenn es um Gnade geht, wird nicht übersprungen. Deshalb meint diese Sorglosigkeit, von der hier die Rede ist, nicht naiv, meint auch nicht weltfremd, meint nicht blauäugig, sondern ist schon durchdacht.

Der dritte Punkt: Schicksalsfähigkeit. Dieses Wort taucht im Tagesgebet dieses Sonntags auf: „Du lenkst das Schicksal der Menschen", eigentlich für den kirchlichen Raum ein etwas ungewöhnliches Wort: Schicksal. Da heißt es: Du kannst deinem Leben, d. h. deinem

Schicksal, nicht eine Elle hinzufügen. Im Urtext ist gemeint, nicht nur dein Leben verlängern im Sinne einer Zeit-Elle sondern im Sinne der Größe. Ob du 1.67 groß bist oder ob du 1.92 groß bist – das ist nur ein Bild für den Rahmen des Schicksals. Den Rahmen kannst du nicht ändern, du darfst es auch nicht, aber den Inhalt dieses Rahmens, den kannst du und den sollst du füllen.

Das letzte Wort, ziemlich am Ende des Evangeliums: zuerst. Suche zuerst, d. h. gibt es ein Primat der Werte in deiner Brust? Was ist dir wichtig? Im Englischen sagt man: first things first! Das sieht bei jedem wieder etwas anders aus, aber meint, dass es so eine Hierarchie der persönlichen Werte und Entscheidungen geben muss. Wenn es das nicht gibt, dann wird das Leben gleich – gültig, gleichgültig, dann wird es egal, und das ist es nach diesem Evangelium eben nicht. Deshalb ist dieses kleine Wort ‚zuerst' so ein wichtiges Wort.

12 Millionen Menschen haben ein Buch gelesen – wahrscheinlich unter Ihnen auch der eine oder andere – ein Buch, das vor mehreren Jahrzehnten erschienen ist, das den Titel trägt: „Sorge dich nicht, lebe!" von Dale Carnegie, der nur über die kleinen Sorgen des Lebens spricht und mit seinen 12 Millionen Büchern schon vielen Leuten Mut gemacht hat in ihrer Ängstlichkeit, in ihren Sorgen.

Das Evangelium heute ist so etwas wie – im Bild gesprochen – ein 100 € Schein. In dem Buch von Dale Carnegie stehen kleine Geschichten in der Größenordnung eines Cents. Es ist gut, wenn man beides beherzigt.

So will ich schließen mit einem Bild aus diesem Buch, das ich vor 40 oder mehr Jahren gelesen und behalten habe, das mir immer wieder in den Sinn kommt, das Bild von dem Mammutbaum in Colorado, ein Urwaldriese, der 300 oder 400 Jahre alt geworden ist mit einem Riesenumfang. Naturkundler haben untersucht, dass über diesen Baum im Laufe der Jahrzehnte, der Jahrhunderte Stürme hinweggegangen sind, sie konnten ihn nicht umlegen. Blitze sind eingeschlagen und Unwetter, und dann schreibt Carnegie – ist ein Heer von Insekten und kleinen Käfern gekommen und hat sich unter der Rinde dieses Mammutbaumes eingenistet. Diese kleinen Insekten, die man zwischen Daumen und Zeigefinger zerquetschen kann, die haben ihn zu Fall gebracht.

Solche kleinen Käfer und Insekten – im übertragenen Sinn – kennen wir alle. Umso wichtiger ist es da, sich an die Bilder des Evangeliums zu erinnern von den Vögeln und den Lilien, die unser Herz weicher betten.

Ökumenischer Frühling

Predigt vom 26.3.2017

Dieser schöne, frische Frühlingssonntag passt zu dem, wie ich heute meine Predigt beginnen will. Ich sehe vor mir ein Bild: Es ist die Titelseite eines Magazins zu dem Thema: 500 Jahre Reformation. 1517-2017 – Thesenanschlag Luthers an der Schlosskirche zu Wittenberg. Die Wissenschaftler sagen zwar: Man weiß nicht genau – stimmt das mit dem Thesenanschlag oder hat sich das nachher als Legende gebildet? Ist aber auch egal und spielt hier keine Rolle.

Jedenfalls, die Schlosskirche in Wittenberg und diese Tür als Foto auf der Titelseite eines Magazins. Sie zeigt die offenen Tore dieser Schlosskirche und, wenn man hineinschaut, müsste man eigentlich den Mittelgang sehen und die Bankreihen und den Altar. Aber stattdessen sieht man einen Weg im Frühling, einen Sandweg, von der Sonne beschienen, mit grünen Sträuchern und Bäumen am Rand. Eine Fotomontage – wie man es heute nennt. Und diese Fotomontage: Frühlingsbild, Frühlingsweg, Schlosskirche, 500 Jahre zurück, hat eine Botschaft. Die Botschaft heißt: Es gibt so etwas wie einen ökumenischen Frühling. Beide Kirchen, die evangelische und die katholische, in dieser Zeit, gewachsen über 50 oder 60 Jahre oder noch mehr. Jedenfalls, was meine Generation miterlebt hat! Vor 50 Jahren war das Konzil, und schon vorher hat er begonnen – dieser ökumenische Frühling. Dass es eine ökumenische Gemeinschaft in Deutschland gibt, bestehend aus beiden Kirchen, die sich nun neu entdecken, die miteinander reden und sich nicht als Häretiker bezichtigen und sich einander zuwenden.

Der Meilenstein, den wir oder einige von uns am Fernsehen vor 14 Tagen miterleben konnten oder durften, der Versöhnungsgottesdienst beider Kirchen wie er aus der Michaeliskirche in Hildesheim in der ARD Samstag am Spätnachmittag übertragen wurde mit den obersten Vertretern beider Kirchen, mit Bischof Heinrich Bedford-Strohm, dem Vorsitzenden der EKD, und Kardinal Marx, dem Vorsitzenden der deutschen Bischofskonferenz, die dort gemeinsam einen Buß- und Versöhnungsgottesdienst gefeiert haben und Wunden heilen wollten durch das Bekenntnis ihrer Schuld. Zu Beginn dieses Gottesdienstes fiel der Blick auf eiserne Balken, die so aussahen wie eine Panzersperre, und dann trat eine Reihe von jungen Erwachsenen auf und nahm dieses Eisengerüst, diese Panzersperre in die Hand, richtete sie auf und machte daraus ein Kreuz, ein dreidimensionales Kreuz, das in alle Himmelsrichtungen wies. Aus der Panzersperre wurde ein Kreuz. Kreuz als Hoffnungszeichen! Das ging unter die Haut! Dieses einfache Zeichen! Und dann das Gespräch, das gemeinsame Beten und die Dialoge der beiden Bischöfe, die sich einander zuwandten, nicht um den anderen zu belehren oder um seine Meinung zu korrigieren, sondern sich brüderlich, herzlich auszutauschen und der

Freude und dem Dank Ausdruck zu geben. Ein Gottesdienst im Fernsehen, wo man – ich darf mal übertreiben – den Funken überspringen sah auf die anwesende Gemeinde, ja auch auf viele Fernsehzuschauer.

Mir sagte ein evangelischer Christ: Ich hatte, als ich das sah, eine Gänsehaut. Ökumenischer Frühling – auf oberster Ebene! Aber nicht nur da hat es ihn gegeben, sondern vorweg gab und gibt es ihn in vielfältiger Weise in Kirchenkreisen, in Gemeinden, unter Bistümern … bis hin zur kleinsten, untersten Ebene, wo es um Kontakt, um Freundschaft, um Bekanntschaft geht, wo immer neu etwas knospt und wächst.

Wenn ich meine eigene theologische Biographie anschaue, die letzten 40 Jahre, dann muss ich sagen, mich haben evangelische Theologen, ob das jetzt Dietrich Bonhoeffer war oder Helmut Thielicke oder Jörg Zink oder wen ich sonst noch nennen könnte, genauso inspiriert und beschenkt wie katholische Theologen. Und umgekehrt wird es, glaube ich, so ähnlich sein bei manchen oder bei vielen.

Ich habe einen guten Bekannten, einen evangelischen Pfarrer, der ist Pfarrer in Boitzenburg an der Elbe in der Nähe von Lauenburg. Wir haben schon oft Seminare miteinander gemacht. Er hat mich vor einigen Wochen besucht, und beim Abschied hat er mir – wie man das so tut – ein Mitbringsel gegeben, so eine kleine Schachtel, ein Kästchen, sieht so ähnlich aus wie man sie in der

Apotheke bekommt, wenn man Tabletten kaufen muss. Ein kleines Mitbringsel, das heißt: Lutherol. Darunter steht: Theologicum für Geist und Seele. Was Martin Luther heute verordnen würde – für beide Kirchen. Darunter steht dann: Mit vierfach Wirkformel: sola gratia, sola fide, solus Christus, sola scriptura – sie entspricht der Predigtreihe, die wir in dieser Fastenzeit halten. In dem Beipackzettel, der noch amüsanter ist, steht unter anderem: Anwendung überall einsetzbar, ökumenisch und Haltbarkeit bis ans Ende der Welt. Lutherol! Ja, man kann staunen, wie sich die Marketingindustrie eines Jubiläums bemächtigt. In der Schachtel sind kleine Kapseln, die man öffnen kann, und da steht dann jeweils ein Satz von Martin Luther drauf – zum Nachdenken.

Ich möchte vier kernige Worte von Martin Luther an dieser Stelle mit Ihnen bedenken, die uns etwas von dem Spiritus dieses Mannes eröffnen. Das erste Wort lautet: Baptizatus sum! Ich bin getauft. Und dieses lateinische Wort soll, so erzählt die Geschichte, von Martin Luther in seinen Schreibtisch geschnitzt oder geritzt worden sein, sodass er es jeden Tag sehen konnte: Ich bin getauft! Dieses Wort hat er nicht nur in Zeiten gelesen, in denen er äußerst kreativ war, die Bibel übersetzt und Predigten und Briefe verfasst hat. Dieses Wort: ‚Ich bin getauft' hat er auch in Stunden der Depression, der Niedergeschlagenheit, der Minderwertigkeitsgefühle und der ihn umtreibenden Frage gelesen: Wie bekomme ich einen gnädigen Gott? Das war damals vor 500 Jahren die Fragestellung: Wie kriege ich einen gnädigen Gott? Unsere Frage heute lautet vielleicht etwas anders: Wie bekomme ich einen gnädigen, milden Mitmenschen? Oder: was ist die Rechtfertigung meines Daseins, meines Soseins, meines Lebens? Themen verändern sich, die Intensität verändert sich, auf jeden Fall war diese Frage so etwas wie ein Motor, der Luther getrieben hat. Nur so ist er durchgestoßen zu dem Geheimnis, an das er geglaubt hat: Solus Christus! Christus allein! Er hilft mir, er kann mir helfen. Ich bin getauft, d. h. ich bin angenommen. Ich muss nicht durch Leistung etwas erbringen, damit ich anerkannt werde.

Die Taufe, von beiden Kirchen anerkannt. In der katholischen Kirche war die Taufe ja – wenn man zurückblickt in die Geschichte – sozusagen im toten Winkel. Ich persönlich wurde getauft, da war meine Mutter noch im Krankenhaus. Die Taufe war so nebenher, an der Ecke, nur wenige Leute waren dabei. Taufe – Eintrag ins Kirchenbuch. Was hat sich in den letzten 50 Jahren verändert im Taufverständnis! Dass Taufen viel, viel mehr ist als ein bürokratischer Akt sondern etwas Substantielles, was mit meiner Identität zu tun hat, wer ich bin und wer ich sein kann.

Zweites Wort von Martin Luther: Wenn ich Gott malen sollte, dann würde ich ihn malen als einen Backofen voller Liebe. Eine große Bildkraft! Wie er die Bibel übersetzt hat! Er hat ja gesagt: Man muss den Leuten aufs Maul schauen, d. h. nicht nach dem

Mund reden, aber aufs Maul schauen. Das hat er gekonnt, einzigartig! Dieses Bild zeugt auch davon: wie ein Backofen voll Liebe – unergründliches Erbarmen. Das Gleichnis vom verlorenen Sohn erzählt es in seinen Bildern und Worten.

Drittes Wort von Martin Luther: Ich habe heute viel zu tun, darum muss ich heute viel beten. Überraschend! Ich habe heute viel zu tun, darum muss ich heute viel beten. Hier, bei uns, mit unserem Mund lautet das anders: Ich habe heute viel zu tun, darum kann ich heute gar nicht beten, hab keine Zeit. Luther ging es um eine wirkliche Verinnerlichung des Glaubens, nicht eine Veräußerlichung wie es im Ablasswesen und vielen anderen Dingen, die er kritisiert hat, zu Tage trat. Von der Veräußerlichung weg zur Verinnerlichung des Christseins!

Vierter und letzter Satz von Martin Luther, ganz einfach, aber drüber nachzudenken, ihn zu meditieren und sich zu Herzen zu nehmen, kommt man an kein Ende. Dieser Satz heißt: Wir sind Bettler. Das ist wahr! In diesem Satz ist so viel Wahrheit, und er lädt uns ein, auf unser Selbstbild, das wir manchmal wie ein Götzenbild auf unseren Schultern einhertragen, zu verzichten und zu erkennen: Bescheidenheit täte jedem von uns gut. Ein wahrer Christ ist bescheiden.

Liebe Schwestern, liebe Brüder! Solus Christus, Christus allein! Was bedeutet Dir Jesus Christus? Unser Thema! Ich möchte schließen mit einem Wort, das mir aus der Seele gesprochen ist, das ich einfach absolut sympathisch finde. Es stammt nicht von mir sondern von einem Jesuitenpater, den ich kenne, der antwortet auf die Frage: Was bedeutet dir Jesus Christus? Er hat gesagt und auch geschrieben: Manchmal habe ich das Gefühl, ja, den sicheren Glauben, dass Jesus die Seele meiner Seele ist. Ich bete: Anima Christi, heile mich, Anima Christi, stärke mich! Martin Luther hat das mit allen Fasern seines Herzens getan: die Seele seiner Seele gelebt.

Nehmen wir dieses Wort mit in diesen Sonntag: die Seele meiner Seele.

Wo Worte selten sind, haben sie Gewicht

W. Shakespeare

Die Mitte des Lebens

Predigt vom 18.6.2017

Fronleichnamsprozession, das Fest Fronleichnam – es existiert seit dem 13. Jahrhundert – hat sich immer wieder gewandelt. Im 13. Jahrhundert und auch in den Jahrhunderten später war es ganz eigenartig, dass etwas entstanden ist wie eine Schaufrömmigkeit: das Volk will sehen, das Volk will schauen, und deshalb die Monstranz, in der das heilige Brot gezeigt wurde. Es wurde durch die Dörfer und Straßen getragen. Und die Ehrfurcht vor diesem heiligen Brot ist im Laufe der Jahrhunderte so gewachsen, dass man es nur noch angeschaut hat, verehrend, lobend, preisend, dass es dann Eucharistiefeiern gegeben hat, in denen keine Kommunion ausgeteilt wurde. Ich kann mich noch an meine Messdienerzeit erinnern, dass die Kommunion nicht in jeder Messe ausgeteilt wurde sondern selten.

Was hat sich in den letzten 50 / 60 Jahren verändert! Heute gehört das Kommunizieren einfach dazu. Damit drückt sich aus, dass Eucharistie wesentlich nicht nur etwas ist, was man schaut, was man sieht und verehrt, sondern was man isst. Durch dieses Essen, durch dieses gemeinsame Mahl, das wir feiern, drücken wir Kirche als Gemeinschaft aus.

So ist es, dass vieles sich im Laufe der Zeit immer wieder verändert, weil wir uns verändern. Lebenswandel und Glaubenswandel! Das geht immer zusammen.

Wenn man sich nicht verändert, dann stirbt etwas, dann wird etwas tot oder es wird eine hohle Form.

So kann es auch bei Frömmigkeitsriten sein, dass etwas hohl wird und letztlich nicht mehr brauchbar ist.

Es kann aber noch etwas Schlimmeres passieren: Ein Pfarrer aus dem Ruhrgebiet hat erzählt, was ihm passiert ist an Fronleichnam. Die Fronleichnamsprozession war bestens vorbereitet mit allen Gruppen der Gemeinde. Man wusste genau, wo die Altäre sind, welcher Weg genommen wird. Als der Pfarrer mit der Monstranz unter dem Baldachin aus der Kirche tritt, da stellt er plötzlich fest, dass er die Hostie vergessen hat. Die leere Monstranz, die er beinahe herausgetragen hätte! Ein Schock trifft ihn, und er überlegt, was er tun soll. Er lässt die Prozession anhalten, holt die Hostie und setzt sie ein. Dann geht die Prozession weiter, auch wenn viele gar nicht gemerkt haben, was da passiert war.

Eine sehr peinliche Geschichte für diesen Pfarrer, aber auch für jeden, der sie hört und den tieferen Sinn dieser Begebenheit bedenkt: eine Prozession ohne Mitte.

Ich nehme das mal als Sinnbild, als Symbol, als Zeichen für etwas, was auch sonst im Leben passieren kann: wenn uns die Mitte unseres Lebens abhandenkommt oder entgleitet und wir nicht mehr richtig wissen, wer wir sind, was unsere Identität ist. Das Gleiche kann in der Kirche, in der Gemeinde passieren, dass sehr viel Aktivität entsteht und man dieses oder jenes tut, aber man spürt: da fehlt doch etwas Wesentliches. Aus welcher Tiefe und aus welcher Mitte geschieht etwas, wird etwas praktiziert?

Was uns am Fronleichnamstag neu bewusst werden kann, dass Eucharistie die Mitte der Liturgie ist. Dass es nichts Größeres, nichts Tieferes, nichts Kostbareres gibt als die Eucharistiefeier der Kirche. Wo Kirche, wo Gemeinde Eucharistie feiert, da ist sie am Wesenskern dessen, wozu sie berufen ist.

Zu den Grundelementen von Fronleichnam gehören dann drei Bewegungen, nämlich: Stehen vor dem Herrn, vor Gottes Angesicht stehen, was wir in der Eucharistiefeier praktizieren oder auch sonst. Stehen vor dem Herrn als Inbegriff des Sich-bewusst-Werdens: Wer bin ich und vor wem stehe ich? Die zweite Bewegung: Gehen mit dem Herrn, was sich in einer Prozession in sinnfälliger Weise ausdrückt – das Auf-die-Straße-Gehen und Christus in die Welt tragen. Das dritte Element ist das Knieen vor dem Herrn, die Anbetung, die nie verschwinden darf und die so etwas Wesentliches in der Liturgie, in der Kirche, im Leben ist.

Dieses kostbare Geheimnis, dass in der Eucharistie Gott für jeden von uns, der nach vorne tritt, greifbar wird, berührbar, und nicht nur das: dass er in uns hineingeht als das Brot des Lebens. Und der Kurzdialog, der zwischen dem Kommunionspender und dem Kommunionempfänger entsteht: Der Leib Christi – Amen (Ja, so ist es) ist jedes Mal ein kleines Credo.

Etwas Kostbareres auf dieser Welt – und das ist christliche Identität – gibt es nicht als dieses Geheimnis: Ich darf Gott begreifen.

Wir sind nicht umsonst in diese Welt gesetzt,
sondern wir sollen hier reif werden für eine andere.

M. Claudius

Kirche – Raum der Geborgenheit

Predigt vom 2.7.2017

Nach einem Sonntagsgottesdienst kam ich vor der Kirche ins Gespräch mit einem Mann, der sporadisch den Gottesdienst, die Kirche besucht. Wir kamen in ein etwas längeres Gespräch, und dann sagte er: „Wissen Sie, ich erwarte gar nicht so viel von der Kirche wie Sie vielleicht denken. Meine Erwartungen an die Kirche, das sind eigentlich nur drei Punkte:

Also, wenn ich in die Kirche gehe, dann will ich in eine Kirche gehen und nicht in einen Konferenzsaal, nicht in eine Turnhalle sondern in eine Kirche so wie diese hier, und davon gibt es ja viele – mit Säulen, mit Gewölbe, und vor allen Dingen brauche ich einen Raum, in dem ich mich wohl fühle und in dem ich mich geborgen fühle, schon durch die Architektur.

Das Zweite, das ich erwarte, wenn ich in den Gottesdienst gehe, dass ich mich nicht ärgern muss, z.B. dass der Gesang zu kümmerlich und zu kläglich ist, dass das Orgelspiel nicht gut ist.

Das Dritte, das ich wünsche ist, dass ich in der Kirche ein Wort höre, das ich mitnehmen kann, das mir etwas gibt für meine Existenz, für die Bewältigung meines Alltags, sozusagen: Brot für die Woche, von dem ich leben kann. Oder, man könnte auch sagen, so eine kleine Inspiration, was ich in meinem Leben vielleicht anders machen kann.

Heute – ich sagte es eben schon – feiern wir das Jahresgedächtnis der Kirchweih von St. Ludwig vor 120 Jahren. Dabei denkt man an das Bauwerk, aber nicht nur. Einige Worte dazu, die ich mir geborgt habe von Manfred Hausmann. Sie lauten so:

Ich möchte eine alte Kirche sein
voll Stille, Dämmerung und Kerzenschein.
Wenn du dann diese trüben Stunden hast,
gehst du herein zu mir mit deiner Last.
Du senkst den Kopf, die Tür fällt zu.
Nun sind wir ganz alleine, ich und du.
Ich kühle dein Gesicht mit leisem Hauch,
ich hülle dich in meinen Frieden auch,
ich fange mit der Orgel an zu singen ...
Nicht weinen, nicht die Hände heimlich ringen!
Hier an der Seite, wo die beiden Kerzen sind,
komm, setz dich hin, du liebes Menschenkind!
Ob Glück, ob Unglück, alles trägt sich schwer.
Du bist geborgen hier, was willst du mehr?
In den Gewölben summt's, die Kerzenflammen
weh'n flackernd auseinander, weh'n zusammen.
Vom Orgelfuß die Engel sehn dir zu
und lullen dich mit Flötenspiel zur Ruh.
Ich möchte eine alte Kirche sein
voll Stille, Dämmerung und Kerzenschein.
Wenn du dann diese trüben Stunden hast,
gehst du herein zu mir mit deiner Last.

Auch die Kirche als Gebäude spricht, sie spricht ihre Sprache, und der Dichter, Manfred Hausmann, hat das ins Wort gebracht.

Ich möchte eine alte Kirche sein. Kirche ist aber nicht nur das Bauwerk, sondern, nach dem Apostel Paulus, Kirche, das sind wir, das ist jeder, so wie der Slogan heißt: Wir sind Kirche. Auch wenn wir eine arme Kirche sind – wir können trösten, wir, jeder von uns, in seinem Bereich, und wenn er noch so klein ist, kann ermutigen, kann die Kerze der Dankbarkeit im Herzen entzünden. Wir sind Kirche. Das darf uns an so einem besonderen Tag, dem Tag des Jahrgedächtnisses der Kirchweih, immer wieder neu bewusst werden. Vielleicht werden wir dann auch noch etwas mehr im guten, christlichen Sinne stolz auf unsere Kirche, dass es das in unserer Zeit, in unserer Gesellschaft gibt: diesen Raum der Geborgenheit, diesen Raum, in dem Vergebung geschieht. Wo gibt es sonst in der Öffentlichkeit, in der Gesellschaft einen Raum, wo das vollzogen wird: Vergebung und Versöhnung? Das ist das Eigentliche, das in der Kirche und durch die Kirche und durch uns, die wir Kirche sind, geschehen kann.

Wenn die Seele bereit ist, sind die Dinge es auch

Predigt vom 3.9.2017

Es gibt Schlagworte, und die augenblicklichen Tage, Wochen des Wahlkampfs sind auch Zeiten der Schlagworte. Aber es gibt nicht nur Schlagworte sondern neben Schlagworten eine andere Gattung, die ich mal bezeichnen möchte als Zauberworte, die mehr persönlich sind und die einem Menschen plötzlich etwas aufschließen, etwas erschließen, eine neue Dimension. Damit verwandt sind Worte, die ich für mich persönlich nennen möchte, bezeichnen möchte als Akupunkturworte, Worte, die so sind wie der Akupunkturstich, bei dem die Nadel genau den Nerv trifft. Wenn man solche Worte liest, hört, ist man zum Staunen bereit und gleichzeitig zum Nachdenken.

Ein solches Akupunkturwort – für mich, seit einigen Wochen – lautet: „Wenn die Seele bereit ist, sind es die Dinge auch." Das Wort stammt nicht von mir, es stammt von Shakespeare. Als ich es zum ersten Mal gelesen habe, habe ich gedacht: diese Erfahrung habe ich am eigenen Leibe schon häufiger machen können, dass mir nur etwas gelungen ist, wenn es von innen her kam, wenn es aus mir heraus kam und ich es wollte. In diesem Sinne: wenn die Seele bereit ist, sind die Dinge es auch. Die Dinge, die Dinge des Alltags, die man gerne aufschiebt, die Entscheidungen, die eigentlich fällig wären, aber man zögert sie hinaus, ob es der Gang zum Arzt ist, ob es das Verfassen einer Patientenverfügung ist oder was man sonst nennen könnte. Wenn die Seele bereit ist, sind es die Dinge auch.

In diesen Worten von Shakespeare leuchtet etwas von der positiven Aura des Wortes ‚Seele' auf – als positiver Wert, der für uns in der Alltagssprache dann zum Ausdruck kommt, wenn wir z.B. über einen Menschen sagen: das ist eine Seele von Mensch. Da schwingt so viel mit an Anerkennung, an Bewunderung und am Erkennen, dass hier ein Mensch zu seinem Wesenskern vorgestoßen ist und echt sein Wesen lebt.

Die Seele! Und es ist eigentlich ein Geschenk der letzten Jahrzehnte, der letzten 100 Jahre, dass uns die Psychologie diesen Bereich der Seele erschlossen hat, dass die Seele ein wunderbares Organ des Lebens ist. Dass die Seele so etwas ist wie ein kostbares Gefäß mit Energien, die wir für unseren Alltag brauchen, für Freude und für Traurigkeit. Diese Gefühlsenergien, die in der Seele beheimatet sind. Ein wunderbares Organ des Lebens!

Auf diesem Hintergrund des Wortes ‚Seele' jetzt ein Wort von Martin Luther, das im heutigen Evangelium (Mt 16,21- 27) vorkam, aber verwässert, nicht so gut. Martin Luther: „Was hülfe es dem Menschen, wenn er die ganze Welt gewönne, aber Schaden litte an seiner Seele." Luther war schon ein Sprachgewaltiger in der damaligen Zeit. Heute wirken diese Worte ein bisschen antiquiert, aber wir spüren in dieser Übersetzung viel mehr die Kraft dieses Verses als das, was wir eben im heutigen Evangelium gehört haben. Was hülfe es dem Menschen, wenn er die ganze Welt gewönne, aber Schaden litte an seiner Seele.

Schaden leiden an seiner Seele. Was kann das z.B. bedeuten? Ich denke an ein kleines Buch der Leipziger Theologin Gunda Schneider-Flume. Es heißt: Leben ist kostbar. Der Untertitel, etwas provokativ: Wider die Tyrannei des gelingenden Lebens. In diesem Buch geht es um eine Sichtweise von Leben, von Seele, von ganz Wesentlichem, nämlich: das Negative anzunehmen, zu bearbeiten und nicht einer oberflächlichen Lebensphilosophie nachzulaufen, die behauptet: es muss alles glatt gehen. Es muss immer alles gelingen. Die Narben an unserer eigenen Seele erzählen davon, dass es nicht so ist. Nicht das Gelingen sondern das Nicht-Gelingen, das Scheitern, die Katastrophe, das Unerwartete, mit dem man nicht fertig wird – damit umzugehen. Noch ist bei vielen Menschen nicht ausgemacht, wenn sie sich fragen würden: was hat dir eigentlich in deinem Leben mehr geholfen oder wofür bist du eigentlich dankbarer – mehr für die Freude oder für das Leid? Da gibt es ganz viele, die sagen oder sagen würden: das Leid, das ich durchgemacht habe, hat mir mehr geschenkt als die Freude. Das meint die Autorin mit ihrem Untertitel: Wider die Tyrannei des gelingenden Lebens.

Was hülfe es dem Menschen, wenn er die ganze Welt gewönne – was für eine Arroganz, dieses Wort: die ganze Welt gewinnen! Wer kann das schon? Ist es überhaupt sinnvoll? Die ganze Welt gewönne, aber Schaden litte an seiner Seele. So möchte ich fragen: Was bedeutet: nicht Schaden nehmen an der Seele? Wir täten es, wenn wir das Nicht-Gelingen nicht zulassen würden. Wenn wir die Traurigkeit in unserem Leben nicht zulassen würden, wenn wir die Stagnation, den Stillstand – wenn nichts geht – nicht zulassen, wenn wir das Warten nicht zulassen können.

Lassen statt machen! Lassen statt machen wollen!

Ich war vor 14 Tagen in Österreich in der Nähe von Innsbruck in der Abtei der Zisterzienser. Ich war dort drei Tage zu Gast. Wenn man in dieses Kloster, in diese alte, ehrwürdige Abtei hineinkommt, in den Vorraum vor dem Kreuzgang, dann hängt in diesem Vorraum an der Wand statt eines Bildes eine riesige Baumscheibe, eine Baumscheibe einer 300 Jahre alten Eiche aus Stanz, die die Mönche dort aufgehängt haben, gleichermaßen als Naturkunstwerk, und man kann den vielen, vielen Jahresringen nachgehen und sehen, dass kein Ring wie der andere ist, und dass es schlimme Jahre gegeben hat für diesen Baum und dass es gute Jahre gegeben hat. Die Baumringe erzählen davon. Daneben steht ein Wort von Gerhart Hauptmann: „Es muss in der Seele etwas geben ähnlich den Jahresringen der Bäume." Ein Bild, wie unsere Seele ist, wie die Jahresringe eines Baumes.

Neid

Predigt vom 24.9.2017

Vielleicht erinnert sich der eine oder andere noch an den letzten Sonntag, an die beiden Bilder von Albrecht Dürer: ‚Die betenden Hände‘ und ‚Die zählenden Hände‘.

Vom hl. Augustinus kommt das Wort: Immer, wenn in der Hl. Schrift Zahlen auftauchen, dann soll man sehr genau hinsehen und darauf achten. Sie sind nicht zufällig, sie haben eine symbolische Aussagekraft, sie wollen etwas sagen. So wie es am letzten Sonntag war mit der Zahl 5, mit der Zahl 7, mit der Zahl 77, wo es um die Vergebung und die Dauerbereitschaft der Vergebung ging.

Nun gibt es von Dürer kein Bild zu dem heutigen Evangelium (Mt 20,1-16), aber zu diesem Evangelium würde ein Bild passen, das den Titel tragen könnte: Schielende Augen. Schielende Augen! In diesem Bild ist ein Thema angesprochen, das so menschlich ist, das in irgendeiner Weise, mehr oder weniger intensiv, jeder von uns immer wieder einmal hat oder sich damit auseinandersetzen muss, nämlich mit dem Thema: Neid.

Ich erinnere mich an eine Feier bei einem Bekannten, der einen runden Geburtstag hatte, der im kaufmännischen Bereich tätig ist. Ein Freund hat ihm zu diesem Geburtstag ein Buch geschenkt und hat, als er das Buch überreichte, gesagt: „Ach, das brauchst du eigentlich gar nicht zu lesen. Es reicht, wenn du dieses Buch in dein Regal stellst und jeden Tag den Titel dieses Buches auf dem Buchrücken siehst und dir dazu deine Gedanken machst." Dieses Buch hat den schlichten Titel: Der Neid. Das Sich-vergleichen, das Schielen, der Neid, das ist der Anfang des Unglücks, der Anfang der Unzufriedenheit.

So wie es im Evangelium von der Vergebung am letzten Sonntag war, so auch an diesem Sonntag wieder, gewissermaßen als das Wasserzeichen im Pergament des Evangeliums, das Thema: umdenken, anders denken. Nicht immer in den gewohnten Gleisen, nicht immer – um ein anderes Bild zu gebrauchen – es zu machen wie eine Schallplatte mit dem Sprung, bei der die Nadel immer wieder an einer bestimmten Stelle zurückspringt in die alte Spur.

Dieses Evangelium heute von den Arbeitern im Weinberg will uns dazu verlocken, die neue Spur zu entdecken, die mit dem Reich Gottes zu tun hat und das, was Jesus uns durch dieses Beispiel erzählen, ans Herz legen will. Das ist wirklich so etwas wie ein Neujustieren der eigenen Gedanken, des eigenen Herzens – wenn es um das Thema geht: Wann beginnt das Reich Gottes und wo ist es und woran kann man es messen?

Eine zentrale Botschaft dieses heutigen Evangeliums von den Arbeitern im Weinberg lautet, wenn ich es mal auf einen Satz zuspitze: Gott ist unberechenbar gütig.

Das Wort unberechenbar ist bei uns normalerweise im Alltag negativ besetzt. Wenn ich von einem Menschen sage, er ist unberechenbar, d. h. ich kann mich nicht richtig auf ihn verlassen, der macht es mal so und mal so und dann wieder anders. Unberechenbar.

In diesem Zusammenhang ist das Wort unberechenbar anders, nämlich absolut positiv und will sagen: Gott ist unberechenbar gütig, barmherzig. So wie Jesaja es anklingen lässt (Jes 55,6-9), dass seine Gedanken weit über unseren Gedanken sind und dass wir sie kaum verstehen aber erahnen können.

Gott ist unberechenbar gütig. Das ist das erste, was uns dieses Evangelium eröffnen will, dass wir gewissermaßen in einem neuen Koordinatensystem für uns erkennen können, was das Reich Gottes bedeutet.

Ein zweites, was in diesem Evangelium besonders inspirierend ist: „Nimm dein Geld und geh!" sagt Jesus zu jedem der Arbeiter im Weinberg. Egal, ob sie morgens um 7 angefangen haben oder um 9 oder um 12, um 15 oder um 17 Uhr. Jeder bekommt dieses Wort: „Nimm dein Geld und geh!" Das bedeutet zum Beispiel: was bis dahin gewesen ist, was du bis dahin gemacht hast, ob du da einfach gelangweilt herumgestanden hast und von deinen fünf Fingern, die ich dir geschenkt habe, immer nur den kleinen Finger gebraucht hast, obwohl du hättest die ganze Hand nehmen können, das ist egal. Jetzt! „Nimm dein Geld und geh!"

Mit dem Geld ist hier nicht die Münze sondern, wie im Gleichnis von den Talenten, das Leben gemeint.

Nimm dein Leben und geh, egal, ob du nur noch ganz wenig Zeit hast, egal, ob die meisten Jahrzehnte deines Lebens hinter dir liegen, du kannst – egal, was vorher war – immer noch das Beste machen mit diesem einen Denar. Ein Denar ist ein Symbol für einen Tag Lebensunterhalt im Orient vor 2000 Jahren. So wie es im Vaterunser aufblitzt, dass wir nicht beten sollen: Gib uns das Brot für das nächste halbe Jahr oder bis zum nächsten Erntedankfest sondern: Heute! Unser tägliches Brot gib uns heute! Also – Beschränkung auf das Jetzt. Konzentrierung auf das Jetzt.

Nimm dein Geld und geh! Wenn ich das mal übersetze in den Alltag und an Menschen denke, die 60 oder über 65 sind, was das bedeuten könnte: Nimm dein Geld, nimm dein Leben, nimm dein Schicksal und geh und mach was draus! Lebe z.B. Tugenden des Alters als da sind: Gelassenheit. Du kannst mit 70 Jahren gelassener die Welt sehen. Auch heute Abend geht die Welt nicht unter. Gelassenheit! Oder – Tugenden des Alters: die neue Liebesfähigkeit, die ein älterer Mensch hat. Was ich z.B. immer wunderbar beobachten kann, wie auf einmal Großeltern in der Beziehung zu ihren Enkelkindern eine ganz neue Liebesfähigkeit entfalten. Schön zu erleben. Oder – eine andere Tugend des Alters: Bedürfnislosigkeit. Ich muss nicht mehr alles haben, ich muss auch nicht mehr überall hinkommen. Bedürfnislosigkeit als Tugend des Alters.

Das bedeutet: Nimm dein Geld, nimm dein Schicksal, nimm dein Leben und fülle es! Mach etwas daraus! Hör auf zu rechnen! Komm vom rechnenden Bemühen zu einer tiefen, erfüllten Hingabe an den Augenblick!

Dieses Evangelium heute von den Arbeitern im Weinberg hat eine ganz große innere theologische Nähe zu dem Gleichnis vom verlorenen Sohn, indem es die Aufmerksamkeit noch einmal auf den älteren Sohn, der zu Hause geblieben ist, richtet und sagen will: Mach's nicht so wie der! Der sich im Schmollwinkel befindet, der unzufrieden ist, der auf seine Leistung pocht und der sich nicht einladen lässt zu dem großen Fest.

Dieses Gleichnis bleibt ja am Ende offen. Wir wissen nicht, ob der zu Hause gebliebene Sohn umkehrt, ob ihm die Umkehr gelingt oder nicht. Das ist auch das Schöne an diesem Gleichnis, es bleibt offen.

Leben ist ein Leben als offenes System. Auch das ist ein Weltbild des Reiches Gottes: Leben in einem offenen System und nicht in einem abgeschlossenen und schon gar nicht in einem Gefängnis.

Es könnte eine kleine Hausaufgabe für heute oder für die kommenden Tage sein: Etwas neidlos anerkennen. Ein freier Mensch ist nicht neidisch. Und zu dieser Freiheit, zu dieser Herrlichkeit der Freiheit der Kinder Gottes sind wir alle berufen.

Schattenriesen

Predigt vom 5.11.2017

Dieses Evangelium heute (Mt 23,1-12) gibt uns einen Blick in die abenteuerliche, atemberaubende Entwicklungsgeschichte, Entstehungsgeschichte des Christentums, der ersten christlichen Gemeinden. Das Christentum hat seine Wurzeln im Judentum, und es entstanden Gemeinschaften, die langsam in einen Zwiespalt kamen und sich entscheiden mussten. Jesus hat gesagt: Mose sitzt auf dem Lehrstuhl, und auch die Schriftgelehrten sitzen auf diesem Stuhl, dürfen sie auch. Was sie sagen, das nehmt zur Kenntnis, das hört, aber wenn es ums Handeln geht, um die Praxis, dann ist es anders. So musste sich die erste christliche Gemeinde entscheiden, welchen Weg sie gehen wollte, und das war ungeheuer spannend. Denn im Menschen ist ein Kräftefeld vorhanden, nämlich der Stolz und der Hang zur Selbstdarstellung und der Hang, besondere Ehren zu genießen, wenn man eine bestimmte Position hat. Dies bestimmt die Entwicklungsgeschichte der ersten christlichen Gemeinden mit und das leuchtet in diesem Evangelium zwischen den Zeilen auf. Was besonders eindrucksvoll ist, ist diese Klarheit, die Jesus an dieser Stelle durch die Worte des Evangelisten Matthäus findet und einnimmt.

Vom hl. Augustinus kommt das Wort: „Das, was Du lebst, redet so laut, dass man nicht mehr hört, was

Du sagst, und sei es noch so laut." Das Leben ist das Entscheidende, Worte können Worte, Worte, nichts als Worte sein – wie Shakespeare sagt – die nichts bewirken, aber das Leben, die Praxis, die ist entscheidend.

Ich springe jetzt mal in der Kirchengeschichte um 1500 Jahre zurück in das Jahr der Gegenreformation und erinnere an einen Heiligen, der eine besondere Position in der Heiligengeschichte hat, nämlich der hl. Philipp Neri, der wohl bekannteste und beliebteste Priester damals in der Stadt Rom. Er war besonders begabt mit seiner Glaubensglut, aber auch mit einem guten, gesunden Menschenverstand und mit einer guten Portion Humor.

Zu seiner Zeit lebte in Rom eine Nonne, die mystische Eingebungen hatte und Visionen und die von sich reden machte. Daraufhin hat der Papst Philipp Neri beauftragt, diese Nonne zu besuchen und sich genauer zu erkundigen. So macht sich Philipp Neri auf den Weg zu diesem Kloster – die Kirchengeschichte erzählt, es sei sehr schlechtes Wetter gewesen – ein langer Weg. Er ist zu Fuß unterwegs, er kommt an, der Mantel durchnässt, die Schuhe nass, und dann kommt diese Nonne zu ihm, um ihn zu empfangen. Da sagt er zu ihr: „Bevor wir sprechen, wäre ich Ihnen dankbar, wenn Sie mir den Mantel trocknen und meine Schuhe etwas sauber machen würden." Darauf muss er von der Nonne hören: „Dafür haben wir unsere Arbeitsschwestern." Das war für ihn genug. Er drehte sich um und verließ dieses Kloster. Dann hat er dem Papst einen Brief geschrieben und in diesem Brief Bericht erstattet über diese Nonne, und da stehen diese Sätze: „Mit ihren Himmelserscheinungen kann es nicht weit her sein. Die irdische Drecksarbeit überlässt sie den Arbeitsschwestern."

Das, was Du lebst, redet so laut, dass man nicht mehr hört, was Du sagst, und sei es noch so laut!

Zu diesem Inspirationswort von Augustinus möchte ich an dieser Stelle im Blick auf das Evangelium ein zweites Inspirationswort für unser Leben hinzugeben. Es stammt von Novalis und heißt: „Wenn man einen Riesen sieht, so untersuche man zuerst den Stand der Sonne und achte darauf, ob es nicht der Schatten eines Zwerges ist." Mancher – wenn ich das jetzt übertrage – der so furchtbar groß aussieht, ist nur ein Schattenriese. Die Sonne steht günstig für ihn. Er selbst ist nicht größer als wir, vielleicht viel, viel kleiner, nur gilt die Sonne der öffentlichen Meinung, die gesellschaftliche Stellung. So war das wohl auch mit einigen der Schriftgelehrten oder Pharisäer, das waren vielleicht Schattenriesen, aber keine wahren Leiter und Lehrer und Führer des Volkes.

Es kann ja sein, dass unser eigenes Minderwertigkeitsgefühl manchmal wie ein Vergrößerungsglas wirkt, das aus einem normalen Gegenüber einen Riesen macht, der er gar nicht ist.

Wer wirklich groß ist, braucht keine großen Gesten. Wer wirklich groß ist, kommt manchmal in grauem

Gewand daher und nicht im Gewand eines Pfaues. Wer wirklich groß ist, der spricht leise, er muss nicht brüllen, muss nicht schreien. Wer wirklich groß ist, der ist mit uns auf Augenhöhe.

Im Evangelium wird uns heute Christus vorgestellt als der Lehrer, der einzige wirkliche Lehrer, der einzige wirkliche Meister. Für mich gibt es keine sprechendere und eindrucksvollere Darstellung im Bereich der Kunst von diesem lehrenden Christus als die Bronzeplastik, die einige von Ihnen vielleicht kennen – man kann sie sehr schnell im Internet finden – von Ernst Barlach: Lehrender Christus. Dort steht Christus nicht wie bei Rembrandt oder bei anderen Künstlern, sondern er sitzt, und seine Hände hat er auf seinen Knien oder auf seinen Oberschenkeln liegen, die Innenflächen der Hände nach oben. Leere Hände als lehrende Hände! Christus, der dem Betrachter auf Augenhöhe gegenüber sitzt. Der lehrende Christus, von dem keine Angst ausgeht, sondern der Menschen einfach durch sein Sein, durch sein Sosein – wie ihn Ernst Barlach gestaltet hat – anspricht.

Wenn Du einen Riesen siehst, betrachte zuerst den Stand der Sonne und achte darauf, ob es nicht der Schatten eines Zwerges ist! Diese Worte von Novalis können uns Mut machen für einen guten Realismus in unserem Alltag.

Ungelebtes Leben

Predigt vom 19.11.2017

Ja, das ist schon ein drastisches Bild ganz am Schluss des heutigen Evangeliums (Mt 25,14-30)! Was da mit dem Knecht passiert: äußerste Finsternis, Heulen und Zähneknirschen, und das ohne Ende. Ein drastischer Schluss. Gibt es das? Es ist ein Bild, das 2000 Jahre alt ist. Gibt es auch heute Bilder, die nicht ganz so, aber so ähnlich drastisch sind, Bilder aus unserem Leben, Bilder des Lebens?

Ich bin vor nicht allzu langer Zeit auf ein Buch gestoßen – ich glaube, ich habe es hier schon einmal erzählt – es geht über Gespräche mit Hochbetagten, bei denen eine Journalistin eine ganze Reihe von Personen über die letzten Dinge interviewt hat. In diesem Buch „Die letzten Dinge" bin ich auf eine Formulierung gestoßen, die hat sich bei mir fast wie eine Zecke unter der Haut festgesetzt und will mich nicht mehr loslassen. Diese Formulierung lautet: „Ein Leben in Zellophanpapier, das unausgepackt zu Ende geht". Das schmeckt richtig bitter, wenn ein Mensch am Ende seines Lebens als Hochbetagter von sich sagt, dass er sein Leben so empfindet. Ich glaube, das hat etwas Ähnlichkeit mit jenen drastischen Bildern, die in der Bibel immer wieder genannt werden wie Zähneklappern und äußerste Finsternis und Heulen. Ein starkes Bild, das eigentlich meint: Hier ist ein Mensch, obwohl geboren, obwohl gelebt, nicht zum Leben gekommen, nicht zur Eigentlichkeit des Lebens gekommen. Vielleicht hat es viele Schichten von Hindernissen gegeben, dass ein Mensch jahrzehntelang unter dem Zellophanpapier geblieben und nicht durchgestoßen ist zu seinem Leben, zum eigentlichen Leben.

Am letzten Sonntag hatten wir den Bücherbazar, den ich auch besucht habe, und ich habe doch tatsächlich unter den vielen Büchen ganz wenige, 2 oder 3, gesehen, die waren noch in Folie eingeschweißt. Ein Buch, das in Folie eingeschweißt bleibt, nicht gelesen wird, ist eigentlich doch ein Paradox. Ein Buch hat einen Inhalt und möchte gelesen werden. Es ist etwas darin, das für andere Menschen bestimmt ist und das sein Ziel nicht erreicht. Ungelesene Bücher gibt es. Aber, was noch wesentlicher ist, es gibt auch das, was C. G. Jung, der große Seelenkenner und Arzt, einmal umschrieben hat mit dem Wort ‚ungelebtes Leben'. „Ungelebtes Leben", sagt er, „ist eine unwiderstehliche Macht, die leise aber unerbittlich wirkt."

Ich erinnere mich an den Besuch in einer Erziehungsberatungsstelle, wo mir der Erziehungsberater ein wenig von seiner Arbeit erzählt und mir dann Bilder gezeigt hat, die im Laufe seiner Arbeit Kinder gemalt haben. Da waren Bilder darunter – die Kinder sollten Bäume malen – z.B. von einem Baum, bei dem das ganze Plakat ausgefüllt war mit einer Pracht von Baum. Dann gab es aber auch Bilder unter diesen Kunstwerken, bei denen 2 / 3 des Bildes leer geblieben sind und nur ganz unten in der Ecke ein kümmerlicher, kleiner Baum zu sehen war. Dieses Bild spricht und sagt etwas, nämlich dass Leben auch so sein kann, dass jemand nicht zum Leben kommt – aus welchen Gründen auch immer.

Liebe Schwestern und liebe Brüder! Dieses Gleichnis von den Talenten, das wir eben gehört haben, hat Jesus in einer ganz bestimmten Situation gesprochen. Damals. Was mit dem Talent gemeint ist, das ist ursprünglich das, was man auf die Waagschale legt, sei es aus Gold, Silber oder Kupfer. Das ist das Talent, das als Gewicht genutzt wird. Jesus hatte damals bei diesem Gleichnis die jüdischen Theologen, Schriftgelehrten und Pharisäer im Auge und wollte mit diesem Gleichnis sagen: So wie der dritte Knecht mit seinem Talent so macht ihr es mit dem Wort Gottes. Das Talent ist das Wort Gottes, und das Wort Gottes darf man nicht einsperren in Zellophanpapier und sterilisieren und den Menschen minutiös vorhalten, selbst aber keinen Finger rühren, um es zu leben. Im Gegenteil. Das Wort Gottes – so sagt Jesus – will glühen, es will sich entfalten, man darf es nicht in der Erde verscharren, vergraben in der Hoffnung, dass es da am wenigsten beschädigt wird. Es war damals eine sehr aktuelle Predigt an die Adresse dieser bestimmten Menschengruppe. Darüber hinaus ging es um diese Form von religiösen Themen, die starr ist, die nicht lebt, die nur auf den Buchstaben ausgerichtet ist, die erhält eine Bestrafung.

So ist der dritte Knecht in diesem Gleichnis der springende Punkt, der Eigentliche, um den es geht. Jesus will sagen: So dürft ihr es nicht machen. Im Gegenteil. In der Mitte des Evangeliums steht: „Nach langer Zeit kam der Herr zurück." Damals gab es ja die Auffassung: das Ende der Welt ist ganz nah. Wir haben gar nicht viel Zeit. Und jetzt – Matthäus geht einen Schritt weiter – die Naherwartung, wie es theologisch heißt, ist ausgeblieben. Nach langer Zeit, d. h.: Ihr Menschen aller Generationen, ihr habt unendlich viel Zeit mit dem Vertrauen, das ich euch geschenkt habe in mein Wort, in meine Worte, damit müsst ihr wuchern in eurem eigenen Leben. Ihr müsst das Zellophanpapier durchstoßen, zerschneiden, verbrennen, damit ihr lebt. Dazu bin ich gekommen, um euch dieses Leben zu zeigen und nicht Religion als etwas Totes, als ein System, das starr ist und das keinem Menschen hilft, das verhindert, dass ein Mensch sich entfalten und blühen kann. Letztlich geht es um das Vertrau- en, das Gott in den Menschen setzt, mit diesem Vertrauen etwas zu tun, etwas zu wagen und sich nicht zu verweigern. Die Selbstverweigerung ist auch ein wesentliches Thema in dem heutigen Evangelium und darum diese Bilder, die da gebraucht werden von der äußersten Finsternis, dem Zähneknirschen. Sie sind so markant, damit uns deutlich wird, worum es geht.

Darf ich schließen mit Shakespeare: „Der verdient zu haben, der kühn und sicher zu erlangen weiß.“ Kühn und sicher. Kühn meint in diesem Fall nicht tollkühn, das wäre unklug, aber kühn im Sinne von mutig und vertrauensvoll, aktiv. Sicher, d. h. Vertrauen entwickeln, Vertrauen haben. Der verdient zu haben – die beiden Knechte mit den 5 und den 2 Talenten, die haben und bekommen mehr. Der verdient zu haben, sagt Shakespeare, der kühn und sicher zu erlangen weiß. Auf diese Kombination im Leben und im Sterben kommt es an. Kühn und sicher.

Ja, dieses Gleichnis von den Talenten hat es in sich, und mit dem Talent ist keine Fertigkeit gemeint – das steht hinter dem Komma. Vor dem Komma steht die Bedeutung: mein Leben, dein Leben. Was mache ich mit meinem Leben? Ich kann immer wieder neu mit meinem Leben etwas anfangen. Dein Talent ist dein Leben.

Binde deinen Karren an einen Stern

Predigt vom 10.12.2017

Ich habe vor einigen Wochen meine Bücherregale ein wenig gelüftet, Bücher wieder in die Hand genommen, die ich schon über Jahre, nein Jahrzehnte besessen habe, und unter diesen Büchern ist auch eins, das wir – meine Theologengeneration – vor mehreren Jahrzehnten verschlungen haben. Es hatte sogar den Beinamen „Das 5. Evangelium". Es war das Buch „Das Prinzip Hoffnung" von Ernst Bloch, geschrieben während des 2. Weltkrieges und einige Jahre oder Jahrzehnte danach. Ein ganz besonderes Werk. Heute wird es, glaube ich, kaum noch gelesen.

In diesem Buch steht ein Satz, der mir seit Jahrzehnten, ich würde sagen, in Fleisch und Blut übergegangen ist. Ein ganz einfacher Satz. Er heißt: „Ich bin, aber ich habe mich noch nicht, darum werde ich erst." Man kann das auch im Plural sagen: Wir sind, aber wir haben uns noch nicht, darum werden wir erst. Erstaunlich, wie in diesen drei knappen Satzteilen die menschliche Existenz ins Wort gefasst ist, und jeder, der ehrlich mit sich umgeht, muss sagen: Stimmt – egal, wie alt ich bin, wie viel Jahrzehnte hinter mir liegen. Ich bin, aber ich habe mich noch nicht. Das will sagen, ich bin immer noch nicht zu der eigentlichen Tiefe, zu der Mitte durchgestoßen, zu der ich eigentlich fähig und berufen wäre. Und daher der Zusatz: Darum werde ich erst.

Wir sind nie fertig. Das ist eine ganz einfache, aber notwendige und wichtige Wahrheit, die uns im Advent wieder neu bewusst werden kann und soll. Wir sind nicht fertig, speziell bei dem Thema umkehren, anders werden, uns weiterentwickeln, damit unser Leben an Tiefe gewinnt.

Warum ist das so schwer? Ich möchte das Röntgenbild unseres menschlichen Lebens einmal umschreiben mit dem Bild einer Ellipse. Unser Leben, das Leben eines jeden Menschen, wie eine Ellipse mit zwei Polen. Der eine Pol dieser Ellipse hat das Thema: die Geschenke der Gnade, und der andere Pol hat den Titel: die Schmerzen der Irrungen in meinem Leben. Beides ist in jedem Leben ineinander verzahnt, verwoben, verwachsen.

Die Geschenke der Gnade. Das beginnt schon damit, dass man sagen kann: Mensch, was hatte ich gestern wieder für ein Glück! Ein kleines Glück, dass mir in dieser und jener Situation nichts passiert ist und ich gut davongekommen bin. Neben dem kleinen Glück gibt's dann bisweilen auch das große Glück, das Geschenk der Gnade. Aber daneben gibt es ebenso die Schmerzen der Irrungen – egal welchen Alters – wo wir sagen müssen: Mensch, da habe ich mich vertan – in der Beurteilung dieser Situation, in der Beurteilung dieses Menschen, mit dem ich zu tun habe.

Schmerzen der Irrungen. Mit den Desillusionierungen fertig zu werden, die eigentlich in unserem Leben immer neu auf uns warten, dass es uns manchmal wie

Schuppen von den Augen fällt. Ach, so ist das Leben, nicht wie ich gedacht habe.

Wir sind, aber wir haben uns noch nicht, darum werden wir erst. Ein adventlicher Satz, ein Adventssatz. Zu diesem einen Adventssatz würde ich heute einen zweiten dazulegen, der indirekt dazu gehört. Dieser Satz heißt: „Binde deinen Karren an einen Stern!“ Einige kennen vielleicht dieses Wort. Es ist von dem italienischen Universalgenie Leonardo da Vinci.

Binde deinen Karren an einen Stern! Normalerweise bindet man einen Esel, ein Pferd oder einen Ochsen vor einen Karren, damit er diesen Karren, der vielleicht festgefahren ist, wieder frei zieht. Wer seinen Karren an einen Stern bindet, der bindet sich – wenn's auch noch so klein ist – an ein Licht am Ende des Tunnels, der bindet sich an eine Sehnsucht, die in ihm ist, der bindet sich an eine Vision, der bindet sich an einen Glutkern, der in ihm verborgen ist, der entfaltet und entfacht werden will. Ein Mensch ohne jeglichen Glutkern verliert etwas Wesentliches von seiner Menschlichkeit.

Kunstwerke, Erfindungen, gesellschaftliche Umbrüche, kleine oder größere Hilfsprojekte, was wir auch an Neuem anfangen, es stößt immer wieder auf Herausforderungen und auf Prüfungen. Da ist dann dieser Glutkern ganz wichtig.

Johannes der Täufer hatte einen Glutkern in sich, und dieser Glutkern war so stark, dass er so viele Menschen – wie es im Evangelium heißt: ganz Jerusalem –

in die Wüste zog. Man darf sich das ruhig realistisch vorstellen. Was muss dieser Mann auf der Schwelle vom Alten zum Neuen Bund, vom Alten zum Neuen Testament für eine Kraft in sich gespürt haben, dass die ganze Bevölkerung von Jerusalem sich aufgemacht hat, um sich von ihm etwas sagen zu lassen und schließlich durch die Symbolhandlung der Taufe etwas zu unternehmen in ihrem Leben. Johannes der Täufer hatte diesen Glutkern für seinen Lebenskampf. Die heiligen Drei Könige hatten diesen Glutkern und sind ihrem Stern gefolgt. Advent bedeutet für jeden von uns, dass er sich auf den Weg macht, seinen Glutkern oder seine persönliche Vision, sein Licht oder sein Lichtchen neu zu entdecken. Das will im Advent passieren.

Binde Deinen Lebenskarren an Deinen Stern, wie immer er heißt, was immer er für eine Gestalt hat. Das ist so kostbar. Binde ihn an Dein Leben!

Echter Glaube

Predigt vom 24.12.2017

Ich weiß nicht, ob Sie schon einmal etwas von der A- und Z-Typologie der Menschen gehört haben. Es gibt A-Typen und es gibt Z-Typen. A-Typen, das sind diejenigen, die, wenn sie verreisen, mindestens 2 ½ Stunden vorher bereits am Flughafen sind, die ihre Koffer schon eine Woche vorher gepackt haben, die alles langfristig bestens vorbereitet haben. Die A-Typen, die sich das Wort von Shakespeare zu Herzen genommen haben: „Lieber 3 Stunden zu früh als eine Minute zu spät." Ist ja was dran!

Und die Z-Typen: alles auf den letzten Drücker. Das letzte Geschenk – gestern Abend. Auf den letzten Drücker – die nie fertig sind oder die nie richtig fertig werden und die nicht das Gefühl genießen, das die A-Typen haben. Zwischen diesen A- und Z-Typen gibt es natürlich ganz viele Stufungen, Schattierungen, Grade, und irgendwo kann sich jeder von uns da ja einordnen.

Was mir im Augenblick wichtig ist, ist die Sache mit dem Fertigsein. Fertig sein, ein fertiger Mensch sein. Das schmeckt nicht so gut, wenn man den Eindruck hat, der ist mit allem fertig. Nicht nur: der wird mit allem fertig, das ist ja noch positiv, aber: der ist schon fertig. Das ist noch eine Steigerung von altklug, etwas

Unangenehmes. Ein gewisses Unfertigsein hat etwas Sympathisches.

Warum sage ich das? Leben und Glauben haben manche Parallelen. Wenn ich mir vorstelle: ein fertiger Glaube, das ist der, bei dem jemand schon alles weiß, alle Antworten auf die schwersten Lebensfragen, Probleme und Schicksale hat, auf die es eigentlich keine Antworten gibt. Und dann wird es nur peinlich. Fertiger Glaube, der wie ein Schrank ist mit Schubladen, in denen sich alle Sinnfragen und Lebensthemen befinden. Schublade auf – ich habe die Antwort.

Fertiger Glaube. Das schmeckt überhaupt nicht. Sympathischer ist ein unfertiger Glaube, ein Glaube, der gar nicht vollständig ist, ein Glaube, der sucht, ein Glaube, der Fragen hat.

Das Evangelium von vorhin (Lk 1,26-38) zeigt uns einen Menschen, der keinen fertigen Glauben hat. Was hier aufleuchtet an der Gestalt Mariens ist, dass ihr Glaube ein Prozess ist und dass zu diesem Glauben als erste von den Tätigkeiten gehört: sie erschrak. Das Erschrecken steht am Anfang des Glaubens: Was soll das? Ich verstehe das nicht! Das kann doch gar nicht sein! Erleben wir das nicht auch manchmal: Das geht doch nicht! Kann doch nicht sein! Sie erschrak. Dann heißt es im Evangelium weiter: sie überlegte. Dieses In-Ruhe-Überlegen gehört zum Glauben. Dann kommt als Nächstes: Sie fragte: „Wie soll das geschehen, da ich keinen Mann erkenne?“ Ganz zum Schluss, nachdem der Engel so viel geredet hatte, gab Maria ihre Antwort.

Glaube als ein Prozess, als etwas, das man unter das Vergrößerungsglas legen muss, und dann gehören diese vier Tätigkeiten dazu, die im Evangelium aufscheinen, diese vier Grundvollzüge von erschrocken sein, von überlegen, von fragen und von antworten. Wenn die Antwort dann auch noch sehr zart und vorsichtig ist: „Mir geschehe wie Du gesagt hast." Nicht: ich will, sondern: ich lasse es zu, ich lasse es geschehen. So leuchtet in diesem Evangelium von heute, vom 4. Adventssonntag, etwas Wesentliches von unserem Glauben auf.

Mit diesem Glauben – und wenn er noch so klein ist – dürfen wir zur Krippe gehen. Wir brauchen nicht und sollen nicht mit einem fertigen Glauben zur Krippe gehen müssen. Echter Glaube, und wenn er noch so schmal ist, ist wertvoller als ein fertiger Glaube. Darauf kommt es beim Christsein wesentlich an. Echter Glaube ist wirksamer als fertiger Glaube.

Fürchtet euch nicht

Predigt vom 25.12.2017

Was mein Leben reicher macht. Ist das nicht ein wunderbares Thema für diesen Festtag, für diese Tage? Darüber nachzusinnen, zu meditieren, zu sprechen, was mein Leben reicher macht. Ich denke dabei gar nicht mal an aktuelle Geschenke sondern tiefer, das, was jemand sagen würde, wenn er in Stille mit sich zu Rate geht, Zeit für sich hat, die wir in diesen Tagen haben, auch zwischen den Jahren. Zeit zu überlegen: was macht eigentlich mein Leben aus und was macht es reicher? Und dann vielleicht noch mit guten Freunden darüber zu sprechen oder auch mit Familienmitgliedern, um tiefer zu begreifen und zu kosten, wie es mir am Ende diesen Jahres geht. Was mein Leben reicher macht oder reicher gemacht hat in diesem Jahr. Das wird bei einzelnen natürlich unterschiedlich sein. Der eine wird eher sagen: Das Jahr 2017 war nicht so gut. Ein anderer wird sagen: Es war ein Jahr der Normalität, ein Jahr der Gesundheit, ein Jahr des Gutgehens. Das ist bei uns sehr, sehr verschieden.

Was mein Leben reicher macht. Dieses Thema ist mir in diesen Tagen auch begegnet in einer gewissen Öffentlichkeit, in einer Zeitung, die eine eigene Rubrik hat, die unter diesem Thema steht: Was mein Leben reicher macht. Das Besondere an dieser Rubrik ist, dass da nicht etwas Allgemeines, Theoretisches,

Philosophisches steht, sondern es sind ganz konkret, alltagsnah Erlebnisse von Menschen, die ihre Erfahrungen an die Zeitung eingeschickt haben, entweder um uns schmunzeln zu lassen oder uns zum Nachdenken zu bringen.

In dieser Rubrik steht z.B.: „Ankunftshalle Flughafen Bremen. Ganz vorne steht ein kleines Mädchen und hält ein Schild hoch, nur ein Wort darauf: MAMA. Kurz darauf ein Freudenschrei: „Mama ist da! Weihnachten." Falko Wertz, Kirchweih, steht darunter. Die Freude eines Kindes in diesem Moment. Vielleicht war die Mutter verreist, vielleicht war sie im Krankenhaus, aber: Mama ist da! ist die Botschaft für dieses kleine Mädchen. Rührend.

Stefan Schwarzer aus Esslingen, ein erwachsener Mann, schreibt: „Der Ruf des Engels in der Weihnachtsgeschichte: Fürchtet Euch nicht! Diesen Satz haben wir uns als Spruch für unsere Trauung ausgesucht. Drei wundervolle Söhne kamen danach zur Welt. Diesen Heiligen Abend werden wir nun ohne die Mama der drei Jungen feiern, denn wenige Wochen nach dem letzten Weihnachtsfest erlag sie, 33 Jahre jung, ihrer Krebserkrankung. Das ist zum Fürchten, und doch möchte ich glauben, dass der Engel uns zuruft: Fürchtet Euch nicht!"

Diese kleine Notiz hat mich tief beeindruckt, speziell die letzten beiden Sätze: Es ist zum Fürchten. Wenn man sich diese Situation vorstellt – wie wahr! Stimmt, dieser Satz: es ist zum Fürchten für einen Mann, den solch ein Schicksal getroffen hat und der nun ganz neu zusehen muss, wie alles bewältigt werden kann, psychisch und überhaupt. Es ist zum Fürchten. Für wie viele Menschen ist etwas zum Fürchten? Das muss man ehrlich sagen. Vielleicht gehören auch unter uns einige, wenige, viele dazu. Ich weiß es nicht.

Dann geht's weiter: Und doch möchte ich glauben, dass der Engel uns zuruft: Fürchtet Euch nicht! Dieser Zusatz kommt mir vor wie ein Credo, ein persönliches Credo, das dieser Witwer in dieser Situation für sich gefunden hat: Und doch möchte ich glauben, dass der Engel von Betlehem uns zuruft: Fürchtet Euch nicht!

Und doch! Diese beiden Worte und doch waren die Lieblingsworte von Elie Wiesel in seinem Leben, der für sich immer wieder mantrahaft gesagt hat: „Und doch". Elie Wiesel, der Friedensnobelpreisträger, einer der großen geistigen Führer unserer Zeit – im letzten Jahr ist er gestorben – der viel durchgemacht hat, in Buchenwald war, dem KZ entkommen ist, seinen Vater hat sterben sehen und viel, viel Leid erlebt hat. Er sagt, meine Lieblingsworte: und doch! So, als wenn er sich an ihnen festgehalten hätte. Es ist dunkel, und doch wird es bestimmt wieder licht. Wenn man seine Bücher, seine Reden, seine Aufsätze liest, sie sind wie Licht im Dunklen, an dem man sich orientieren und festhalten kann. Er wurde einmal gefragt, wovor er am meisten Angst habe, da hat er gesagt: die Gleichgültigkeit der Menschen untereinander. In seiner Biografie erzählt er viele Beispiele dafür, die einem Tränen in die Augen treiben. Er hat sich festgehalten an dem „Und doch".

Und doch! Vielleicht ist das für uns, für den einen oder den anderen ein Schlüsselwort, das er meditieren, das er in sein Leben hineinnehmen kann – in seiner jetzigen Situation. Es geht mir dreckig, und doch will ich den Kopf nicht hängen lassen, und doch will ich die kleine Portion Mut aufbringen, die in der Tiefe meines Herzens vorhanden ist.

Und doch! Manchmal sind es Engel, die kommen, die einem Menschen ins Herz flüstern: Und doch! Tu das doch! Einen Engel haben, der einem zuruft: Fürchte Dich nicht! Positiv: Habe Mut! Habe Vertrauen! Es wird weitergehen.

Wer sind diese Engel? Das kann unscheinbar ein Mitmensch sein, bei dem mir erst im Nachhinein aufgeht: der war für mich in dieser Situation ein Engel. Oder der eine oder andere wird sagen, wenn ich an mein ganzes Leben denke, ich bin dankbar, dass ich einen Engel gefunden habe, der mir immer wieder zur Seite war, der mir geholfen hat, mit dessen Hilfe ich durch diese Krise und jene Katastrophe hindurchgehen konnte.

Engel in Menschengestalt – es gibt sie mehr als wir wissen. Anselm Grün hat vor vielen Jahren ein kleines Büchlein geschrieben: 50 Engel für das Jahr und hat Meditationen zu einzelnen Haltungen geschrieben – lesenswert und Impuls gebend. Zwei Engel, die er nennt, haben mich besonders berührt und beschäftigt, das sind:

1. der Engel der Versöhnung, der mich, der uns immer wieder fragen lässt: Mit wem muss ich mich versöhnen?

2. der Engel der Dankbarkeit, der mir klar macht: Du darfst nicht das Riesenbaby bleiben, das nur Ansprüche stellt an die anderen, sondern du musst erwachsen werden und du musst dankbar sein für so vieles in deinem Leben, das du gar nicht immer präsent hast.

Was mein Leben reicher macht. Das Thema, das ich Ihnen mitgeben möchte heute, in diese Tage, in dieses Fest, aber auch in die kommenden Tage zwischen den Jahren, die gut dazu geeignet sind, das in der Tiefe auszuschöpfen, zu meditieren und sich zu Herzen zu nehmen, was mein Leben reicher macht. Wenn ich dann mit diesem Gefühl den Weg an die Krippe finde, um dem Kind von Betlehem das zu sagen, wofür ich dankbar bin.

Auch das ist Weihnachten.

Die Kraft des ersten Augenblicks

Predigt vom 21.1.2018

Wie hältst du's mit der Religion – die Frage in Goethes Faust.

Eine Kleinform dieser Frage am Beginn des Jahres, in den ersten Tagen oder Wochen des Jahres, lautet: Wie hältst du's mit den Vorsätzen? Manche nehmen sich gar keinen Vorsatz, weil sie einfach so leben wollen und sich sagen: die Vorsätze helfen mir sowieso wenig. Ich lebe einfach so wie ich leben möchte. Dann gibt es andere, die sich doch sehr gezielt überlegen, welchen Punkt sie in ihrem Alltag ganz besonders kultivieren möchten und was für sie, für ihre Person, besonders wichtig ist.

In den beiläufigen Gesprächen der letzten Tage, der letzten Wochen, jetzt um den Jahreswechsel, ist mir eine Antwort begegnet, als es um bestimmte Vorsätze ging: „Sich durch Handeln besser fühlen." Man muss in dieses Wort mal hineingehen und spüren, was darin steckt, nämlich, zu verzichten aufs Grübeln, konkret etwas tun und spüren, dass im Handeln, im Vollzug, im Tun eine gesunde Kraft liegt. So wie Nietzsche es schon mal ausgedrückt hat: „Nur der Täter lernt." Diesem Wort möchte ich ein weiteres hinzufügen, eine Erfahrung, die darin besteht, dass uns manches Notwendige und Befreiende in unserem Leben nur gelingt in der Kraft des ersten Augenblicks.

Wenn ich dann nichts tue und erst einmal aufschiebe, wird es später immer schwieriger. Im ersten Augenblick ist die Energie wahrscheinlich noch da, und ich kann das tun, was ich eigentlich tun will, wovon ich später vielleicht abgelenkt werde. Die Kraft des ersten Augenblicks.

Dieses Phänomen, diese Wahrheit begegnet uns heute im Evangelium (Mk 1,14-20) in zwei kleinen Worten, die keine Hauptwörter sind, auch keine Tätigkeitswörter sondern beiläufig, Beiwörter, wie wir früher gelernt haben. Das Beiwort in diesem Evangelium heißt: sofort. Sofort folgten sie Jesus. Und von Jesus heißt es: Sofort rief er sie, und sie ließen alles liegen. Wahrscheinlich hat zwischen ihnen, den Jüngern und Jesus, etwas unbewusst gefunkt, dass der Funke übergesprungen ist von dem einen Sofort, das Jesus personifiziert, verkörpert, und der Reaktion, dem Handeln der Jünger: Sofort folgten sie ihm. In der Kraft des ersten Augenblicks.

Diese Kraft ist sehr wichtig, und es ist interessant, dass im Evangelium überhaupt nicht davon die Rede ist, welche Überlegungen und welche Schwierigkeiten den Jüngern durch den Kopf gegangen sind, als sie den Ruf gehört haben. Davon wird keine Silbe verlautbart, sondern: sofort taten sie es. Es ist ein Faszinosum um dieses Wort sofort.

Theodor Fontane hat das in den Alltag übersetzt mit unserer Alltagserfahrung, indem er formuliert hat:

„Gleich Ja oder Nein sagen, das können nur wenige." Und das stimmt. Gleich Ja oder Nein sagen, das können nur wenige. Mit anderen Worten: Wir können immer nur wünschen und darum beten, dass wir die Kraft des ersten Augenblicks haben, dass diese uns zuwächst, dass sie uns geschenkt wird.

Das ist das eine Stichwort, Zauberwort: sofort, das heute in diesem Evangelium für uns wichtig ist.

Da ist noch ein zweites Wort, nämlich das Wort, mit dem Jesus seine Predigt beginnt: „Die Zeit ist erfüllt." Mit anderen Worten: Jetzt ist es dran. Jetzt beginnt das Reich Gottes, mit mir, in meiner Person, und die Jünger atmen in seiner Nähe etwas davon ein, sie spüren, dass es so ist. Dass Jesus keine Verheißungen macht sondern sagt: Es ist jetzt da, das Reich Gottes, mit mir, unter euch.

„Kehrt um und glaubt an das Evangelium!" Dieses Umkehren meint nicht in erster Linie Buße mit moralischem Zeigefinger sondern metanoete im Griechischen, d. h. soviel wie: Denkt größer, denkt über euren normalen Ich-Horizont hinaus! Es gibt noch etwas, das verlockender ist als die Interessen des eigenen Ichs.

Die Zeit ist erfüllt. Die rechte Zeit, der rechte Augenblick. Der rechte Augenblick, nicht nur der erste Augenblick spielt in unserem Leben eine wichtige Rolle, den rechten Augenblick zu finden, wann ich z.B. etwas tue, wann ich einen Konflikt mit einem Mitmenschen, mit einem Kollegen löse, wann der richtige Zeitpunkt ist, der rechte Augenblick, denn davon hängt oftmals der Erfolg ab. Zur falschen Zeit, zur falschen Stunde kann vieles kaputt gehen, aber im günstigen Augenblick, im rechten Augenblick kann viel Gutes geschehen.

Schon die alten Griechen hatten für diesen rechten Augenblick eine eigene Gottheit, die Gottheit des Kairos, des günstigen Augenblicks. Sie haben diese Gottheit auch visuell dargestellt in Form eines Jünglings, der über die Erde geht, aber nur mit den Zehenspitzen die Erde berührt, an den Füßen Flügel, in der Hand ein Messer mit einer scharfen Spitze und auf der Stirn, nach vorne fallend, ein Büschel Haare, ein Schopf. Der Hinterkopf kahl. Dieses Kunstwerk, das es in verschiedenen Museen noch gibt, will sagen: Der günstige Augenblick, der rechte Augenblick ist so wie diese Figur, berührt nur ganz kurz die Erde und ist schnell wie Flügel, spitz wie ein Messer, aber da ist der Schopf, den der Mensch ergreifen kann, vorne im Gesicht, auf der Stirn, und den gilt es zu ergreifen. Wie wir im Alltag sagen: Die Gelegenheit beim Schopfe fassen – daher kommt dieser Ausdruck. Der Hinterkopf ist kahl, denn, wenn der Kairos vorbei ist, nützt alles nichts mehr.

Der erste Augenblick und der rechte Augenblick, zwei Gesichtspunkte, zwei Impulse, zwei Anregungen, in kleiner Form, wie es uns dieses schöne, großartige Evangelium zu Beginn des Markusevangeliums ans Herz legen will.

Worauf es im Leben, im Christsein ankommt: Den ersten Augenblick zu nutzen, den rechten Augenblick zu erkennen, zu sehen und in die Tat umzusetzen.

Sofort und jetzt – diese beiden Schlüsselwörter könnten uns in der kommenden Woche begleiten und gute Begleiter sein. Sich durch Handeln besser fühlen. Das tut ein Mensch, der in der Kraft des ersten Augenblicks handelt und der den rechten Augenblick erkennt und sich zunutze macht.

Sei gewiss, dass nichts dein Eigentum sei,
was du nicht inwendig in dir hast.

M. Claudius

Eine ganz neue Lehre

Predigt vom 28.1.2018

Wenn man in dieses Evangelium (Mk 1,21-28) so hineinhört, dann gibt es gleich mehrere Zündungspunkte, bei denen man anfängt zu fragen, nachzudenken oder zu staunen, z.B.: „Da fragte einer den anderen: Was hat das zu bedeuten?“ Das Sprechen Jesu löst in der Gruppe, in der Synagoge, Resonanz aus. Interaktion, sagen wir heute. Zwischen den Leuten passiert etwas, weil jeder es auf seine Weise hört. Was bedeutet das, was er sagt?

Ein anderes Entzündungswort in diesem Evangelium: Besessenheit. Die hat es damals gegeben, die gibt es heute. Man könnte mehr als 100 Arten von Besessensein aufzählen in Schattierungen, in Stufungen vom Erfüllt-Sein, Begeistert-Sein bis hin zu: von einer dämonischen Kraft getrieben werden.

Aber das soll jetzt nicht das Thema sein, sondern meine Gedanken sind gleich hängengeblieben bei den Worten: Eine ganz neue Lehre wird hier verkündet mit Vollmacht.

Wir haben das Neue Testament, und das bedeutet: Das Neue Testament gibt es nicht in neuer Auflage, ganz neu geschrieben, sondern es bleibt neu. Das Alte Testament gilt weiter, anders, aber das Neue Testament ist uneinholbar. Deshalb schreibt der Evangelist: eine ganz neue Lehre. Und erstaunlich: von dem

Inhalt dieser Lehre ist in diesem Evangelium nichts zu hören, nur die Wirkung dieser ganz neuen Lehre, die ist gewaltig.

Wie kommt das? Es hängt mit dem zusammen, der spricht. So wie man in der Predigtkunde sagen kann: Die Predigt ist wie der Prediger. Das ist ein ganz einfacher Satz, aber von einer unglaublichen Vielschichtigkeit und Tiefe und Aussagekraft. Die Predigt ist wie der Prediger.

Man kann auch sagen: Der Unterricht ist wie der Lehrer. Man kann die Aussage auch auf andere Bereiche übertragen. Dieses Wort jetzt aber angewandt auf Jesus von Nazareth: Seine ganz neue Lehre ist wie er.

Ich finde, niemand hat das staunenswerter ins Wort gebracht als jemand, der nicht christlich ist, der aus dem Jüdischen kommt, ein wahrscheinlich liberaler Jude, Albert Einstein, der von sich selbst gesagt hat: Ich spüre in mir eine ganz besondere Form von Religiosität, d. h. ein Gefühl für das Geheimnisvolle. Dieser Albert Einstein hat für sich selbst ein Credo formuliert, und zwei, drei Sätze aus diesem persönlichen Credo im Blick auf den Mann aus Nazareth lauten: „Ich bin zwar Jude, aber das strahlende Bild Jesu, des Nazareners, hat auf mich einen überwältigenden Eindruck gemacht. Es hat sich keiner so ausgedrückt wie er. Es gibt wirklich nur eine Stelle in der Welt, wo wir kein Dunkel sehen. Das ist die Person Jesu Christi. In ihm hat sich Gott am deutlichsten vor uns hingestellt. Ich verehre ihn.“

Es gibt nur eine Stelle in der Welt, wo wir kein Dunkel sehen, und das ist diese Person Jesus von Nazareth. Man kann es auch so sagen und übersetzen: In ihm, in dieser Person ist Wort und Leben deckungsgleich, kongruent. Wir selbst sind oft tief berührt, wenn wir einen Menschen erleben, von dem wir sagen: er ist total kongruent, da ist etwas Deckungsgleiches bei ihm und deshalb ist er vertrauenswürdig und glaubhaft.

Glaubwürdig, kongruent – bei Jesus. Das hatten die Menschen damals an einem normalen Sabbat in der Synagoge gefühlt, gespürt. Sie hatten bisher noch nie erlebt, dass jemand so kongruent ist und dass für ihn stimmt: In ihm gibt es kein Dunkel.

Die Predigt ist wie der Prediger. Das leuchtet hier auf an der Gestalt Jesu Christi.

Das ist eine Facette, um dieses Wort des Evangeliums noch besser zu verstehen: Eine ganz neue Lehre, die nicht mehr veraltet, die bleibt, die etwas Lebendiges ist, und deshalb ist das Wort Lehre vielleicht gar nicht mal das richtige Wort. Man müsste sagen: Leben, ein ganz neues Leben leuchtet in dieser Gestalt auf, und diese Botschaft wird uns eröffnet. Man könnte auch sagen: Wir hören einen neuen Klang in der Welt, der bis dahin nicht zu hören war. Eine neue Melodie, die mit dem Sinn der Welt und des Lebens etwas Wesentliches zu tun hat. Eine ganz neue Lehre.

Und so ist es für uns, wenn wir uns mit dem Evangelium immer wieder sonntags oder werktags oder persönlich, privat, zu Hause beschäftigen: es ist immer wieder ganz neu und hängt von unserem Resonanzraum ab. Was ist für mich im Augenblick das Wort, das mich trifft, das mich beschäftigt, das mich erfüllt? Eine ganz neue, frische Lehre, die dem Leben einfach gut tut und die wir brauchen. Das hat ein Albert Einstein gefühlt, gespürt. Daher konnte er diese Sätze sagen: Ich verehre ihn. Nicht: Ich glaube an ihn (muss er auch nicht), aber: ich verehre ihn.

Wir glauben ihm und wir glauben an ihn, an diese neue Lehre.

An sich ist nichts weder gut noch schlimm;
das Denken macht es erst dazu.

W. Shakespeare

Christliche Hoffnung

Predigt vom 1.4.2018

Umsonst – Erfahrungen in seinem Leben, wer kennt sie nicht? Immer wieder höre ich, dass mir älter gewordene Eltern sagen: Wir haben alles getan, um unseren Kindern den Glauben zu vermitteln, aber alle drei gehen nicht mehr zur Kirche, einer ist sogar aus der Kirche ausgetreten. War denn alles umsonst, was wir in deren Kindheit gegeben haben, versucht haben? Ich sage ganz vorsichtig: Ich glaube nicht. Aber diese Umsonst-Erfahrungen machen ganz vielen Menschen Sorgen, bedrücken sie, belasten sie. Umsonst-Erfahrungen in unserem Leben. Dass da eine Beziehung, die 29 Jahre gehalten hat, gewährt hat, langsam zu Ende geht und dass etwas Neues beginnen will und muss. Waren die Jahre oder die Jahrzehnte umsonst? Wer weiß? Solche Umsonst – Erfahrungen machen viele von uns, und keiner ist eigentlich ausgenommen.

Dieses Wort Umsonst-Erfahrung kann ich auch noch etwas anders hören, nämlich, wenn ich das Wort umsonst positiv nehme im Sinne von Geschenk, von Gnade, dass mir etwas zukommt, was ich nicht verursacht habe, was ich auch nicht durch meine Leistung erbracht habe, sondern was einfach da ist als Geschenk, was wir in der Theologie mit dem etwas altmodischen, aber doch schönen Wort Gnade bezeichnen.

Beide Umsonst-Erfahrungen haben vor 2000 Jahren die Jünger gemacht, die ersten Christen. Sie haben die Umsonst-Erfahrung gemacht, dass sie fragen: War denn alles umsonst? Das Ende unseres Rabbi, dass er gekreuzigt wurde und alles, was er uns geschenkt hat in den vergangenen drei Jahren – war das alles umsonst? Und er ist tot.

Umsonst-Erfahrung. Die ersten Christen, die ersten Jünger haben sehr lange Zeit gebraucht, um das zu verarbeiten. Die Emmausgeschichte erzählt uns das ja in höchst anschaulicher und eindrücklicher Weise. Am Ende steht: „Ihr Herz ist erfüllt." Aus einem verwundeten Herzen ist ein brennendes, ein glühendes Herz geworden.

Und ich frage jetzt – heute – wo finden wir Spuren von Ostern in unserer Welt oder, noch besser, Spuren von Ostern in Deinem, in meinem Leben. Ich nehme mir dafür eine Skizze zu Hilfe von einer Frau, die man normalerweise nicht in einer Predigt erwartet, einer Moderatorin und Literatin, ihr Name: Elke Heidenreich. Dass sie unterhalten kann, haben viele im Fernsehen schon erlebt, dass sie aber gleichzeitig eine tiefsinnige, nachdenkliche Frau ist, die sensibel ist für Unscheinbares, für die Geheimnisse des Lebens, die mit der Gnade zu tun haben. Sie hat ein Buch geschrieben, das heißt: „Alles kein Zufall". In diesem Buch stehen folgende Sätze:

„Ein besonders grauer Tag. Besonders viel ging schief, nur Kleinigkeiten, aber es sind ja nicht die ganz großen Katastrophen, woran wir zerbrechen. Es sind Kleinigkeiten. Aus den ganz großen Katastrophen erwächst uns Kraft, wir halten durch, sind tapfer, wie wir es immer gelernt haben, aber diese tückischen Tage voller kleiner Enttäuschungen und Niederlagen, die zersetzen uns, und hilflos wissen wir nicht, wie wir gegensteuern können dem Gefühl von Verlust, von Trauer und von Schwäche." „Gelegentlich auf das Wasser blicken", sagt Gottfried Benn.

„Ich wohne am Rhein", schreibt Elke Heidenreich. „Ein Spaziergang am Rhein hilft meistens. Er fließt und trägt Tristesse mit sich fort in die Nordsee. Ein Schiff fährt vorbei, ein großes Containerschiff kommt aus Holland und kämpft sich Richtung Basel. Es heißt: Esperanza – Hoffnung. Ein Zeichen."

Diese kleine Beobachtung aus dem Alltag, in der für jeden von uns drei Dinge plötzlich anfangen zu sprechen, nämlich: die großen Katastrophen, die kleinen Niederlagen, die wir alle kennen, aber auch – und wie ist es damit? – die Hoffnungszeichen mit den kleinen, zarten Spuren christlicher Hoffnung. In der Notiz von Elke Heidenreich kommt es mir so vor, dass, als sie das Wort am Bug des Schiffes liest, Esperanza, in ihrer Seele, im Unbewussten etwas wach wird, was dort schlummert, nämlich dass es in ihr eine Kraft gibt, die stärker ist als Depressionen, stärker ist als Unterlegenheitsgefühle, sondern diese Kraft, die in der Seele des Menschen wohnt und die Hoffnung heißt.

Spuren von Ostern in unserem Leben, keine großen, gewaltigen, sondern eher – denen gehört meine Sympathie – die zarten, die feinen Zeichen.

Zwei davon will ich erzählen. Vor drei Wochen ist Kardinal Lehmann gestorben, und ich hatte die Möglichkeit, das Requiem in Mainz und die Beerdigung im Fernsehen mitzuerleben. Ich habe dann am selben Tag noch das geistliche Testament, das Kardinal Lehmann hinterlassen hat, gelesen. Es ist relativ kurz, seine Vorträge sonst waren viel, viel länger. Das Testament hat er vor 7 oder 8 Jahren geschrieben bei klarem Bewusstsein, wissend um seine geistige Kraft. Darin steht:

„Theologie und Kirche haben mein Leben in Atem gehalten. Ich würde wieder so wählen." Was ist das für ein Ausdruck von Hoffnung, wenn ein Mensch für sich entdeckt hat, gelebt hat, glaubwürdig gelebt hat: Ich würde wieder so wählen. Und dann kommt das letzte Wort, das hinter diesen beiden Sätzen steht und das beeindruckt mich genauso oder noch viel mehr, weil es so fein ist, nämlich: „Auf Wiedersehen". Das ist in diesem Testament nicht als Floskel geschrieben oder gemeint, sondern in diesem kleinen Wort steckt eine Osterbotschaft, was wir Christen erwarten – aber wir wissen nicht wie und es bleibt ein Geheimnis – dass der Tod das Band zwischen Lebenden und Verstorbenen nicht zerschneiden kann. Was für eine Hoffnung, die uns durch die Auferstehung Christi, durch die Feier dieses Osterfestes geschenkt wird!

Prinzip Hoffnung – Ernst Bloch, der einige Zeit auch hier in Wilmersdorf gelebt hat, der mit über 90 Jahren gestorben ist und der von einem Journalisten gefragt wurde, anlässlich seines 90. Geburtstages, was er über die Schwelle zum Tod denke. Darauf hat dieser alte Mann geantwortet: „Ich werde erwartet."

Die Spuren von Ostern im alltäglichen Leben, fein, verborgen, aber sprechend. Diese Hoffnung, die ist uns geschenkt und die feiern wir, die feiern wir jetzt in diesem festlichen Gottesdienst, in dem die Hoffnung gesungen und besungen wird, die Hoffnung, die christliche Hoffnung, eigentlich das Schönste, was es gibt, Hoffnung zu haben, die Hoffnung, die immer wieder neu ist wie der Keim eines Samens oder wie das Aufgehen der Sonne. Die christliche Hoffnung, die darf uns an diesem Tag, an diesem Fest neu bewusst werden.

Auch unser Containerschiff fährt gegen den Strom mit Hoffnung.

Ihr seid Zeugen

Predigt vom 15.4.2018

Wenn man eine gotische Kathedrale betritt – und wer von uns hätte das in seinem Leben nicht schon einmal getan – da macht dieser Raum, dieser so besonders gestaltete Raum einen ganz eigenen Eindruck. Man hat das Gefühl, wenn man in so eine Kirche hineinkommt, man müsste nichts anderes tun als diese Architektur aufzunehmen, in sich hineinzunehmen und vorsichtig anfangen zu staunen, wie alles stimmig ist, wie alles zueinander passt: die Säulen, die Linienführung, die Fenster. Dass es schon am Beginn so ist, bevor man dieses Gebäude betritt – allein der Eingang kann schon etwas in einem bewirken, die Stufen und die Engführung, die Predigt durch die Figuren, die vielleicht am Eingang stehen – wie auch immer. So ein Raum hat einfach etwas Faszinierendes. Dieser Raum nimmt den Menschen dann selber auf. Man nimmt ihn auf, und man wird aufgenommen.

Ich möchte dies einmal als Bild nehmen für das Werk der Evangelisten, für das Werk des Evangelisten Lukas, für sein Evangelium und für die Apostelgeschichte. Eben haben wir aus dem Lukasevangelium die Ostergeschichte gehört, die ganz zum Schluss in Kapitel 24,35-48 steht. Dort wird nur noch in zwei, drei Versen etwas von der Himmelfahrt erzählt und von dem Verhalten der Urgemeinde, die sich wieder in Jerusalem versammelt und vor Freude Gott lobt und preist. Das ist der Schluss des Lukasevangeliums.

Diese Ostergeschichte ist wieder anders als die, die vorweggegangen ist, die Geschichte von den Emmausjüngern oder die Geschichten, die Matthäus und Markus erzählen oder Johannes. Alle sind ganz eigen.

Was fällt bei dem heutigen Evangelium besonders auf? Wo hört man besonders hin? Da ist z.B. die Botschaft zwischen den Zeilen, aber auch in dem Dialog Jesu mit den Jüngern ganz deutlich: Leute, es geht um Realität. Ich bin real hier. Nicht als Geist. Das konnten griechisch denkende Menschen, für die dieses Evangelium geschrieben war, noch gar nicht richtig verstehen. Lukas, selbst Heide, vielleicht Grieche, versetzt sich in die griechisch denkenden Menschen hinein und macht ihnen jetzt deutlich: Nein, es geht nicht um Geist, dass der Geist eines großen Mannes präsent ist sondern real. Also nicht wie bei Alexander dem Großen, der 300 Jahre vorher gelebt und gewirkt hat und dessen Geist Jahrhunderte später noch in der Antike spürbar war. So nicht, sondern ganz anders, nämlich real. Das kommt in diesen Gesprächen zum Ausdruck.

Wir haben im Deutschen die Redensart: Das hat Hand und Fuß. Das berührt sich mit dem, was der Evangelist geschrieben hat: Er zeigte ihnen seine Hände und seine Füße, als wollte er indirekt damit auch noch sagen: Das, was da geschehen ist, hat Hand und Fuß, historisch, gefühlsmäßig, es ist real.

Lukas, der Evangelist der Realität, wie es in diesem Osterevangelium aufscheint. Der Fisch – Jesus isst den Fisch vor ihren Augen, real. Dann steht in der Mitte dieses Evangliums der Satz, an dem man nur hängenbleiben kann: „Sie staunten und konnten es immer noch nicht glauben.“ Sie konnten es vor Freude, steht da, immer noch nicht fassen. Staunen und es nicht glauben können gehört auch zum Glauben, ist vielleicht der Anfang oder vielleicht ein bestimmter Schritt auf dem Weg zum Glauben.

In der Antike, bei Platon heißt es: Philosophie beginnt mit dem Staunen. Goethe sagt etwas Ähnliches. Staunen, eine Urfähigkeit von uns Menschen, vielleicht zu wenig betrachtet, beachtet, wertvoll, kostbar und wichtig. Schlimm, wenn einer zynisch wird, über nichts mehr staunen kann und alles herunterziehen muss in seiner Mentalität. Und dann – sie konnten es vor Freude nicht glauben. Das Lukasevangelium ist das freudigste Evangelium, nicht nur das anschaulichste, das malerische, das für Griechen geschriebene, sondern in dem die Grundmelodie des Evangeliums überhaupt zum Tragen kommt: eine tiefe Freude. Und diese tiefe Freude wird durch Ostern, durch die Auferstehung berührt.

Dann erklärt Jesus in diesem Evangelium den Jüngern, was sie eigentlich tun müssen oder noch mehr tun sollten, und Lukas schreibt das für seine

Generation, nämlich für die Christen der Urkirche: Ihr solltet viel mehr in der Bibel lesen, in der Schrift lesen, der Schrift begegnen, damit ihr langsam versteht, dass das alles schon angedeutet ist, prophetisch, was jetzt erfahrbar, deutlich geschehen ist in der Auferstehung Christi. Der letzte Satz im Evangelium: „Ihr seid Zeugen dafür.“ Da steht nicht predigthaft: Ihr sollt Zeugen sein, sondern: Ihr seid Zeugen. Ihr habt das gesehen, ihr habt das gehört, ihr habt das miterlebt. Ihr seid Zeugen dafür.

Dieser kleine Satz: „Ihr seid Zeugen dafür“ ist die Nahtstelle zur Apostelgeschichte, aus der wir jetzt in der Osterzeit immer wieder Berichte hören, was die Zeuginnen und Zeugen tun und bewirken. Die Heilsgeschichte geht weiter. Lukas hat dieses Evangelium geschrieben ungefähr am Ende des ersten christlichen Jahrhunderts. Dies war eine ganz besondere Zeit, es war so etwas wie ein goldenes Zeitalter für das Christentum. Das Christentum hat sich ausgebreitet von Jerusalem aus im ganzen Mittelmeerraum bis nach Rom und dann noch weiter – dank der Zeuginnen und Zeugen, von denen in der Apostelgeschichte die Rede ist. Ihr seid Zeugen! Und das geht nur durch und in und mit Überzeugen. Wenn ein Mensch wirklich überzeugt ist, dann hat er so etwas wie eine angenehme, unwiderstehliche Macht. Überzeugen.

Wir haben im vorigen Jahr das Reformationsjubiläum gefeiert, und da sind sich unsere beiden Kirchen, die evangelische und die katholische durch die

Beschäftigung mit diesem Thema Reformation und Reform und auch dem überdurchschnittlichen Zeugen des Christentums, Martin Luther, begegnet. Von Martin Luther – Stichwort Überzeugung, Stichwort Zweifel – kommt der Satz: „Der Glaube ist ein Stehfest des Herzens, der nicht wackelt, bebt, zappelt und zweifelt, sondern fest steht und seiner Sache gewiss ist." Glauben ist ein im Innersten gewonnenes Lebensvertrauen so wie man es ablesen kann in der Beziehung eines Kindes zu seiner Mutter, wie zwischen Erwachsenen, die über Jahre oder Jahrzehnte hin in tiefer Freundschaft verbunden sind und die ein inneres Lebensvertrauen verbindet.

Ich will schließen mit Luther, um das Stichwort Freude noch einmal aufzugreifen: „Die Freude", sagt Luther, „ist der Doktorhut des Glaubens."

Goldenes Priesterjubiläum von Pater Josef

Dialogpredigt vom 19. August 2018 – mit Pater Maximilian Wagner

P. Maximilian: Liebe Schwestern, liebe Brüder! Ja, jetzt stehen zwei da vorne. Wer von ihnen hält wohl die Predigt? Wir versuchen's miteinander, denn wir haben uns gedacht, bei so einem Jubiläum, wenn man dann als Oberer eine Predigt hält, kommt oft der ganze Lebenslauf, aber das erinnert so sehr an eine Beerdigung. Das wollten wir nicht!

Lieber Josef, Du hast Dir ja heute für Dein Fest ein anderes Evangelium ausgesucht als das, das eigentlich an diesem Sonntag vorgesehen ist: das Evangelium von der Hochzeit zu Kanaan. Was gefällt Dir an diesem Evangelium besonders, was beeindruckt Dich da?

P. Josef: Lieber Maximilian! Mit dieser Entscheidung habe ich erst einmal die Freiheit der Kinder Gottes demonstrieren wollen. Wir müssen nicht immer alles tun, was vorgeschrieben ist. Warum ich das Evangelium ausgewählt habe? Es ist für mich ein Edelstein im Neuen Testament, aber nicht, weil es so ein bisschen nach Mirakel duftet oder riecht, sondern weil es eine Raumtiefe hat, die etwas deutlich macht von dem, warum Jesus von Nazareth auf diese Erde gekommen ist und was er uns Menschen bringen will im tieferen Sinne. Im Zentrum dieses Evangeliums stehen die beiden Bilder: Wasser und Wein. Wasser steht für alles, was nach nichts schmeckt, was schal ist, und das kennen wir doch aus unserem Leben, dass es da Dinge gibt, die schmecken uns überhaupt nicht. Der Wein steht dafür, dass es etwas gibt, das wir entdecken können: den Geschmack des Lebens, und zwar jenes Lebens, das Jesus uns gezeigt hat in tausendfältigen Bildern und ganz einfachen Sätzen. Davon lebt dieses Evangelium, und Johannes – er ist nicht nur Theologe, er ist auch Poet, Dichter – beschreibt diese Hochzeit wie ein Gemälde von Michelangelo oder von Rembrandt. Es hat eine Tiefendimension, die man eigentlich nie ganz ausschöpfen kann. Den Geschmack des Lebens neu entdecken, das ist eine Aufgabe, die jedem von uns immer wieder neu gestellt ist, weil es immer wieder Situationen gibt, in denen wir sagen: das ist bitter, das ist schal, das schmeckt mir überhaupt nicht, und ich möchte, dass es anders wird. Davon kündet dieses Evangelium.

Es gibt in diesem Evangelium noch viele Einzelheiten, auf die ich jetzt nicht eingehen möchte, sonst wird alles ein bisschen zu lang, aber dieses Wort Jesu: „Meine Stunde ist noch nicht gekommen", das war kein Vorwurf gegen seine Mutter, sondern er für sich hat das Steuerruder des Lebens in der Hand und spürt: Wann ist was für mich dran? Das ist in unserem Leben immer wieder neu die Frage: Was ist für mich in meinem Leben, jetzt in dieser Lebensphase, in der ich stehe, dran? Wovor drücke ich mich und was will ich eigentlich nicht, weil es nicht schmeckt? Johannes hat für die Griechen geschrieben, und die Griechen hatten einen eigenen Gott, Dionysos, den sie verehrten, weil sie wussten: er kann unsere Weinernte verbessern. Johannes, der dann Zahlen gebraucht wie die 600 Liter und mehr, er will deutlich machen: Der Gott, den wir Christen verehren, der kann noch ganz etwas anderes als euer Dionysos, als der griechische Gott des Weines. Aber jetzt mache ich Schluss!

P. Maximilian: Ja, am 23. Juli 1968 wart ihr 24 junge Diakone, die am Boden lagen und darauf warteten, zum Priester geweiht zu werden. Danach hast Du Deine Primiz gefeiert. Wie war das damals vor 50 Jahren, wenn Du heute daran zurückdenkst? Was möchtest Du uns von diesen beiden Tagen, Priesterweihe und Primiz, erzählen?

P. Josef: 1968 – das Konzil war vorbei, und wir damals im Theologiestudium, wir haben etwas von dem Frühling gespürt, der durch das Konzil in die Kirche gekommen ist und waren nun glücklich, dies spüren zu dürfen und das studieren zu dürfen in der Liturgie, in der Theologie, in der Seelsorge. Ich habe ja noch erlebt, dass die Kanzel oben an einem Pfeiler angebracht war und der Pfarrer von oben herab gepredigt hat, von oben herab „abgekanzelt“ hat. Diese Zeiten waren plötzlich vorbei. Auf einmal: sprechen, predigen in Augenhöhe. Und Liturgie nicht mehr: hier eine große Schranke und dahinter, mit dem Rücken zum Volk, der Priester, der seine Zelebration vollzieht, sondern Liturgie der Eucharistie als Fest, als Mahlgemeinschaft. Das hat damals unsere, meine Situation sehr geprägt.

P. Maximilian: 50 Jahre ist ja doch eine lange Zeit. Welche Knotenpunkte – Du hast es so genannt – ich würde sagen, welche Highlights, welche drei Highlights waren in diesen 50 Jahren dabei, die Du ganz besonders herausheben möchtest?

P. Josef : Da möchte ich mich beschränken.

P. Maximilian: Deshalb habe ich schon drei gesagt.

P. Josef : In meinem Leben gab es einen Knotenpunkt, den ich heute aus der Rückschau als den entscheidendsten meines Lebens betrachte, das war das Jahr 1985,1986, als mich unser Provinzial gefragt hat, ob ich von Münster, von der Hochschule weggehen könnte, um hier in Berlin neu anzufangen. Dieser Entscheidungsprozess war für mich alles andere als leicht, denn ich war gerne in Münster und ich hatte gerne Bücher, Seminare und meinen Schreibtisch.

Gleichzeitig war ich 44 Jahre und spürte, es müsste doch eigentlich noch etwas Neues in deinem Leben anfangen können. Und ich weiß nicht genau, was den Ausschlag gegeben hat, jedenfalls habe ich irgendwie den Ruf gespürt: Die Anfrage mit Berlin, die kannst du eigentlich nicht ablehnen, obwohl der Provinzial mir gesagt hatte: „Ich kann auch mit Deinem Nein leben.“ Also, ich hätte nicht hierhin müssen im strengen Gehorsam, sondern das war eine Entscheidung, die ich aus der Tiefe meiner Seele gefällt habe, und heute – 32 Jahre danach – kann ich sehen, dass das ein wirklich so entscheidender Knotenpunkt in meinem Leben gewesen ist. An dieser Stelle muss ich und darf ich einfach ein Kompliment machen, nämlich in diesen 32 Jahren habe ich vieles erlebt an Situationen, an tragischen Konstellationen, an Freude, an Freude und Leid, habe erfahren, wie schön und wie unglaublich es ist, im Tiefen zu wissen: Du wirst von der Gemeinde getragen. Das ist ein Schatz, den jede Gemeinde schenken kann, dem, der Dienst tut, das Gefühl zu geben: Es ist gut, dass Du hier bist.

P. Maximilian: Sicher haben Dich in den letzten 50 Jahren auch bestimmte Personen sehr beeindruckt und geprägt. Möchtest Du von ein paar Personen erzählen? Deine Verwandtschaft sitzt ja hier. Die wirst Du wahrscheinlich nicht extra erwähnen, aber gibt es noch andere Personen, die Dich nachhaltig geprägt haben?

P. Josef: Da will ich an dieser Stelle nur geistige oder geistliche Inspiratoren nennen, die für mich so etwas bereit hatten wie ein Zauberwort in einer entsprechenden Situation, in der ich das Gefühl hatte: Ja, das ist es!

So eine Person ist ein evangelischer Theologieprofessor in Hamburg, Matthias Kröger, dem ich solche Impulse verdanke und der mich auch in eine viel zitierte Seelsorge, wie ich sie hier in St. Ludwig praktiziere, hineingeführt hat. Der Zweite, den ich nennen möchte, ist ebenfalls ein evangelischer Theologe namens Otto Haendler, der schon mehr als 25 Jahre tot ist. Er hat ein Buch geschrieben, das heißt schlicht und einfach: Die Predigt. In diesem Buch stehen aber nicht Predigten, sondern es ist ein Fundamentalwerk, und der Untertitel lautet: Tiefenpsychologische Grundlagen und Grundfragen der Predigt. Dieses Buch habe ich – Stichwort 1968 – in Paderborn durch unseren damaligen Lehrer, Pater Konstantin Pohlmann, entdeckt. Er hat mich darauf hingewiesen. Dieses Buch hat mich seitdem begleitet, hat jeden Umzug überstanden, und in ihm lese ich immer wieder gern.

Ich möchte einfach sagen, es ist wunderbar, wenn man solche Inspiratoren in seinem Leben entdeckt oder hat oder dankbar dafür ist, wenn Anregungen von außen das eigene Leben befruchten.

P. Maximilian: Du hast uns ja schon von einer Lieblingsstelle aus der Bibel erzählt, die Hochzeit zu Kanaan. Gibt es noch weitere Lieblingsstellen?

P. Josef: Ja, wenn ich so zurückgehe, kann ich verschiedene nennen, aber eine, die mir jetzt in der letzten Zeit besonders nahegekommen ist – Mk 4,26-29 –

das ist das Gleichnis von der selbstwachsenden Saat, das vom Reich Gottes erzählt, und in diesem Gleichnis wird deutlich: Nicht der Sämann macht die Frucht, und nicht der Sämann ist es, der es letztlich vollbringt, sondern der Samen selbst hat in sich eine Kraft zu wachsen. Dieses Gleichnis gibt mir bei allen Diskussionen um Strukturveränderungen in der Kirche so viel Zuversicht und so viel Hoffnung: Wir, ich brauche das Reich Gottes nicht zu machen, das wächst. Im Griechischen steht da auto mate, d. h. wie von selbst wächst der Halm zur Ähre, zur Frucht, und dann kommt die Ernte. Das ist ein so entlastendes Gleichnis. Ich habe in letzter Zeit schätzen gelernt, dass es das im Evangelium gibt.

P. Maximilian: Du bist jetzt Ende Juni 76 Jahre alt geworden. Wie geht es Dir mit dem Älterwerden?

P. Josef: Ja, mir geht's – ich mach's kurz. Mich hat am Telefon eine 89jährige Dame gefragt: „Wie alt sind Sie jetzt?“ und ich habe es ihr gesagt – ich war gerade 72 – worauf sie sagte: „Oh, das ist ja die Jugend des Alters. Mit dem Nachsatz: Den sollten Sie auch hören. Wenn Sie mal so alt sind wie ich, 89, dann wird es abenteuerlich.“

P. Maximilian: Du hast ja vor kurzem die „Ernte“ Deines Lebens aufgeschrieben: „Auferstehen jetzt – Franziskanische Impulse aus der Großstadt“. Wie bist

Du auf die Idee für dieses Buch gekommen, das viele von uns – nehme ich mal an – schon gelesen haben.

P. Josef: Ja, ich hatte schon seit längerer Zeit mal überlegt, ob ich nicht das, was ich gepredigt habe, schriftlich niederlegen sollte. Dann kam der Zufall. Der Zufall bestand darin, dass eine Sympathisantin der 12 Uhr Messe in der Wochenzeitung DIE ZEIT einen Artikel geschrieben hat über das Kreuz im Kanzleramt. Die Redakteurin von der ZEIT hat dann zum Schluss an diese Dame – ich sag auch, wer es ist, Monika Grütters – die Frage gestellt: „Und was ist Ihre Gemeindekirche?“ Dann hat Frau Grütters etwas von St. Ludwig erzählt, besonders von der Messe für Ausgeschlafene. Das hat ein Verlagschef in München gelesen, hat sich ins Flugzeug gesetzt, ist zu mir nach Berlin gekommen und hat gesagt: „Ich möchte gern mit Ihnen ein spirituelles Buch machen.“ Ich habe geantwortet: „Ich bin kein Schriftsteller.“ – „Das brauchen sie auch nicht zu sein. Nehmen Sie Ihre Predigten, trennen Sie die Spreu vom Weizen, und den Weizen geben Sie mir.“

P: Maximilian: Man beachte: aus München ist extra jemand angereist, aus Bayern!

P. Maximilian: Du lässt die Menschen ja immer wieder Anteil haben an Deinen Lesefrüchten. Eine letzte Frage: Welche Lektüre liegt gerade auf Deinem Nachttisch? Was liest du gerade?

P. Josef: Sie werden lachen oder nicht: Elke Heidenreich: Alles kein Zufall. Das ist ein kleines Buch, in dem sie kurze Geschichten aus ihrem Leben gesammelt hat. Alles unter dem Titel: Alles kein Zufall. Eine kleine Geschichte steht darin, mit der will ich schließen, möchte sie gern noch erzählen. Elke Heidenreich erzählt, dass sie eines Tages in Wien ist, schlechtes Wetter, Schnee und Regen. Sie kommt an einer Kirche vorbei, geht, um sich zu schützen, hinein. Der Mesner oder Kirchendiener ist gerade dabei, die Kirche zu schrubben oder zu säubern. Sie bleibt dann stehen und sucht vergeblich: Wo ist eine Matte, auf der ich meine dreckigen Stiefel abputzen kann? Der Mesner beobachtet das und sagt dann zu ihr: „Der liebe Gott sieht nicht auf die Füße, nur ins Herz." Dann schreibt sie: Dieses Wort, das hat mich so tief getroffen, dass mir die Tränen gekommen sind, weil ich mich danach mein Leben lang sehne, dass jemand in mein Herz sieht.

Zum priesterlichen Wirken gehört auch das, was die lateinische Sprache benedicere nennt, Gutes sagen. Dieser Mesner hat Elke Heidenreich etwas Gutes gesagt, was ihr Herz erbaut und getröstet hat.

Dieses benedicere ist nicht uns Priestern vorbehalten, sondern das kann jeder Mensch in tausendfältigen Situationen. Benedicere. Mit diesem Wort benedicere, Gutes sagen, Maximilian, machen wir einen Punkt!

Die Verzauberung der Welt

Predigt vom 26.8.2018

Schon seit mehr als einem Jahr lese ich an einem Buch, mit dem ich nicht fertig werde. Dieses Buch hat den Titel: Die Verzauberung der Welt, und der Untertitel lautet: Eine Kulturgeschichte des Christentums. Ich kann nur darüber staunen, wie ein einzelner Mann, ein evangelischer Theologe in München, Professor für Religionsphilosophie, die Sprachkraft hat und die Genialität, die Kreativität, so ein Buch zu schreiben und die Kulturgeschichte des Christentums, also zwei Jahrtausende, so dezidiert und auch anschaulich zu beschreiben. Es ist kein Buch für besonders akademisch ausgebildete Menschen, die meist wissenschaftliche Bücher lesen, sondern eigentlich für jedermann, ein Buch, das man gut verstehen kann.

Die Verzauberung der Welt! Das Besondere an diesem Buch ist, dass der Autor, Jörg Lauster, immer wieder Akzente setzt, Einzelheiten beleuchtet, sodass dem Leser aufgeht, was es im Laufe dieser zweitausend Jahre Christentum gegeben hat, und zwar an Negativem und an Positivem. Dass das Christentum in jedem Jahrhundert oder in jeder Phase immer wieder neu versucht hat, die originäre Form, Erscheinungsform, Zeitform zu finden, wie sich das Evangelium, das ja etwas Lebendiges ist und kein Museum und kein toter Gegenstand, wie sich diese Energie, die im Neuen Testament und im Alten Testament enthalten ist, immer wieder neue Formen sucht, Erscheinungsformen, die wir Menschen haben, wenn es um religiöse Praktiken geht.

Das Besondere, das an diesem Buch deutlich wird, das sagt schon der Titel: Die Verzauberung der Welt.

Wir sehen oft das Negative oder wir sind in der Defensive oder wir meinen, wir müssen den Glauben verteidigen oder wir stöhnen darüber, dass immer weniger Menschen in die Kirche gehen und dass der Glaube abnimmt und alles atheistischer wird. In diesem Buch findet man eine andere Tonart, eine andere Melodie, nämlich, dass es das Phänomen gibt, dass das Religiöse die Grunderfahrung fast eines jeden Menschen ist. Das Religiöse, was immer ich auch damit verbinde, ist eine Grunderfahrung der allermeisten Menschen. Carl Gustav Jung hat es etwas anders ausgedrückt, indem er gesagt hat: „Der Mensch ist unheilbar religiös." Das hört sich so an, als wenn Religiosität eine Krankheit wäre. Nein, unheilbar religiös meint: Die Religiosität ist so tief in uns Menschen drin, dass sie nicht stirbt, im Gegenteil, dass sie sich immer neue Ausdrucksformen sucht. In der Verzauberung der Welt ist dieser Reichtum aber auch die Gefährdung des Christentums in immer neuen Seiten, Aspekten, Facetten dargestellt, und zwar von einer Tiefe, die wirklich beachtenswert ist. Die Verzauberung der Welt. Das Religiöse ist gewissermaßen das Wasserzeichen im Pergament von Weltanschauung, und das Religiöse kann sich ausdrücken. Helmut Schmidt hat das einmal so gesagt: „Johann Sebastian Bach ist die Religion für Atheisten.“ Es gibt Menschen, die bezeichnen sich als Atheisten, aber Johann Sebastian Bach – unbedingt hören, erleben, mitvollziehen.

Man könnte jetzt die anderen Bereiche der Kultur durchgehen, nicht nur die Musik sondern die Literatur, wie sich Religiosität da ausdrückt, immer wieder neu, immer wieder anders – auch heute in der modernen Literatur. Oder in der Architektur, wie sich in den gotischen Kathedralen der Glaube ausdrückt. Oder heute im modernen Kirchenbau oder in abstrakter Malerei, wie auch immer. Die Verzauberung der Welt.

Lassen Sie mich nun – damit es keine Vorlesung wird oder ein Vortrag – die Verbindung zu unserem Leben, zu meinem, Ihrem Leben herstellen, wo Anknüpfungspunkte sind, wo Religiosität wachsen kann, wo Religiosität sich ausdrücken kann und vielleicht auch möchte.

Das sind für mich vier kleine Fragen:

- Wofür bin ich dankbar? Ein Atheist hat gesagt: Ich bin zutiefst dankbar, aber ich habe keine Adresse, wo ich diesen Dank abgeben kann. Wofür sind Sie, wofür bin ich dankbar?
- Was tue ich leidenschaftlich gern? Auch das kann zu gelebtem Glauben führen.
- Worauf bin ich stolz? Stolz im gesunden, im christlichen Sinne.
- Welches Licht bringe ich in die Welt?

Anknüpfungspunkte, Entzündungspunkte für Religiosität. Vielleicht kann ich noch hinzufügen: Vielleicht ist schon das Staunen, das uns ab und zu überfällt, der Anfang des Glaubens.

Die Sonne grübelt nicht, ob sie scheint,
ob sie scheinen soll. Ihr Leben sei das Deine.

Unbekannt

Kommunion ist Geschenk, ist Gnade

Predigt vom 23.9.2018

Ich möchte heute zu Ihnen oder mit Ihnen über ein Thema sprechen, das viele interessiert. Im Laufe der letzten Wochen und Monate bin ich immer wieder einmal gefragt worden, was ich dazu sagen würde, was ich dazu denke.

Thema:
Kommunionempfang in der Eucharistie auch von evangelischen Christen.

Was sagen Sie dazu? Nun, dieses Thema ist schon etwas älter. Sie erinnern sich vielleicht, bei dem Requiem für Johannes Paul II., das in vielen Fernsehkanälen übertragen wurde, hat der damalige Kardinal Ratzinger – das war kurz vor seiner Wahl – dem evangelischen Prior von Taizé die Kommunion gereicht. Das hat die ganze Welt mitbekommen, und man hat sich gefragt: Ist das ein besonderes Signal, das er gesetzt hat oder muss man das als Traditionsbruch beurteilen?

So ging dann die Diskussion weiter bis zur Bischofskonferenz in diesem Jahr im Frühjahr in Ingolstadt. Da haben sich die katholischen Bischöfe nicht nur darüber unterhalten, sondern sie haben nachher zum Schluss noch abgestimmt, was sie zulassen können. Zweidrittel der katholischen Bischöfe haben dafür gestimmt, dass so etwas möglich sein darf und möglich sein kann.

Ich fühle mich sehr, sehr glücklich in der Situation, weil ich persönlich vor drei oder vier Wochen auf einen theologischen Brief gestoßen bin, der auch im Hörfunk verbreitet wurde, ein Brief eines Seelsorgers, eines Jesuitenpaters, Pater Eberhard von Gemmingen, der lange Jahre Leiter der Redaktion in Radio Vatikan gewesen ist. Er hat so etwas wie eine Kostbarkeit von Mut und Klarheit verfasst. Drei Kernpunkte aus dem, was er verfasst, geschrieben hat, möchte ich Ihnen gerne sagen:

Er schreibt: Ich denke, um eine vernünftige Antwort zu finden, muss ich zunächst danach fragen, was mich bewegt, die Kommunion empfangen zu wollen. Habe ich wirklich Interesse an Jesus oder will ich nur nicht ausgeschlossen sein? Will ich nicht derjenige sein, der als einziger in der Bank bleibt, während die vielen nach vorne gehen und die Kommunion empfangen? Habe ich Sehnsucht nach Christus und wie zeigt sich diese im täglichen Leben? Suche ich Hilfe bei ihm oder empfinde ich es einfach als ungerecht, ausgeschlossen zu sein?

Die zweite Frage: Wer lädt ein? Lädt Christus ein oder die Kirche? Meine Antwort: als erstes lädt Christus ein. Das bedeutet in der Folge: Wenn ich die Einladung annehme, lasse ich mich ernsthaft und verbindlich auf Christus ein. Das gilt für Katholiken ebenso wie für Protestanten, d. h.: Ich schlage in seine ausgestreckte Hand verbindlich ein. Ein faszinierender Satz: Kommunionempfang – ich schlage verbindlich ein. Wenn ich das nicht versprechen kann oder will, sollte ich aus Anstand die Einladung nicht annehmen. Wenn ich mich nicht verbindlich auf ihn einlassen kann und dennoch zur Kommunion gehe, dann nehme ich Jesus nicht ernst. Wenn ich ihn nicht wirklich ernst nehme, dann bin ich ein Mitläufer. Das will ich aber nicht sein.

Drittens: Sich verbindlich auf Jesus einlassen, bedeutet nicht, ab sofort nicht mehr zu sündigen, aber es bedeutet, dass ich mich bemühe, Jesu Vorstellungen für mein Leben kennenzulernen und diese Vorstellung so ernst wie möglich zu nehmen. Sich auf Jesus einzulassen ist nicht nur so als würde ich die Satzungen eines Vereins unterzeichnen. Dann noch der Satz: Es ist völlig falsch, nur zu fragen, wer mir den Kommunionempfang erlaubt, denn wir sind – jeder einzelne – vor Gott verantwortlich, sind keine Kinder, die nach Erlaubnis fragen. Wir müssen vor allem selbst denken und die Verantwortung übernehmen.

Die Ausführungen sind noch etwas länger, aber diese drei Kardinalaussagen, die sind das Entscheidende. Also, was ist mein leitendes Interesse bei der Kommunion, wer lädt ein und wie ist es mit der Verbindlichkeit oder auch mit dem Anstand? Was einfach mal gesagt werden muss: Dieses Sakrament, die Eucharistie zu empfangen, das ist keine Belohnung, weil ich mich moralisch total korrekt verhalten habe, eine Belohnung so wie wir früher als Kommunionkinder die Kommunion empfunden haben – wenigstens ich – wie das,

was das Fleißkärtchen in der Schule war. Kommunion ist ganz etwas anderes. Kommunion ist Geschenk, ist Gnade, nicht Belohnung. Diese dichte Stelle in der Eucharistie, bei der ich die Kommunion empfange, ist ja ein kleiner Kurzdialog zwischen dem, der mir die Kommunion reicht, und mir selbst, ein Kurzdialog aus diesen beiden Sätzen:
„Der Leib Christi“ und meiner Antwort „Amen“, und das bedeutet: Ja, das glaube ich. Wenn das jemand, egal welcher Konfession er angehört, glaubt und mit dem Amen bestätigt, dann ist es recht. Christus lädt ein und jeder darf sich eingeladen wissen.

Ich finde, dieser Impuls des Jesuitenpaters Eberhard von Gemmingen ist wirklich ein Dokument, eine Kostbarkeit von Mut und Klarheit.

Es ist auch immer wieder zu beobachten, dass die Entwicklung oder die Öffnung in der Kirche, auch unter den Konfessionen, oftmals in den Gemeinden weiter ist als das, was die Institution sagt oder vorhersagen kann. Die Theologie spricht da von dem sensus fidelium, von dem Glaubenssinn, der im Volk Gottes ist. Dieser sensus fidelium, er ist ernst zu nehmen.

Ich kann nur den Wunsch äußern, dass die Ehrfurcht vor der Eucharistie und das Einschätzen und Wertschätzen der gesamten Eucharistiefeier für jeden, der daran teilnimmt, immer noch wachsen und sich vertiefen kann. Und dass dadurch auch im Herzen die Dankbarkeit, der Grundwasserspiegel der Dankbarkeit, immer noch steigen kann.

Gehe mit ganzem Herzen

Predigt vom 4.11.2018

Von einem guten Kompliment kann man zwei Monate leben. Ich fantasiere, dass der Schriftgelehrte im heutigen Evangelium (Mk 12,28b-34) noch länger davon gelebt hat, vielleicht sein ganzes Leben, von diesem Kompliment, das Jesus ihm gemacht hat: „Du bist nicht fern vom Reich Gottes." Das heißt: Du bist in meiner Nähe.

Warum spricht Jesus dieses Kompliment aus? Nicht, weil er Freude hätte, immer Komplimente zu machen. Es macht sie nur, wenn sie auch stimmen, wenn sie kein Schmus sind. Hier, in diesem Fall, der Schriftgelehrte, der etwas an den Tag legt, was außergewöhnlich ist. Bei den Schriftgelehrten und Pharisäern spielten die Tempelopfer im Rahmen der Religiosität eine ziemlich große Rolle. Die Tempelopfer, die Brandopfer, die man darbringt. Jetzt, in diesem zentralen Gebot, kommen diese Opfer gar nicht vor. Da geht es nur um das Credo von Israel: „Höre, Israel, ich bin der Herr, dein Gott", und dieses Credo wird eng verknüpft mit der Gottesliebe, der Nächstenliebe und einer gesunden Selbstliebe. Diese Zuordnung ist in diesem Evangelium etwas ganz Neues. Die Aussagen: Nächstenliebe, Gottesliebe, Selbstliebe begegnen uns im Alten Testament schon an verschiedenen Stellen, aber diese Bündelung, diese unglaubliche Zentrierung, das ist das Neue. Dadurch bekommt dieses Gebot so eine Leuchtkraft. Es wird deutlich, worum es im Leben und im Sterben geht. Das hat der Schriftgelehrte verstanden – mit seinem Gefühl, mit seinem Verstand, obwohl er in dem System der Religion mit Brandopfern und Tempelopfern eng verwoben war. Daher dieses Kompliment.

Im Evangelium fällt ferner auf, dass das kleine Wörtchen ‚ganz' drei- oder viermal genannt wird: mit ganzem Herzen, mit ganzer Seele, mit all deinen Gedanken. Martin Luther hat es übersetzt: „mit all deinem Gemüt", und Gemüt bedeutete damals – heute vielleicht auch noch – die Bündelung aller seelischen Kräfte, ob es der Verstand ist, ob es das Gefühl ist, ob es alles ist, was ein Mensch empfinden kann. Die ganze seelische Kraft, und das ist so wichtig.

Das Besondere, dass diese drei Gebote: Gottesliebe, Nächstenliebe, Selbstliebe so ineinandergreifen und sich gegenseitig beeinflussen. Alle drei wirken ganz eng zusammen. Es gibt nicht das eine ohne das andere, und das andere beeinflusst wieder das eine.

Drei schwere Worte: Gottesliebe, Nächstenliebe, Selbstliebe – Hauptwörter, Substantive, wie wir sagen. Und wie lauten entsprechende Tätigkeitswörter, die dazugehören?

Ich bin am letzten Sonntag in Speyer gewesen, habe auch den Dom besichtigt. Dort findet man eine Kapelle für Edith Stein. Mit dieser Frau, dieser Heiligen, die der Papst vor 20 Jahren heiliggesprochen hat, die in Auschwitz ermordet worden ist – sie hat auch viele

Jahre in Speyer gelebt als Lehrerin, als Dozentin an der Pädagogischen Schule – mit ihren Schriften habe ich mich in der letzten Woche beschäftigt.
Dabei bin ich auf vier Tätigkeitswörter gestoßen, die sie, gewissermaßen als Zugabe zu diesem Zentralgebot des Glaubens dazulegt, wenn sie schreibt:

„Der Mensch ist dazu berufen, in seinem Innersten zu leben und sich selbst so in die Hand zu nehmen, wie es nur von hier aus möglich ist; nur von hier aus ist auch die rechte Auseinandersetzung mit der Welt möglich; nur von hier aus kann er den Platz in der Welt finden, der ihm zugedacht ist. In der Zeit unmittelbar vor und noch eine ganze Zeit nach meiner Konversion (E. Stein ist vom jüdischen zum katholischen Glauben übergetreten) habe ich gemeint, ein religiöses Leben führen heiße, alles Irdische aufgeben und nur im Gedanken an göttliche Dinge leben.

Allmählich habe ich aber einsehen gelernt, dass in dieser Welt anderes von uns verlangt wird und dass selbst im beschaulichsten Leben die Verbindung mit der Welt nicht durchschnitten werden darf. Ich glaube sogar, je tiefer jemand in Gott hineingezogen wird, desto mehr muss er auch in diesem Sinne aus sich herausgehen und das Göttliche in diese Welt hineintragen.“

Ein erstaunlicher Text von einer Weite, und darin stehen diese vier Tätigkeitswörter.

Das erste: Sich selbst in die Hand nehmen, sein Leben in die Hand nehmen, sein Schicksal in die Hand nehmen. Das ist eine besondere Herausforderung eines jeden Menschen. Die ist ihm nicht einfach so gegeben, sondern sie kostet seelische Arbeit. Je nachdem, in welcher Situation ich in einem Schicksal verwoben und verbunden bin, manchmal nicht weiß, was alles bedeuten soll, und dann nicht die Hände in den Schoß lege, sondern seelisch aktiv werde. Sein Leben in die Hand nehmen. Wie dich selbst, heißt es im Evangelium – die gesunde Selbstliebe. Sich nicht in unguter, in frustrierender Weise hängen lassen.

Zweites Tätigkeitswort: den Platz in der Welt finden, der einem zugedacht ist. Mit diesem Platz ist nicht ein Podest gemeint, auch nicht eine besondere Ehre, ein besonderer Rang, besondere Abzeichen, auch nicht das Siegertreppchen, sondern mit dem Platz ist gemeint: meine Identität finden, meinen wahren Glauben.

Und das dritte Stichwort lautet: Der Mensch muss aus sich herausgehen. Wir sagen das ja manchmal auch im Blick auf die Biographie eines Menschen, den wir kennen: Er ist aus sich herausgegangen – so wie eine Knospe sich entfaltet und anfängt zu blühen und Frucht zu tragen, weil dieser Mensch aus sich herausgegangen ist. Mit anderen Worten: er ist nicht im Gefängnis seiner Ichbezogenheit steckengeblieben.

Als letztes: das Göttliche in diese Welt hineintragen. Das Gebot der Gottes-, Nächsten- und Selbstliebe ist wahrlich nach diesen vier Worten von Edith Stein nicht unbedingt immer etwas Leichtes, aber, wenn man die Worte des Evangeliums noch im Ohr hat, in dem immer das Wort ‚ganz‘ vorkommt und wo jemand sich eingestehen kann: ich mache das nicht halbherzig, dann ist er auf gutem Weg.

So will ich schließen mit Konfuzius: „Wohin du auch gehst, gehe mit deinem ganzen Herzen!“

Die Herrlichkeit des Lichts
gäbe es nicht ohne Schatten.

W. Churchill

Engagierte Gelassenheit

Predigt vom 18.11.2018

Ich möchte unseren Blick auf das richten, was wir gerade gehört haben. Wenn wir diesen Text aus dem Markusevangelium (Mk 13,24-32) so auf uns wirken lassen – welch eine Klarheit, welch eine Kraft und welch ein Gewicht ist in diesen Worten enthalten, und welch eine Deutlichkeit! Wenn ich mit dem letzten Satz beginne: „Niemand weiß den Zeitpunkt und keiner soll sich das anmaßen. Den Zeitpunkt wissen nicht einmal die Engel im Himmel und nicht einmal der Sohn, nur der Vater." Das bedeutet, die Botschaft des Evangeliums für uns gesprochen, für die Christen der Jahrhunderte: Verplempert eure Zeit nicht mit Endzeitberechnungen! Verplempert die Zeit nicht mit Gedanken, die auf einer falschen Schiene laufen! Wir wissen es nicht. So wie es auch gut ist, dass niemand von uns sein eigenes Sterbedatum weiß, so gut und noch viel besser ist es, dass wir das Ende nicht kennen und auch nicht berechnen können.

So deutlich sagt das der Evangelist Markus. Es wird auch gesagt: „Himmel und Erde werden vergehen, aber meine Worte werden nicht vergehen." Was bedeutet das: Meine Worte werden nicht vergehen. Das bedeutet, dass die Worte, die Jesus gesprochen hat, seine Verkündigung und seine Lehre, dass dies Worte sind mit einer Energie, die nicht museal ist und dass wir diese Worte nicht musealisieren dürfen und können, sondern dass wir immer neu spüren, welche Kraft in einem einzelnen Wort Jesu steckt. Das macht auch das Spannende unseres Lebens, unseres Christseins aus, dass wir uns immer wieder am Evangelium orientieren und uns von einem bestimmten Wort treffen lassen und plötzlich merken: Das ist ja das Wort für mich!

Um nur ein Beispiel zu nennen: Als Jesus sich von Johannes taufen lassen will, da sagt Johannes: „Nein, das kann ich gar nicht, das darf ich gar nicht, dich taufen." Darauf, heißt es im Evangelium, sagt Jesus an die Adresse des Johannes: „Lass es nur zu!" Dieses Wort, finde ich, hat so eine Energie in sich, dass es einen Menschen in tausend Situationen treffen kann, wenn er richtig hinhört und merkt, dass es für ihn bestimmt ist. Lass es nur zu! Lass in deinem Leben ruhig etwas zu, was du eigentlich nicht zulassen möchtest, was du nicht zulassen willst.

Das meine ich mit der Energie, die in einzelnen Worten des Evangeliums steckt. So haben die Worte des Evangeliums kein Verfallsdatum, sondern sie lauern förmlich darauf, dass Ohren da sind, dass ein Herz da ist, das diese Worte in sich hineinnimmt und entdeckt, welche Kraft in ihnen steckt. Meine Worte werden nicht vergehen.

Zur damaligen Zeit, als Markus dieses Evangelium geschrieben hat, gab es die sogenannte „Naherwartung". Die Theologen können auch heute nicht genau sagen, ob nicht auch Jesus von dieser Strömung der

Naherwartung tangiert war. Dann hat sich aber im Laufe der Jahre, der Jahrzehnte nach dem Leben Jesu durchgesetzt, dass mit der Naherwartung doch nicht gemeint war, dass das Ende der Welt jetzt kommt. Das schlägt sich nieder in ganz kleinen Formulierungen, die uns im Evangelium begegnen. Sie kennen das Talentegleichnis: der eine bekommt fünf Talente, der andere zwei, der dritte ein Talent. Der Herr, der die Talente verteilt, von dem heißt es dann: Nach langer Zeit kam der Herr zurück, um Rechenschaft zu fordern. In dieser kleinen Bemerkung: nach langer Zeit sind Jahr- hunderte oder Jahrtausende gemeint.

So ähnlich ist es auch mit dem Gleichnis von den zehn Jungfrauen, den klugen und den törichten, die auf den Bräutigam, auf die Hochzeit warten. Da steht in diesem Evangelium: „Der Bräutigam ließ lange auf sich warten, sodass sie schliefen, als er kam."

Das ist die Botschaft, zugespitzt auf das heutige Evangelium, an die Gemeinde der ersten Christen oder überhaupt an die Gemeinde, wach zu bleiben für die Botschaft, die Jesus gebracht hat. Wach zu bleiben und aufmerksam zu sein.

Welche Haltung dieser Einstellung entspricht, fasse ich in zwei Worte zusammen: engagierte Gelassenheit. Diese Wortkombination hört sich zunächst so an wie ein viereckiger Kreis. Das geht doch gar nicht – engagierte Gelassenheit! Doch, das geht, wenn man unter Gelassenheit das Richtige versteht, nämlich z.B., sich nicht verrückt machen, wie das im Alltag auch manchmal geschehen kann, dass Menschen sich verrückt machen, dass ihnen der Geduldsfaden reißt, dass sie die Geduld verlieren. Dabei ist Geduld eine der stärksten Waffen, die ein Mensch entwickeln kann und die notwendig ist, um Probleme zu lösen.

Engagierte Gelassenheit. Gelassenheit und engagiert sind immer wieder neu fast wie eine Nuss, die man für sich selbst knacken muss, um zu verstehen: Wie bekomme ich das in mir, in meiner Brust, in meinem Kopf, in meinem Herzen zueinander – dass ich das bin: gelassen und doch wach und engagiert.

Eine Facette dieser Eigenart des Lebens, die kristallisiert sich für mich in dem Wort, das jemand mal neulich über eine Politikerin gesagt hat. Sie hätte diese Fähigkeit: Augenmaß im Augenblick. Als ich das in der Zeitung gelesen habe, dachte ich, das ist ein Wort: Augenmaß im Augenblick – zu wissen, was im Augenblick das Richtige ist, das richtige Wort, die richtige Reaktion, die richtige Gelassenheit und auch das richtige Engagement.

Engagierte Gelassenheit. Ich schließe mit dem hl. Karl Borromäus, dessen Gedenktag wir vor 14 Tagen begangen haben. Karl Borromäus, der gefragt wurde: „Was würdest du tun, wenn du wüsstest, du müsstest in einer halben Stunde sterben?“ Darauf antwortete er: „Ich würde das, was ich jetzt gerade tue, besonders gut tun.“ Das ist engagierte Gelassenheit aus dem Munde eines Heiligen.

Lebenskampf und Herzensfriede

Predigt vom 25.11.2018

Wir wollen uns heute auf einen einzigen Satz konzentrieren, auf den letzten Vers des heutigen Evangeliums (Joh 18,33b-37): „Dazu bin ich gekommen und dazu bin ich geboren, dass ich Zeugnis ablege für die Wahrheit.“ Das sagt Jesus, auffallend, einfach schön – diese Klarheit in diesem Wort. Dazu bin ich geboren und dazu bin ich in die Welt gekommen. Das ist der Sinn meines Lebens, das ist das Ziel meines Lebens, damit ich für die Wahrheit Zeugnis ablege.

Wahrheit – aber was meint Jesus damit?

Nun hat das Wort Wahrheit wahrhaftig unterschiedliche Dimensionen:

Es gibt die objektive Wahrheit, bei der man feststellen kann: Ist das richtig oder falsch? Z.B. wenn es um räumliche Maße geht: der Fernsehturm in Berlin, 325 m hoch. Ist es so oder nicht? Das kann man prüfen, es ist feststellbar. Die objektive Wahrheit. Oder der Weg von Berlin nach Hannover: 260 km. Stimmt oder stimmt nicht ganz? Das kann man prüfen. Es ist die Faktenwahrheit. Sie ist wichtig im Leben, aber sie ist längst nicht das einzige, sondern es gibt eine Wahrheit, die mehr wiegt und die wesentlicher ist und die kostbarer ist. Das ist z.B. die existentielle Wahrheit. Wenn zwei Menschen feststellen: Du, ich vertraue dir. Das ist eine ganz andere Wahrheit, die aber zählt, die wiegt und die wichtig ist.

Dann gibt es eine dritte Wahrheit, die religiöse Wahrheit, das, was mit Wahrheit gemeint ist im Evangelium. Weil Jesus selbst gesagt hat: „Ich bin die Wahrheit." Die personifizierte Wahrheit, und das ist ein Begriff von einer ganz anderen Dimensionalität und Tiefe, weil in diesem ‚Ich bin die Wahrheit' alles enthalten ist, unser ganzes Credo, das ganze Geheimnis der Person Jesu Christi. Dazu bin ich in die Welt gekommen, dass die Menschen das verstehen und empfangen, was ich in diese Welt, in die Menschheitsgeschichte einstifte.

Sie kennen, wir kennen die alte Katechismusfrage, die da lautet: Wozu bin ich auf Erden? Wozu bist du auf Erden? Meine Generation, wir haben das auswendig gelernt und wir konnten das. Wozu bin ich auf Erden? Gott zu erkennen, Gott zu lieben, Gott zu dienen, um dafür in den Himmel zu kommen. Sinn des Lebens.

Wenn man heute jemanden das sagen hört, da gibt es Menschen, die sagen: Das klingt irgendwie hohl, das ist ohne Überzeugungssaft und -kraft, das sind Leerformeln. Ich kann damit nichts anfangen, und von diesen Menschen gibt es viele. Man kann ihnen nicht vorwerfen, dass das ihr Eindruck ist. Die Frage bleibt: Wozu bin ich auf Erden? Darin liegt der Impuls, dass wir, dass jeder Mensch für sich selbst diese Frage im Laufe der ersten Jahre und Jahrzehnte für sich entdecken muss und spüren muss: Das ist eine wesentliche Frage für mein Leben, zu wissen: Wozu bin ich in dieser Welt? Wozu bin ich an diesem Platz? Was ist mein Auftrag, was ist meine Sendung? Das wird uns nicht einfach auf den Tisch gelegt, das erträumen wir uns auch nicht, sondern es ist ein seelischer Prozess über Jahre oder Jahrzehnte hin, und es hört eigentlich nie auf, zu buchstabieren, was der Sinn meines Lebens ist, wozu ich in diese Welt gekommen bin, was mein Auftrag und meine Bestimmung ist.

Jedenfalls ist es mehr, wesentlich mehr als ein bestimmtes Opus in die Welt zu setzen, ein Haus oder eine Fabrik oder eine Gesellschaft. Die Antwort liegt tiefer: Der Sinn des Lebens ist, dass ein Mensch im Laufe der Jahre, der Jahrzehnte sich findet, erfährt, wer er eigentlich ist, was seine Mitte ist und woher er seine Kraft nimmt, um das Leben zu bestehen.

Ich habe einen besonderen evangelischen Theologen, der mein Lieblingstheologe ist, der hier in Berlin vor mehr als 40 Jahren evangelische Theologie doziert hat, Otto Haendler. Dieser Theologe hat einmal – gewissermaßen als Hilfestellung bei allen, die auf der Suche sind mit der Frage: Worum geht's in meinem Leben – eine Formulierung gefunden, einen Satz, der es in sich hat:

„Der Mensch ist geboren zu würdigem und reifem Schicksal, das er tragen und erfüllen soll in Lebenskampf und Herzensfriede." In diesem einen Satz mit diesen verschiedenen Worten trifft er den Kern. Vielleicht sind Menschen unter uns, die das Wort Schicksal nicht mögen oder damit gar nichts anfangen können oder es als heidnisch abtun. Da kann man das Wort

Fügung einsetzen. Es gibt keinen unter uns, der nicht irgendwo sagen kann – im Rückblick auf sein Leben: Da hat sich etwas gefügt. Es gibt sie, Fügungen in meinem Leben, die ich nicht gemacht habe, sondern die ich bekommen habe, die ich als Geschenk erlebe. Fügungen, für die ich dankbar bin und die mich in eine größere Tiefe meines Lebens geführt haben.

Die letzten beiden Worte aus diesem konzentrierten Satz lauten: Herzensfriede und Lebenskampf. Das sind zwei Seiten ein und derselben Münze, die Leben heißt. Herzensfriede oder ein versöhntes Herz ist, um glücklich zu sein, wesentlich. Immer vom Herzen, vom Zentrum der Person, der Persönlichkeit gehen die Fäden aus nach außen, in äußere Leistung, in Tun, in Machen. Aber Ursprung und Quelle ist die Frage: Was ist im Herzen los? Welche Kraft geht davon aus?

Lebenskampf – der gehört zum Leben dazu, das Kämpfen. Das bedeutet z.B.: nicht weglaufen, nicht den Kopf in den Sand stecken, nicht kapitulieren, sondern sich nicht unterkriegen lassen, so schlimm das Schicksal sich auch anfühlt.

Die anderen beiden Tätigkeitswörter in diesem Satz lauten: tragen und erfüllen. Reifes und würdiges Schicksal, das er tragen und erfüllen kann. Tragen ist schon viel. Manches kann man nur tragen, indem man es erträgt. Aber das ist noch nicht das ganze Leben. Zum ganzen Leben gehört auch, dass ein Mensch erfüllt ist und dass es vielleicht sehr langsam oder vielleicht erst gegen Ende des Lebens diese Erfahrung gibt: Mein Leben ist erfüllt – mit beidem: tiefstem Schmerz, mit Konflikten, mit Krisen, aber auch mit einer ganz tiefen Zufriedenheit, weil ich meine Spur, meinen Weg gefunden habe – im Dunklen, im Nebel und nicht stehen geblieben bin.

Ich möchte schließen mit einem Wort des jüdischen Theologen Martin Buber: „Es gibt nur eine Sünde, zu vergessen, dass jeder Mensch ein Königskind ist.“ Mit diesem Bild Königskind ist gemeint: meine Sendung, mein Auftrag, mein Weg, meine Spur und die Würde, die mir von Anfang an als Mensch geschenkt ist von Gott. Dass diese Würde unantastbar ist, wie es im Grundgesetz heißt. Es gibt nur eine Sünde, zu vergessen, dass jeder Mensch ein Königskind ist.

Advent, Neuanfang

Predigt am 2.12.2018

Neues Kirchenjahr, neuer Evangelist! In diesem Jahr, das vor uns liegt, der hl. Lukas. Das Lukasevangelium ist schon etwas Besonderes. Natürlich, auch Matthäus hat etwas ganz Bestimmtes, Markus hat seinen eigenen Sound, Johannes seine eigene Melodie. Lukas, er gilt als derjenige, der vielleicht „das lieblichste Buch geschrieben hat, das die Welt kennt", wie es ein Literaturwissenschaftler charakterisiert hat: das lieblichste Buch der Welt.

Lukas hat es geschrieben für die Heiden und für die Juden, Markus und Matthäus für die Judenchristen, aber Lukas jetzt für alle Welt. Es ist das Evangelium eines Menschen, der es geschrieben hat mit der großen Sorgfalt eines Historikers, wie er z.B. – wir werden es ja in 3 Wochen wieder hören – den Anfang des Weihnachtsevangeliums mit Kaiser Augustus aufschreibt, wie präzise Lukas den Punkt beschrieben hat, um ja deutlich zu machen: es geht hier um Wirklichkeit, um Geschichte, um Historie, nicht um Mythos und nicht um Legende, sondern um das, was faktisch zu greifen und zu begreifen ist.

Lukas mit dem weiten Horizont. Es ist das Evangelium der Frauen, es ist das Evangelium der Gebete, es ist das Evangelium der schönsten Gebete: Magnificat, Benedictus, Nunc dimittis.

Es ist das Evangelium, das wahrscheinlich die schönste Geschichte in sich birgt, nämlich das Gleichnis vom verlorenen Sohn. Und gleichzeitig ist dieses Evangelium so hautnah am Alltag.

Wenn wir jetzt noch einmal hineinhören in das, was ich gerade gelesen habe (Lk 21,25-28.34-36), da stand ein Satz, bei dem jeder von uns gleich mitreden kann, nämlich die Worte: „Die Sorgen des Alltags, die unser Herz beschweren." So konkret ist es bei anderen nicht. Die Sorgen des Alltags, die unser Herz beschweren, schreibt Lukas, und mit dem, was er schreibt, erreicht er alle Menschen, egal welcher Klasse, welcher Sprache. Ja, er ist schon ein Besonderer, dieser Lukas, der von Hause aus Arzt gewesen sein soll – so erzählt die Geschichte – und auch Maler. Der auch mit seinen Worten malen konnte. Die Sorgen des Alltags, die unser Herz beschweren.

Winston Churchill hat einmal gesagt – so beiläufig – dass es im Grunde nur drei Typen von Menschen gibt, nämlich solche, die sich zu Tode sorgen und solche, die sich zu Tode arbeiten und drittens solche, die sich zu Tode langweilen. Ist wohl sehr holzschnittartig und übertrieben, überzogen, und daher ist es gut, näher hinzuschauen und zu fragen: Was sind es denn, die Sorgen des Alltags, die uns heute beschäftigen, die viele Menschen umtreiben? Ist es vielleicht, frage ich, die Sorge, dass vieles so zähflüssig und so schleppend vorangeht, und dass manches ohne Hoffnung, ohne Horizont geschehen muss?

Oder ist es das Tempo, in das wir – mehr oder weniger automatisch – hineingenommen werden? Oder ist unsere Sorge der Druck, den andere ständig auf uns ausüben?

Dieser Druck kann ja so vielfältig sein. Sind es vielleicht – wenn wir jetzt konkret an den Advent denken – die doch wieder reichlichen Termine und Aufgaben, die wir zu erledigen haben, und das alles möglichst gut und möglichst schnell? Oder ist es vielleicht der Berg von unerledigten Dingen, die wir vor uns herschieben? Oder ist es ein Lebensgefühl, das ich mal so beschreiben will wie ein Zimmer, das jemand vollgestellt hat mit allen möglichen Möbeln, Gegenständen und Bildern, so dass kaum noch Platz ist. Dass unser Zeitraum so einem Zimmer ähnlich ist, dass man gar keine Lust hat, in diesem Zimmer zu atmen, zu leben, froh zu werden, sondern alles will etwas von einem. Ist es das, was die Sorgen unseres Alltags ausmacht? Ich weiß es nicht, aber eins möchte ich schon sagen, dass das, was viele Menschen umtreibt, ausmacht, so etwas ist wie – ich nenne das mal – ein Vakuum an Sinn. Nicht die Schwere belastet sondern die Leere. Es fehlt eine große Motivation im Leben: Wofür mache ich das eigentlich alles, wofür lebe ich eigentlich? Dass der Sinn so zerrinnt oder dass er mir entgleitet, leise, aber doch spürbar deutlich.

Was ist es, was die Sorgen des Alltags ausmacht?

Zur Zeit Jesu, zeitgleich sozusagen, im Jahre 1 nach unserer christlichen Zeitrechnung, geboren, aber in einem anderen Kulturkreis groß geworden und auch bekannt geworden, im römischen Kulturkreis, das ist der römische Philosoph Seneca. Er hat es auf den Punkt gebracht, wenn er schreibt:„Nicht die Kürze der Zeit ist das Problem sondern seine Inhaltslosigkeit.“ Seneca lebte zu einer Zeit, in der die antike Welt in einem Umbruch war und man das Gefühl hatte: es geht alles den Berg hinunter, die Welt ist morsch. In diesem Zeitpunkt der Weltgeschichte beginnt, ganz langsam, am Rande, der christliche Glaube zu wachsen, in Betlehem. So steht Jesus Christus dem Philosophen Seneca gegenüber. Fülle statt Inhaltslosigkeit des Lebens.

Jetzt, wo wir ein neues Kirchenjahr beginnen, wird uns wiederum eine Fülle von einzelnen Inspirationen im Evangelium geschenkt, die uns immer wieder ein neues Licht aufstecken, so dass die Sorgen des Alltags letztlich nicht die Oberhand gewinnen, sondern wir uns aufrichten können, wir uns gestärkt fühlen durch ein einziges Wort, durch ein Bild oder durch ein Ritual, durch ein Gebet oder durch das, was man in der Adventszeit auf seine individuelle Weise praktizieren kann, die 10 Minuten Zurückgezogenheit, die halbe Stunde, die an einem Tag nur mir gehört, und was man sonst noch nennen könnte.

Nicht die Kürze der Zeit ist unser Problem sondern seine Inhaltslosigkeit. Der richtige, der gute Inhalt gibt uns Kraft für den nächsten Schritt, den wir zu tun haben.

Advent, Neuanfang. Aller Anfang ist schwer, aber aller Anfang hat auch eine Verlockung, einen Reiz, und diese Verlockung jetzt, durch die Liturgie, in den kommenden Wochen wahrzunehmen, das ist eine einfach gute Sache. Dazu lade ich immer wieder neu ein.

Die Ringenden sind die Lebendigen.

G. Hauptmann

Kluge Bedürfnisse der Seele

Predigt am 30.12.2018

In der Adventszeit hat mich ein Kalender begleitet durch all die Tage bis Weihnachten. Er hing an meiner Schranktür. Jetzt hängt er nicht mehr da sondern ein Geschenk, das ich zu Weihnachten bekommen habe, unter anderen, nämlich ein DIN A2 großes Plakat, bei dem in der Mitte in einer starken Formation die Zahl 7 steht:

7 Fragen an Sie. Dieses Plakat ist gemacht von dem österreichischen Schauspieler, Dichter, Kulturmanager André Heller. Das Besondere an diesem großen Bogen sind die sieben Fragen, die darauf stehen.

Die erste Frage an jeden Menschen lautet:
Leben Sie synchron mit den klugen Bedürfnissen Ihrer Seele?

Diesen Satz muss man erst einmal in sich aufnehmen und fragen, was er bedeutet: Leben Sie synchron mit den klugen Bedürfnissen Ihrer Seele? Eigenartig, dass dieses Wort Seele, das ja eine lange Zeit gar nicht im Umlauf war, im Gebrauch war, dass das in der letzten Zeit wieder eine größere Rolle spielt und es wieder viel mehr Menschen in den Mund nehmen, das Wort Seele. Dann noch dieser Zusatz: mit den klugen Bedürfnissen Ihrer Seele, als wollte er damit sagen: Die Seele ist eigentlich noch viel klüger als Du, als Dein Verstand, als Dein Intellekt. Sie birgt in sich eine

Lebensklugheit und ein Bedürfnis danach. Dann noch das kleine Wörtchen synchron. Leben Sie synchron mit Ihrer Seele? Synchron. ‚Chronos' ist die Zeit im Griechischen, und ‚syn' bedeutet Gleichzeitigkeit oder ich könnte auch sagen Rechtzeitigkeit. Wir wissen aus Menschheiterfahrung, wie wichtig die Seele ist.

Ich denke da im Augenblick an ein Wort von Shakespeare: „Wenn die Seele bereit ist, dann sind es die Dinge auch." Ein wahrhaft tiefes, nachdenklich machendes Wort! Wenn die Seele bereit ist, sind es die Dinge auch, sind es die Aufgaben, das, was du tun willst, sollst, musst, dann ist das auch bereit. Wenn die Seele bereit ist zu ordnen, dann bist du auch bereit, deine Wohnung aufzuräumen, dann bist du bereit zu entrümpeln, aber wenn die Seele nicht bereit ist, dann kommt alles quer. Es gelingt dir nicht, auch wenn du guten Willen hast. Synchron leben mit seiner Seele, d. h. im rechten Augenblick, im Kairos, im günstigen Augenblick – dann geht's. Wenn dieser günstige Augenblick nicht da ist, dann klappt es auch nicht.

Jetzt mache ich einen Sprung zum heutigen Evangelium (Lk 2,41-52). Da geht es auch um einen günstigen Augenblick, um einen Kairos, um einen Punkt, der in der Biographie Jesu wichtig ist, nämlich als er 12 Jahre alt war. 12 war damals die Zeit, da jemand als erwachsen galt und als erwachsen erklärt wurde, und von da an musste er auch die Wallfahrt nach Jerusalem unternehmen. So hat er es auch getan. An einer Nahtstelle in seiner Biographie passiert jetzt etwas Besonderes. Vorher war alles im Verborgenen, in Nazareth. Über die ersten Kindheitsjahre Jesu wissen wir nichts. Aber dieses Ereignis, das Lukas heute im Evangelium erzählt, ist an einem Kristallisationspunkt seines Lebens, an dem deutlich wird, wer er ist und wer eigentlich sein Vater ist. Das Besondere ist, dass dadurch seine Eltern völlig fassungslos sind, voller Angst, d. h. sie sind auf die Probe gestellt. Jesus scheut diese Probe nicht. Er geht seinen eigenen Weg, und er spricht an dieser Stelle bezeichnenderweise sein entscheidendes Wort in Form einer Frage: „Wusstet Ihr nicht, dass ich in dem sein muss, was meines Vaters ist?“

Ich finde, dieses Evangelium ist nicht nur ein literarisches Kunstwerk – so wie Lukas es erzählt – es ist nicht nur ein theologisches Kunstwerk, ist es auch und wesentlich, ein psychologisches Kunstwerk. Alles Drei zusammen, ein besonderer Diamant im Lukasevangelium, finde ich. Hier scheint etwas von der Gestalt Jesu auf, es wird etwas deutlich von dem eigenen Weg, den er gehen wird.

Das Thema, das unser aller Thema ist, nämlich: Selbstfindung und Elternbindung. Dieses Thema kennt – so oder so, schmerzlich, nicht so schmerzlich – jeder von uns. Selbstfindung und Elternbindung, und dieses Thema begleitet uns bis in die höheren Jahrzehnte. Es hat seinen Gipfel darin – wie es in der ersten Lesung (Sir 3,1-15) beschrieben wird – dass ein Sohn, der in seiner Vollkraft ist, seinen Vater, dessen Verstand nachlässt, der in die Demenz geht, nicht verachtet, sondern ihn umso mehr schätzt und ihm dankt.

Synchron leben mit den klugen Bedürfnissen der Seele. Eines der Bedürfnisse der Seele ist die Innenwendung, nach innen gehen, was wir immer wieder spüren. Warum wir gerade diese Zeit zwischen Weihnachten und Drei Könige, den Jahreswechsel, auch oft als Geschenk empfinden. Die Seele kann mehr atmen, ausführlicher als sonst, wenn alles ziemlich hektisch zugeht oder problematisch ist. Kluges Bedürfnis der Seele: die Innenwendung.

Gleichzeitig gibt es das kluge Bedürfnis der Seele, die Außenwendung, das, was von Jesus heute erzählt wird. Er wendet sich nach außen, und das Schöne ist: nicht als einer, der altklug ist.

Das ist wirklich ziemlich schlimm, wenn man feststellen muss: da ist jemand naiv auf der einen Seite und altklug auf der anderen Seite, d. h. er weiß schon alles. Dem kann man auch nichts mehr erzählen. Mit dem ist ein Gespräch unfruchtbar.

Es geht überhaupt nicht um Altklugheit sondern, wie es im Evangelium heißt, um Hören. Er hörte ihnen zu und er stellte Fragen. Kluges Bedürfnis der Seele. Die Innenwendung und die Außenwendung. Die Zeit der Verborgenheit, dafür steht Nazareth, die Zeit der Öffentlichkeit, dafür steht Jerusalem. Zwischen diesen beiden geografischen Orten spielt sich eine tiefere Achse ab, nämlich: Innenwendung und

Außenwendung, und beides ist im Leben, je nach Kairos, je nach Zeitpunkt, dran und wichtig.

Synchron leben mit den klugen Bedürfnissen der Seele.

Ich will schließen mit einem Wort von Nietzsche: „Es gibt keine Institution, die Du höher zu achten hättest als Deine eigene Seele."

Die Vorsehung liebt den Kühnen
und hilft ihm oft auf ungeahnte Weise.

Unbekannt

Der lange Weg

Predigt vom 6.1.2019

Manche oder mancher von Ihnen hat seine Lieblingsspeisen, das, was er ganz besonders gern mag und isst. Mancher von uns hat seine Lieblingszeitung, mancher hat sein Lieblingsbuch, mancher hat seinen Lieblingssender im Fernsehen oder im Radio.

Wenn Sie mich fragen: Welches sind eigentlich Deine Lieblingserzählungen im Neuen Testament, dann sage ich: Drei Erzählungen, die mir im Laufe der Jahre, ich darf auch sagen Jahrzehnte, sehr ans Herz gewachsen sind und mir immer neu nahekommen.

Drei Erzählungen. Die eine steht am Ende des Lukasevangeliums, es ist die Geschichte von den Emmausjüngern. Dann, in der Mitte des Evangeliums von Lukas, steht die Erzählung vom guten Vater und den verlorenen Söhnen. Und am Anfang des Matthäusevangeliums steht die Erzählung von den drei Königen (Mt 2,1-12), die wir gerade gehört haben. Das besondere dieser drei Erzählungen ist, dass – der Zufall will es so oder auch nicht – immer drei Personen im Spiel sind: in der Emmausgeschichte sind es die beiden absolut verzweifelten Jünger und der Unbekannte, der da mitgeht. Im Gleichnis vom verlorenen Sohn sind es der Vater und die beiden Söhne. Heute das Evangelium der Sterndeuter, der Könige, der drei Könige. Es hat also etwas Besonderes mit der Dreizahl. Das sagt uns nicht nur die Theologie – Stichwort Dreieinigkeit – das sagt uns die Psychologie, das sagt uns die Forschung der Seele, dort, wo die Zahl 3 auftaucht, da passiert etwas, da kommt plötzlich Energie in Fluss. Wo die 3 auftaucht, da bekommt das Leben Richtung. Bei allen drei Erzählungen ist das so, speziell bei diesen drei Königen. Auf einmal bekommt ihr Leben eine Richtung.

Ein Zweites, das mir bei diesem Evangelium in besonderer Weise auffällt, ist – ich nenne es mal als Thema, das dieses Evangelium ausmacht – der lange Weg. Der lange Weg aus dem Osten bis in dieses kleine Dorf Betlehem. Die Geschichte wird nicht müde, das zu betonen: ein langer Weg, nicht zuletzt deshalb, weil sie in uns, in unserer Seele wachrufen will: Wie ist das eigentlich mit deinem Leben? Bist du deshalb manchmal so mutlos, trostlos und traurig, weil du überhaupt kein Bild hast vom Leben, wozu der lange Weg gehört?

Wenn ich zurückdenke – und das habe ich in den letzten Tagen getan – an lange Wege in meinem Leben, z.B. vom Noviziat bis zur Priesterweihe, dann bis zum Silberjubiläum, und schließlich bis zum letzten Sommer, bis zu meiner – ich hätte beinahe gesagt– Goldhochzeit. Aber Sie können ja an Ihre Goldhochzeit denken oder an lange Wege, die Sie zurückgelegt haben. Mich beeindruckt, wenn ich bei Benedikt XVI. im Vorwort seines Buches ‚Jesus‘ lese: „Ich bin mit diesem Buch lange unterwegs gewesen". Das glaube ich ihm sofort. Jahrzehnte ist er mit diesen Inhalten unterwegs gewesen, als Theologieprofessor, als Kardinal und als Papst, und hat der Welt, der Kirche, dieses Buch geschenkt, mit dem er so lange unterwegs war.

Der lange Weg gehört zum Leben, und das ist eine, finde ich, zentrale Botschaft in diesem Evangelium. Es ist mir klar: dieses Evangelium kann man immer wieder lesen, und man entdeckt immer wieder neu Inspirationsworte oder wird immer wieder neu infiziert oder inspiriert von einzelnen Momenten, die da genannt sind.

Das Auffälligste ist natürlich der Stern, der Stern nicht als Himmelskörper sondern als Leitbild, als Vision. Was wäre unser Leben, wenn wir kein Leitbild, keine Vision hätten, keine Vorstellung davon, wie das Leben sich gestalten könnte. Dann wird es eben richtungslos. Wir irren umher, und der Fluss des Lebens ergießt sich dann sozusagen in ein Sumpfdelta und ist nicht mehr im Strömungsbett des Lebens. Und darauf kommt es ja wesentlich immer wieder neu an: aus einem möglichen Sumpfdelta in das Strömungsbett des Lebens zu finden und mit neuer Hoffnung auf den Alltag, auf die Herausforderung des Alltags einzugehen. Zu dem Stern gehören natürlich auch Sternstunden, die die Könige, die Weisen hatten, die aber auch jeder Mensch hat. Stefan Zweig hat die historischen Miniaturen in seinem Buch: „Sternstunden der Menschheit" beschrieben.

Da gibt es einen Satz im Evangelium, der heißt ganz einfach – man möchte ihn überlesen: „Sie gingen in das Haus hinein." Hineingehen in das Haus und nicht vor der Tür stehenbleiben im tieferen, übertragenen Sinne, das unterläuft uns Menschen ja immer wieder. Unsere Versuchung kann auch sein, dass wir nicht hineingehen, z.B. in unser Schicksal nicht hineingehen, sondern uns wie die Ankläger gegen die Wand des Schicksals werfen. Wenn man das über Jahre tut, dann schadet das der seelischen und der geistigen Gesundheit. Sich als Ankläger gegen die Wand des Schicksals werfen. Hineingehen in das eigene Schicksal, wobei das jetzt jeder für sich deuten und ausfüllen kann, was damit genau gemeint ist. Hineingehen – die Bedeutung der Hingabe, sich nicht heraushalten, nicht aufschieben oder meiden sondern reingehen, auch z.B. in eine Verpflichtung reingehen, in ein Gespräch reingehen. Das gibt es im Kleinen und im Großen, diese Form von Hingabe.

„Und sie zogen auf einem anderen Weg in ihre Heimat zurück." Die drei Könige stehen auch für die Kraft der Botschaften eines Traumes, und jeder von uns hat dann und wann oder häufiger Träume oder einen Traum, der für ihn lebensbestimmend ist, wenn er darauf aufmerksam geworden ist. Auf einem anderen Weg. Auch das ist so etwas wie ein Richtungshinweis: Überlegt mal, geht es nicht auch anders?

Die hl. drei Könige, dieses Evangelium ist ganz reichhaltig wie ein Gemälde von Rembrandt, aber nicht nur als Fläche, sondern es hat eine dritte Dimension, in die Tiefe, und zwar in die Tiefe der Seele des Menschen, egal ob er kirchlich ist oder nicht. Darum gehört dieses Evangelium zur Weltliteratur. Es muss gar nicht so passiert sein wie es da beschrieben ist, aber der Kern, die Stoßrichtung, die Aussage, das ist das Entscheidende.

Man sagt: Große Dinge werden nur errungen durch Mut. Das stimmt. Die drei Könige hatten Mut aufzubrechen, nicht wissend wohin. Größere Dinge werden errungen, so sagt man, durch Liebe.

Die drei Könige waren erfüllt von Liebe zu dem König, den sie suchten und haben ihm ihre Geschenke übergeben. Die größten Dinge, sagt man, werden errungen durch Geduld. Die hl. drei Könige sind Prototypen für diese Tugend der Geduld, diese Tugend, die ja manchem von uns schwer fällt. Mut ist gut, Liebe ist mehr, am meisten wiegt die Geduld. Die hl. drei Könige haben uns viel zu erzählen.

Glaube als Geschmack des Lebens

Predigt vom 20.1.2019

Ich habe im Haus St. Ludwig in der 5. Etage mein Klausurzimmer, es ist nicht identisch mit meinem Büro. In diesem Klausurzimmer gibt es keinen Computer, da gibt es keinen Fernseher, es gibt kein Telefon, aber viele Bücher und drei markante Bilder, Bilder von Picasso.

Das erste ist der Blumenstrauß, auf dem man sieht, wie eine Hand einen gewaltigen Blumenstrauß hält und einer anderen Person überreicht – aber man sieht nur die Hände. Der Blumenstrauß.

Das zweite Bild ist die Friedenstaube, die viele von Ihnen kennen, mit der blauen Farbe, mit den Blumen auf den Flügeln, mit dem Zweig im Schnabel.

Und das dritte Bild: der Hahn, ein stolzer Hahn, Symbol der Auferstehung, mit wenigen Strichen. Alle drei Bilder haben insofern etwas Faszinierendes, weil man sich – und ich habe sie schon lange da hängen – nicht müde schauen kann, wie das bei guten Kunstwerken ist. Man wird nicht müde hinzuschauen. Ein Foto, das hat man gesehen, und dann ist es gut, man kann nochmal hinschauen, aber nicht immer.

Solche Kunstwerke haben in sich eine Kraft, und man sieht immer noch etwas Neues. Auf diesen Kunstwerken von Picasso ist kein Strich zu wenig, aber auch keiner zu viel.

Was macht den Reiz solcher Kunstwerke aus?

Das Evangelium, das wir gerade gehört haben (Joh 2,1-11), ist so ein Kunstwerk. Ein theologisches Kunstwerk, ein literarisches Kunstwerk und auch ein psychologisches Kunstwerk. Auch da ist keine Silbe zu wenig und keine Silbe überflüssig. In diesem Gleichnis spielt alles eine Rolle, eine wesentliche Rolle. Der Evangelist Johannes, dieser Künstler, dieser genial begabte Mensch der Zeit nach Jesus, er hat das auf den Punkt gebracht, was ihm als Prediger wichtig war. Er, der an die Adresse der Griechen geschrieben hat, bei denen der Wein eine zentrale Rolle spielte, die für den Wein sogar einen eigenen Gott verehrten, Dionysos. Für die Griechen also hat er dieses Kunstwerk konzipiert. Allein schon die Tatsache, dass er eine Hochzeit zum Anlass nimmt, um etwas über die Gestalt Jesu Christi zu sagen, ist schon auffallend. Die Hochzeit selbst ist ein Ursymbol der Menschheit, ist der Inbegriff des Glücks für Menschen, ist der Inbegriff für Zukunft.

Jesus, der Rabbi, der durch die Lande wandert, er geht zu einer Hochzeit. Das will sagen: Er ist ein Liebhaber des Lebens. Das Thema Lebensfreude ist bei diesem Jesus ein wesentliches Thema. Hochzeit. Jedes Element, das in diesem Gleichnis genannt wird, hat eine Tiefendimension.

Das Wasser. Das Wasser ist natürlich ein Element, das erfrischen kann, aber in diesem Zusammenhang ist es als das Element gedacht, von dem man sagen kann: Es schmeckt ja nach nichts. Noch schlimmer ist es, wenn wir das in unserem Alltag sagen müssten:

Das Gespräch, das ich mit diesem Menschen hatte, das schmeckte nach nichts.

Oder wenn in der Kirche etwas nach nichts schmeckt. Thema Geschmack. Auf den Geschmack kommen ist ein wesentliches Anliegen des Evangelisten Johannes, so als wollte er sagen: Dazu ist Jesus gekommen, um uns diese Energie zu vermitteln. Es kommt darauf an, den Geschmack des Lebens wiederzufinden oder neu zu empfinden oder zu entdecken. Was ist der eigentliche Geschmack des Lebens – von der Oberfläche weg zur Tiefe.

Der Wein ist das Element, das versüßt, das etwas angenehm macht, dass durch den Wein ein Wandel passieren kann. Dieser Mann, Jesus von Nazareth, ist gekommen, um diesen Wandel vom nicht Schmeckenden zu etwas ganz Kostbarem aufblitzen zu lassen oder symbolhaft zu zeigen. Deshalb dieses Gleichnis.

Ich habe in meinem Bekanntenkreis, wenn ich so zurückdenke an Jahre, Jahrzehnte, immer wieder Menschen kennengelernt, die mir erzählt haben: Ich bin vor 40 Jahren aus der Kirche ausgetreten, das hatte einen ganz konkreten Grund und, und, und ... und habe dann Jahre oder Jahrzehnte nichts mit der Kirche, nichts mit Religion, nichts mit Glauben am Hut gehabt. Aber dann hat es irgendwo eine Zufälligkeit gegeben, einen Punkt, ein Konzert, ein Oratorium, eine Begegnung, eine Wallfahrt. Da bin ich langsam auf den Geschmack gekommen. Dann bin ich wieder in die Kirche eingetreten, und jetzt bin ich so froh, dass ich dazugehöre und dass ich die Kostbarkeiten des Glaubens immer mehr kennenlernen darf, und nicht nur kennenlernen mit dem Verstand sondern fühlen darf. Was das bedeutet für mich, wenn ich den Segen empfange, Segen, der mir früher gleichgültig war, aber jetzt weiß ich ihn zu schätzen, und jetzt weiß ich, was dieser Segen bewirken kann.

Wieder den Geschmack finden und das Leben verwandeln können, nicht, weil man dazu Zauberkünste braucht, sondern weil das dem Menschen dank seiner Veranlagung, Begabung – er ist eben wesentlich mehr als ein Tier – gegeben ist, und zwar im Alltag.

Ein kleines Beispiel aus der Zeitung unter dem Stichwort: Was mein Leben reicher macht, aus der Wochenzeitung DIE ZEIT. Da schreibt jemand: „Nach der glücklich überstandenen Staroperation kommt mein Operateur mit einer kleinen Tüte zu mir. ‚Das ist für Sie, damit Sie keinen Hunger mehr haben.‘ Zum Vorschein kommt eine Flasche Mineralwasser und eine schwäbische Brezel, und schon sind 6 Stunden warten – in nüchternem Zustand – vergessen.“ (Gretel Zimmermann, Böblingen)

Kleinigkeit. Hier hat jemand erfahren, dass ein anderer eine Situation verwandelt hat, dass der Ärger, die Ungeduld, das lange Wartenmüssen vergessen ist, weil der andere eine Idee hatte, was er tun kann, dieser Operateur. Will sagen: Alle haben Möglichkeiten, im Alltag etwas zu verwandeln, vergleichsweise, vielleicht nur zart, etwas, was nicht schmeckt zu verwandeln in etwas, was schmeckt. Wenn man z.B. eine Kleinigkeit mit Liebe tut, dann verwandelt sich im Menschen etwas.

Glaube als den Geschmack des Lebens finden oder vertiefen oder neu entdecken. Diese Sichtweise von dem, was Glauben sein kann, will uns der Evangelist Johannes nahebringen und das Thema: Du kannst verwandeln, Du kannst aus etwas, was nicht schmeckt, etwas machen, was am Ende doch schmeckt. Jeder von uns hat diese Gabe und diese Kraft.

Die Hochzeit zu Kana ist einfach etwas Wunderbares.

Das Hohe Lied der Liebe als Trost

Predigt vom 3.2.2019

Ich habe hier in dieser Kirche im Laufe der Jahre, ich darf auch sagen der Jahrzehnte, schon sehr viele Brautmessen und Trauungen gehabt, auch Silberhochzeiten, Goldhochzeiten und Diamantene Hochzeiten. Immer wieder kam der Wunsch nach diesem Text des Paulus (1 Kor 13,4-13), den wir eben in der zweiten Lesung gehört haben. Hier ist Paulus nicht der Mann des Glaubens sondern der Mann der Liebe, der von Gottes Liebe zutiefst durchdrungen ist und etwas verstanden hat. Das hat er in diesem Text, 1 Kor 13 zum Ausdruck gebracht. Ein Text, den man immer wieder hören kann, der zur Weltliteratur gehört und der die Akzente setzt: Was ist wichtig?

Manchmal war ich bei den Hochzeiten, wenn zu dem Brautpaar eine Beziehung entstanden war, anschließend eingeladen zum Hochzeitsfest oder zum festlichen Essen, und ich habe im Laufe der Jahre schon viele schöne Ansprachen gehört, nämlich die Ansprachen oder Tischreden von Brautvätern. Das ist immer ein bewegender Moment, wenn sie dann, nach dem 1. oder 2. Gang, der beim Essen erfolgt ist, aufstehen und eine Rede halten.

Eine werde ich nie vergessen. Es war im letzten Herbst. Der Brautvater stand auf und redete schön, erzählte und ließ unter anderem einfließen, was er vor vielen Jahren auf einer Hochzeit in England in der Anglikanischen Kirche gehört hatte. In der Anglikanischen Kirche heißt das Vermählungswort, das die Brautleute während der Trauliturgie sprechen, etwas anders als wir es im Deutschen haben. „Ich nehme Dich an als meinen Mann, als meine Frau, verspreche Dir die Treue in guten und weniger guten Tagen. Ich will Dich lieben, achten und ehren, solange ich lebe.“ Das ist die Formel, die wir kennen, die in unseren Brautgottesdiensten immer gesprochen wird. In England hatte er etwas Neues gehört, und da heißt die Formulierung: „Ich will Dich lieben, achten und trösten, solange ich lebe.“

Als er das in seiner Tischrede erzählte, konnte man spüren, wie alle berührt waren durch diesen Akzent. Achten und ehren ist ja fast überlappend, fast deckungsgleich, aber jetzt: lieben, achten und trösten, das bringt etwas Neues, und zwar etwas so Menschliches, etwas, was wir brauchen und was konkret sagt, was Liebe sein kann und was Liebe im Alltag werden kann: Trost für den anderen.

Wie viele Menschen brauchen in ihrem Leben Trost? In der Ehe, in der Familie und darüber hinaus. Trösten ist etwas, das keine besondere Begabung verlangt, keine Ausbildung, keine Intelligenz sondern Herz. Man kann trösten ohne Worte, durch Präsenz, durch einfach da sein, aber auch durch eine Umarmung – wie auch immer. Trösten ist so etwas fundamental Menschliches, was das Leben zart, leise verändern kann.

Sie kennen vielleicht die etwas beiläufige Bemerkung von Goethe: „Ihr wisst gar nicht, wie viel Lob ein Mann vertragen kann.“ Ich möchte das abwandeln und sagen: Wir wissen oftmals nicht, wie viel Trost ein Mensch, ein Gegenüber, gebrauchen kann.

Trost, trösten können. Auch das beinhaltet das Hohe Lied der Liebe, dass wir mit unserem Menschsein, mit unserem Herzen verstehen, wie das gehen kann: Lieben als Trösten. Das ist so wichtig, und das kann jeder in seiner Tätigkeit, in seinem Beruf. Das ist das Herz.

Der Theologe Jörg Zink hat das auf seine Weise einmal ausgedrückt, indem er die Tätigkeiten, die Berufe von uns Menschen durchgegangen ist und dazu Folgendes geschrieben hat, eine Paraphrase des Hohen Lieds der Liebe, wie wir es eben aus dem Korintherbrief gehört haben:

„Wenn ich alles wüsste, was die Fachleute aller Gebiete wissen, wenn ich die Menschen durchschaute bis auf den Grund und das Geheimnis der Dinge in mathematischen Formeln zu fassen verstände, wenn ich Augen hätte für das Unsichtbare und ein Gehör für das Unhörbare, wenn ich ahnend und schauend das Geheimnis Gottes zu ergründen vermöchte, und wenn mein Glaube so groß wäre, dass ich nicht nur Berge versetzte, sondern auch Wege wüsste, wo Menschen keinen Weg mehr finden, und es wäre keine Liebe in mir, sähe ich nicht das Antlitz Gottes im anderen Menschen, so wäre ich nichts.

Wenn ich mit Menschen- und mit Engelszungen redete, wenn ich, ein Pfarrer, jeden Sonntag auf die Kanzel stiege und eine glanzvolle Predigt hinlegte und die Kirche voll wäre bis auf den letzten Platz, und mich bewegte nicht die Liebe zu diesen Leuten, wäre es besser, ich hielte den Mund.

Und wenn ich, eine Lehrerin, täglich fünf Stunden vor meiner Schulklasse stünde und meine Kräfte verzehrte in meiner täglichen Mühsal mit Unterrichten und Korrigieren, und mich bewegte nicht die Liebe zu diesen Kindern, die mir das Leben sauer machen, dann wäre es besser, ich ließe sie in Frieden.

Und wenn ich, die Schwester, durch meine Tracht zur Sanftmut und zur Liebe verpflichtet, zwanzig Betten perfekt versorgte, und es fehlte nirgends die geringste Kleinigkeit, es wäre alles sauber, blank, steril und chemisch rein, und ich täte es an den Menschen vorbei, die in mir eine Schwester sehen möchten, ich täte es ohne Liebe auch zu den Schwierigen und Anspruchsvollen, ich hätte meine Berufung verfehlt.

Und wenn ich, ein Verwaltungsangestellter, täglich hinter meinem Schalter säße und Formulare ausfüllte, genau und zuverlässig, und mich in meinem Beruf hingäbe für das Gemeinwohl, und ich hätte keine Freundlichkeit für die Leute, die vor mir Schlange stehen, ich wäre nichts als ein Stück Apparat.

Und wenn ich, die Hausfrau, mein Leben hinbrächte, das einzige, das ich auf dieser Welt habe mit Kochen, Waschen, Bügeln, Aufräumen, und alle meine

Interessen zurückstellte, meine Freiheit opferte und meine Bildung vernachlässigte, nur weil der Haushalt laufen muss, und mich bewegte nicht die Liebe zu den Menschen, für die ich es tue, dann wäre mein Leben vertan.

Wenn ich, ein politischer Mensch, gegen alle Ungerechtigkeit der Welt demonstrierte, und mich bewegte nur der Hass gegen die Unterdrücker, nicht aber das Erbarmen mit den Unterdrückten, dann brächte ich in diese Welt keine Spur von Gerechtigkeit.

Und wenn ich von Zärtlichkeit spräche und von Phantasie im Spiel der Liebe, und ich dächte vor allem an die Liebe, die ich vom anderen empfangen möchte, und nicht so sehr an den anderen, den ich liebe, wäre ich nichts als ein kleinkarierter Egoist."

Die Liebe – sagte ich zu Anfang – das entscheidende, göttliche Vorzeichen. Dieses Vorzeichen steht vor allem, auch vor dem Glauben, vor dem Berge versetzenden Glauben, auch vor der Opferbereitschaft und den Spitzenleistungen moralischer Art. Die sind es nicht, sagt Paulus, sondern es ist die Liebe, die Liebe, in die Gott uns hineingerufen und berufen hat.

Lieben, konkret für den Alltag, als Trösten. Diese Liebe kann verschiedene Formen, verschiedene Gestalten haben. Die Liebe kann sein wie ein Glutkern, kann sein wie ein Glutball, sie kann sein wie ein Teelicht, wie eine zarte Flamme, sie kann sein wie ein Kachelofen, voller Glut, unauslöschlich. Die Liebe hat so viele Spalten und Formen, und das will uns heute ‚1 Korinther 13‘ einmal wieder neu tief in unser Herz pflanzen. Diese Liebe ist ewig.

Gott nimmt nicht die Lasten
sondern stärkt die Schultern.

F. Grillparzer

Gnade, Zufall, Mut

Predigt vom 10.2.2019

Im Evangelium gibt es ein kleines Doppelgleichnis, in dem zwei Seiten des Lebens zum Leuchten kommen. Es ist das Doppelgleichnis von dem Schatz im Acker und der kostbaren Perle. Das Gleichnis erzählt, dass der Mann, der den Acker bestellt, bei seiner täglichen Arbeit ist, also nichts Besonderes, das tägliche Tun. Da, per Zufall, stößt er auf einen Schatz. Wie es weitergeht, wissen wir. Per Zufall, man könnte auch sagen: Gnade. Er findet den Schatz, nicht, weil er ihn gesucht hat, sondern er fällt ihm zu. So ist manchmal, aber nicht immer, und oft auch nicht, das Leben.

Die zweite Hälfte dieses Doppelgleichnisses: der Kaufmann, der edle Perlen sucht. Da liegt in diesem Kurzgleichnis der Akzent auf der Aktivität, auf der Intensität des Suchens. Nur weil der Kaufmann gesucht und alles dafür eingesetzt hat, gewinnt er den kostbaren Schatz.

Gnade, Zufall und Leistung, das gehört zusammen und daher dieses Doppelgleichnis. Etwas auffallend ist eine innere Verwandtschaft zu der Erzählung vom reichen Fischfang (Lk 5,1-11), die wir gerade gehört haben. Petrus verkörpert, realisiert beides in seiner Person. Er erfährt, was Gnade ist, was Zufall ist, und er erfährt, dass er etwas dafür tun muss, dass er etwas dafür getan hat, dass er mutig war und trotz allem Frust gesagt hat: „Dann will ich die Netze noch einmal auswerfen."

Was die beiden Erzählungen unter anderem verbindet ist: Das entscheidende Ereignis seines Lebens setzt unauffällig ein. Diese Aussage korrespondiert oder sie ist kompatibel mit dem, was wir im Laufe unseres Lebens immer wieder erfahren. Das entscheidende Ereignis des Lebens setzt unauffällig ein. Unauffällig. Manchmal merken wir gar nicht, dass da etwas war und hätten dem nachgehen sollen, aber aus irgendwelchen Gründen der Beschäftigung, der Hektik, der anderen Interessen kommen wir nicht zu dem, was eigentlich für uns gedacht war. Unauffällig setzt es ein. Wir sagen Zufall, aber Zufall ist so ein schillerndes Wort. Wenn ich das Wort Zufall höre, dann muss ich an Martin Walser denken, der gesagt hat: „Zufälle, das sind nicht durchschaute Zusammenhänge."

Manchmal geht uns im Leben erst Jahre später auf, dass da ein Zusammenhang war, der damals vor Jahren wie ein Zufall ausgesehen hat. So ist es auch bei Petrus in dieser Erzählung. Genauso wie der Bauer auf dem Acker, der pflügt, alltägliche Arbeit, so auch Petrus: Netze reinigen, waschen, flicken – alltägliche Arbeit mit dem Frust im Bauch, dass sie in der letzten Nacht nichts gefangen haben und es eigentlich keinen Anlass gibt, es noch einmal zu versuchen.

Ich möchte diese Nahtstelle des Evangeliums in Verbindung bringen mit einem Wort von Winston Churchill, dem Leben abgelauscht: „Viele Menschen stolpern über Entdeckungen, aber die meisten stehen wieder auf und gehen ihrer Wege.“

Das ist ein Satz, der zum Leben passt und der auch zum Evangelium passt. Viele Menschen stolpern über Entdeckungen, aber die meisten stehen wieder auf und gehen ihrer Wege, als wenn nichts gewesen wäre. Insofern steht Petrus exemplarisch für das Gegenteil. Er macht eine Entdeckung, die sein ganzes Leben wie auch das Leben der Apostel umstülpt, der plötzlich etwas begreift, das sich in den ersten Jahrzehnten nach dem Tod Jesu, als im frühen Christentum die Gemeinden blühten und immer zahlreicher wurden, ereignete.

So hat Lukas dieses Evangelium vom reichen Fischfang aufgeschrieben nicht, um ein Wunder, ein Mirakel vom See Genezareth zu erzählen, sondern er deutet damit die Zeit der Kirche in den ersten Jahrhunderten. Der reiche Fischfang steht für die enorme Missionsarbeit in der damaligen Zeit, symbolisiert. Die Bemerkung, dass die Netze nicht reißen, obwohl sie so voll sind, ist ebenfalls Symbol dafür, dass in den ersten hundert Jahren so viele unterschiedliche Menschen zum Christentum strömten, dass man Angst haben musste, die passen alle gar nicht in das Netz oder es zerreißt, aber das Netz ist nicht zerrissen. Das ist eine der frohen Botschaften dieser Erzählung vom reichen Fischfang.

Das Netz: Bild, Symbol für die Kirche der damaligen Zeit, die auffängt und nicht zerrissen wird und unlöslich die Menschen, die zum Christentum gefunden haben, zusammenhält. Diese wunderbare Erzählung vom reichen Fischfang ist tiefgründig, hat zwischen den Zeilen und hinter den Zeilen eine Botschaft, die verankert ist mit der damaligen Zeit.

Petrus hat sich auf das Neue eingelassen. Petrus war mutig. Petrus ist nicht nach einem Stolpern weitergegangen, als wenn nichts gewesen wäre, sondern er hat das, was Christus in ihm geweckt hat, verstanden. Darum ist er der exemplarische Apostel.

Ich möchte Ihnen zum Schluss ein zweites Wort mitgeben zum Weiterdenken, das mit dem von Winston Churchill zusammenhängt und mit unserem Leben, und das ist von keinem anderen als von Shakespeare. Es heißt: „Es steigt der Mut mit jeder Gelegenheit."

Dieses Wort können Sie in Ihrem Alltag ausprobieren und werden die Erfahrung machen: Es stimmt. Shakespeare trifft wie mit einer spitzen Nadel den Nerv des Lebens. Das ist es: Es steigt der Mut mit jeder Gelegenheit. Das hat Petrus erfahren, und daher dieser Erfolg, von dem das Evangelium erzählt.

Leben und Evangelium. Worte von Winston Churchill und von Shakespeare gehören zum Evangelium und gehören ebenso stark zu unserem Leben. Beides miteinander zu verbinden, darauf kommt es für uns immer wieder neu an. Es steigt der Mut mit jeder Gelegenheit.

Das Leben ist kostbar

Predigt vom 17.2.2019

Ich habe in den vergangenen Wochen eine sehr alltagsnahe Erfahrung gemacht mit einem Thema, das mich begleitet hat. Dieses Thema, das jeder von Ihnen auf seine Weise kennengelernt hat, aber auch immer mal wieder neu kennenlernt, das lautet: aufräumen. Mein Thema hat noch einen kleinen Zusatz: aufräumen mit Muße. Ich habe mir Zeit genommen, manches in die Hand zu nehmen, zu überlegen: Brauche ich das noch oder kann ich das wegtun, und welches von meinen Büchern möchte ich unbedingt behalten? Dann kristallisiert sich so einiges heraus, und man macht gute Erfahrungen damit, dass man plötzlich etwas entdeckt, von dem man lange nicht mehr gewusst hat, dass man es besaß, aber dass es wie eine Perle ist, etwas Besonderes, das man da entdeckt hat.

So geht es mir unter anderem mit einem Buch, das ich schon fast verloren glaubte oder ich hatte es ausgeliehen, jedenfalls war es über Jahre nicht da und damit weg. Jetzt beim Aufräumen kam es mir wieder unter die Hand. Dieses Buch ist geschrieben von einer evangelischen Pfarrerin aus Dresden, die dort gleichzeitig Dozentin für Theologie ist, Gunda Schneider-Flume. Diese Frau hat ein Buch geschrieben, da ist schon der Titel das Ganze. Diesen Titel möchte ich Ihnen heute ans Herz legen. Nicht dass Sie das Buch kaufen sollten, sondern dass Sie nur diesen Titel nehmen, verstehen und mit dem Evangelium (Lk 6,17.20-26), das wir gerade gehört haben, zusammenbringen. Der Titel lautet: Leben ist kostbar – wider die Tyrannei des gelingenden Lebens. Wider die Tyrannei des gelingenden Lebens. Sie hat durch Untersuchungen der Psychologie und der Soziologie festgestellt, wie sehr Menschen unter Druck stehen, dass etwas, nicht nur etwas sondern alles gelingen soll. Die Arbeit muss gelingen, das Examen muss gelingen, der Beruf muss gelingen, Gesundheit muss gelingen. Ein unheimlicher Druck, der durch dieses Motto vom gelingenden Leben über das Leben gestellt wird. Die Autorin sagt nun: „Und das ist die Häresie, das ist die Tyrannei." Das ist jetzt meine Deutung in Kombination mit dem Evangelium von den Seligpreisungen und von den Weherufen, dass es uns befreit von der Tyrannei des Gelingenmüssens. Es muss nicht gelingen.

Darin liegt der unglaubliche Schatz der Seligpreisungen, so wie Matthäus sie uns in der Bergpredigt aufgeschrieben hat oder heute Lukas in der sogenannten Feldrede, als Jesus vom Berg hinabgestiegen ist und die Menschen lehrte. Es ist ein Aufleuchten lassen von neuen Maßstäben, nämlich: Leben ist kostbar – ohne wenn und aber.

Wider die Tyrannei des gelingenden Lebens. Wie oft setzen wir uns selbst unter Druck und machen den anderen Druck. Aus diesem Gefängnis sollten wir uns befreien. Darum ist der Satz, den Jesus einmal an anderer Stelle gesagt hat, so wichtig – mir gefällt er in der Lutherschen Übersetzung noch viel besser, weil er die Urkraft der Sprache zeigt: „Was hülfe es dem Menschen, wenn er die ganze Welt gewönne, aber Schaden litte an seiner Seele."

Darum geht es in der Bergpredigt, dass der Mensch nicht Schaden leidet an seiner Seele.

Liebe Schwestern und liebe Brüder! Gerhard Hauptmann hat einmal geschrieben: „Es muss in der Seele etwas geben, ähnlich den Jahresringen der Bäume." Mit diesem Bild möchte ich Sie Ihren Gedanken überlassen. Es muss in der Seele etwas geben, ähnlich den Jahresringen der Bäume. Wenn man die Jahresringe eines Baumes betrachtet – sie sind jedes Jahr anders. Es gibt triste und fruchtbare Ringe. Es gibt Jahresringe, die ganz dicht zusammenliegen, bei denen es sich um eine harte Zeit gehandelt hat. Dieses Harte und das nicht so Harte, das Fruchtbare und das nicht Fruchtbare, das, was nicht gelungen ist, alles macht unser Leben aus. Was Jesus in der Bergpredigt aufleuchten lässt, dass wir aus dem Gefängnis, das wir uns Menschen selbst machen, dass wir da herausgehen. Es muss etwas geben wie ein Lob der Unvollkommenheit, ein Lob der Fehlerfreundlichkeit. Unser unbewusstes, perfektionistisches Verhalten schadet letztlich unserer Seele.

Nehmen Sie dieses Bild von Gerhard Hauptmann mit in Ihr Leben und betrachten mit diesem Bild Ihre

Lebensgeschichte. Es muss in der Seele etwas geben, ähnlich den Jahresringen der Bäume.

Was hülfe es dem Menschen, wenn er die ganze Welt gewönne, aber Schaden litte an seiner Seele. Und dieser Seele sind die Verheißungen Jesu zugesprochen als Beginn der Gottesherrschaft.

Krisen haben immer etwas Produktives.
Man muss ihnen nur den Geschmack
der Katastrophe nehmen.

M. Frisch

Das Lächeln wiederfinden

Predigt vom 3.3.2019

Es gibt Pfarrer, die an diesem Sonntag aus dem Ambo oder aus der Kanzel die Bütt machen. Oder es gibt andere Pfarrer oder Kapläne, die Freude haben an Versen und die das, was sie in der Predigt sagen wollen, in Versform bringen so wie Eugen Roth oder Ringelnatz oder Wilhelm Busch.

Beides liegt mir nicht so. Ich möchte den Weg wählen, der im Evangelium oft angewandt wird, nämlich, ich nenne das mal: in Geschichten verstricken. Das tut das Evangelium immer wieder, verstrickt den, der das liest oder hört, in diese Geschichte, dass er sich selbst in dieser Geschichte fühlt und spürt. In Geschichten verstricken.

Ich möchte Sie jetzt in so eine Geschichte verstricken, und die geht so:

„Ich komme zu einem Arzt. Der Arzt steht auf, begrüßt mich, trägt ein, in welcher Kasse ich bin und fragt dann schließlich: „Was fehlt Ihnen?" Ich weiß natürlich, dass es etwas ganz Ausgefallenes ist, was ich ihm mitteilen werde, nehme allen Mut zusammen und sage: „Ich kann nicht mehr lächeln." „Wie bitte?" fragt er verdutzt. Ich habe es gewusst. Ich war darauf gefasst, dass er mich sonderbar ansehen würde, und ich erklärte ihm, was ich meine: „Ich habe mein Lächeln verloren, weiter nichts. Ich habe es allerdings erst vor kurzem bemerkt. Es ist mir zunächst gar nicht aufgefallen. Verstehen Sie: Lachen kann ich noch, lauthals. Auch grinsen, wie man so sagt, aber richtig von Herzen lächeln, das kann ich nicht mehr."

„Hm", meint er etwas unwirsch, „das Lächeln ist eine Zwischenstufe zwischen dem Gelächter und dem Schmunzeln." „Falsch", sage ich, „glauben Sie nicht, dass ich mir das nicht schon alles selbst gesagt habe. Das Lächeln ist etwas anderes." „Sprechen Sie weiter", fordert er mich auf. „Das Lächeln", setze ich also fort, „ist etwas ganz anderes. Es muss aus dem Herzen kommen, es kommt ohne Anstrengung, lautlos und wie von selbst. Es ist plötzlich da und stellt einen unerhörten Einklang dar zwischen dem Menschen und dem Leben. Lächeln sind nicht gesagte Worte. Wo Worte versagen, da kann man immer noch lächeln."

„Hm", sagt mein Arzt wieder, „sehr schön und vielleicht auch wahr." „Gewiss wahr", sage ich. „Wer Angst hat, lächelt nicht. Auch Nervöse und Unruhige lächeln nicht, nicht die Aufgeregten, nicht die Unglücklichen." „Wann", unterbricht mich der Arzt, „verloren Sie Ihr Lächeln?" Ich zucke die Schultern: „Ich weiß es nicht. Ich verlor es ganz unbemerkt."

„Wie kann ich Ihnen helfen?" sagt mein Arzt und starrt mich an. Er steht plötzlich auf und murmelt: „Jetzt, wo Sie das sagen, fällt mir etwas auf: Ich lächle auch nicht mehr." „Wie?" sage ich, „Sie auch nicht mehr?" Er schüttelt den Kopf. „Es ist merkwürdig. Natürlich bin ich ab und zu lustig. Fidel, wie man so sagt, aber – lächeln kann ich auch nicht.“ Wir starren uns an. „Und Sie kommen zu mir?“ fragt er verwundert. „Ja“, sage ich, „ich wollte nichts unversucht lassen.“ „Es kommen sehr viele Leute zu mir in die Sprechstunde“, meint er, „sie haben alles Mögliche, und ich gebe ihnen Tropfen und wer weiß was alles. Sie sind der erste, der mit so einer Sache kommt.“ „Ich weiß.“ „Obwohl“, fährt er fort, „sie alle damit kommen müssten, denn sie lächeln alle nicht mehr.“ „Wie?“ frage ich, „alle?“ „Alle“, wiederholt er, „das Lächeln muss sich allgemein verloren haben. Wenigstens jene Art von Lächeln, die Sie meinen.“

„Ich habe nicht darauf geachtet“, sage ich, „ich meine das wundervolle, fröhliche, unbefangene Lächeln.“ Er zuckt die Schultern. „Ich kann Ihnen nicht helfen. In dieser Sache kann ich niemandem helfen. Mir selbst nicht. Aber“, fährt er fort und beginnt, nachdenklich seine Brille zu putzen, „ich denke, es müsste die wichtigste Sache der Welt sein, dieses Lächeln wiederzufinden.“

Ich habe das Lächeln verloren. Gibt es etwas, das ich verloren habe? Gibt es ein anderes Wort, das ich einsetzen könnte für das Wort lächeln in dieser Geschichte? Ich könnte mir denken, es könnte das Wort sein: Ich habe meine Leichtigkeit verloren oder meine Gläubigkeit oder: Ich habe meinen warmen Humor verloren oder: Ich habe meine Herzlichkeit, die ich eigentlich in mir trage, verloren oder meine Ursprünglichkeit – wie ich eigentlich bin.

In der Geschichte, die ich Ihnen vorgelesen habe, stand ungefähr in der Mitte der Satz: Das Lächeln, das einen Einklang darstellt zwischen dem Menschen und dem Leben. Ich glaube, da liegt der Punkt: der Einklang zwischen dem Menschen und dem Leben.

Ich habe in meinem Leben eine Frau kennen gelernt, von der ich sagen kann: Das war ein Mensch – sie hat während ihres ganzen Lebens ihr Lächeln nicht verloren, und zwar jenes Lächeln, das tiefer ist und das auf einen ganz tiefen Frieden in der Seele hindeutet. Diese Frau habe ich vor gut einem halben Jahr besucht in Schlesien, jetzt 92 Jahre alt, Anastasia heißt sie. Und sie, Anastasia, hat uns Franziskanern hier in Berlin 19 Jahre die Küche geführt, zu unser aller schönsten und besten Zufriedenheit, zuverlässig, pünktlich, mit Herzenswärme. Ein Mensch, der das Lächeln nicht verloren hat.

Wenn sie mich sah, dass ich den Kopf hängen ließ oder eine krause Stirn hatte, dann sagte sie zu mir – das habe ich nie vergessen und erzähle es Ihnen gerne weiter: „Pater Josef, Sie dürfen sich nicht ärgern! Das schadet Ihrer Schönheit.“

Mehr wollte ich nicht sagen!

Sehend werden

Predigt vom 31.3.2019

Unsere Predigtreihe in der Fastenzeit, an diesen drei Sonntagen, den mittleren Sonntagen, steht unter dem Thema, das die erste Predigt Jesu überhaupt bestimmt. Lukas hat am Beginn seines Evangeliums auf atemberaubende Weise die Situation beschrieben, als Jesus das erste Mal wieder nach Hause kommt, nach Nazareth, und er als frommer Jude in die Synagoge geht. Dort reicht ihm der Synagogendiener das Buch, und er darf Lektor sein. Jesus liest aus dem Buch des Propheten Jesaia vor: „Wozu bin ich gesalbt und gesandt?“ dann kommen diese drei Themen, die wir in dieser Fastenzeit besprechen, worüber wir nachdenken:
den Armen eine gute Nachricht bringen (vor 14 Tagen)
den Gefangenen die Freiheit verkünden (am letzten Sonntag)
den Blinden das Augenlicht schenken (heute).

Das ist also jetzt unser Thema. Ich möchte beginnen mit einem Wort, das ich Ihnen in die Seele fallen lassen möchte, von Matthias Claudius, von dem viele von uns das Lied „Der Mond ist aufgegangen“ kennen. Gemütsstark, dieser Poet und dieser Schriftsteller. Von ihm kommt das folgende Wort: „Gottes Wege sind dunkel, aber das Dunkel liegt nur auf unseren Augen und nicht auf unseren Wegen.“ Über diesen Satz kann man lange nachdenken. Gottes Wege sind dunkel. Ich nehme mal statt des Wortes dunkel das Wort Geheimnis. Gottes Wege sind uns ein Geheimnis. Bisweilen sind sie auch dunkel, und zwar immer dann, wenn wir fragen: Warum? Warum muss das sein? Dass ein 50jähriger Mensch ganz plötzlich von einem bösartigen Krebs überfallen wird und wahrscheinlich nicht allzu lang mehr zu leben hat. Oder das Ereignis in Neuseeland, in Christchurch. Warum? Wie kommt das Böse in das Herz eines Menschen?

Gottes Wege sind ein Geheimnis, sind dunkel. Das ist wahr. Es ist immer komisch, wenn Theologen zu genau wissen wollen, was Gottes Geheimnis ist. Wir wissen es nicht, aber wir sind nicht blind dafür, sondern wir können es verstehen anhand von Worten, von Bildern, von Gleichnissen, die Jesus uns geschenkt hat.

Gottes Wege sind dunkel, aber das Dunkel liegt nur auf unseren Augen und nicht auf unseren Wegen. Welch tiefe Gläubigkeit und Zuversicht hat Matthias Claudius gehabt, als er dieses Wort aufgeschrieben hat. Auf unseren Wegen ist kein Dunkel, nur auf unseren Augen. Auch da können wir wieder zustimmen und sagen: Ja, das stimmt. Wie oft oder wie wenig oft – wie auch immer – fassen wir uns selbst an den Kopf und fragen uns: Wie konnte ich so blind sein? Warum war ich so blauäugig? Warum habe ich das nicht gemerkt?

Das Dunkel auf unseren Augen. Blindenheilung. Notwendig. Aber wie? Es gibt eine Perle im Markusevangelium, die erzählt von der Blindenheilung eines Mannes, er heißt Bartimäus. Das ist eine ganz kurze, knappe, aber sehr intensive Geschichte, in der ganz viel passiert. Dieser Bartimäus am Wegesrand, kurz nach Jericho auf dem Weg nach Jerusalem, der von Jesus wenig Ahnung hat, ihn nie gesehen hat, weil er blind ist, aber etwas von ihm gehört hat. Als er nun hört, dass dieser Mann da vorbeikommt, ruft er. Die Umstehenden, die Jünger und das Volk, das mit Jesus ging und wanderte, sie haben Bartimäus zum Schweigen gebracht: „Hör auf!“ Und was tut Jesus? Er ist ohne Termindruck und ohne Tunnelblick. Er bleibt stehen und sagt zu den Jüngern, die genau das Gegenteil tun wollen: „Ruft ihn!“ Sie laufen zu ihm hin und sagen: „Mein Gott, was hast du für ein Glück! Er ruft dich.“ Und Bartimäus geht zu ihm hin, mehr noch: Er springt auf, er wirft seinen Mantel weg und geht auf Jesus zu. Intensiver geht's nicht, und symbolischer geht's auch nicht. Der Mantel, damit ist nicht nur das Textil gemeint sondern der Mantel der Enttäuschung, der Mantel der bitteren Erfahrungen, die er gemacht hat, die sich wie eine zweite Haut um ihn gelegt haben. Das schüttelt er für einige Sekunden weg und geht auf Jesus zu. Dann kommt die entscheidende Frage, die Jesus an ihn stellt, eine Frage die wir, die ganz viele Menschen am liebsten auch gestellt bekommen möchten – von Jesus, von Gott oder vielleicht von Mitmenschen: „Was willst du, das ich dir tun soll?“ Diese Frage allein hat schon hohen therapeutischen Wert im Sinne der Aktivierung der seelischen Kräfte in einem der blind ist, in einem, der lahm ist, in einem, der ohnmächtig ist. Was willst du eigentlich, das ich dir tun soll?

„Ich möchte wieder sehen." Das ist sein höchster Wunsch. In dieser Antwort steckt auch die Frage an uns: Was ist für mich das höchste Glück, die schönste Erfüllung? Nach der bin ich gefragt, von Jesus, in dieser Erzählung der Blindenheilung.

Was passiert dann? Bartimäus wird sehend. Aber damit ist nicht in erster Linie gemeint, dass er jetzt wieder Bäume sehen kann oder die Menschen auf der anderen Straßenseite oder das kaputte Auto oder das abgebrannte Haus. Nein, dass er seinen Weg wieder sehen kann, wo es langgeht. Ein Mensch, der vielleicht – wie wir heute sagen – ganz aus der Spur gekommen ist. Oder dass wir das von uns selbst sagen müssen: Ich bin nicht in der Spur, und damit meinen wir: meine Lebensspur. Ich bin nicht mehr richtig unterwegs.

Den Lebensweg wiederfinden oder den nächsten Schritt, den ich jetzt, in dieser Situation, in der ich stecke, in dieser Katastrophe, in dieser Auseinandersetzung oder in diesem Konflikt, dass ich da den richtigen Schritt in die Zukunft mache, damit es mir wieder besser geht, damit ich sehend werde für das, was ich tun kann. Also eine Blindheit in einem tieferen, anderen Sinne als eine organische, die mit dem Organ des Auges zu tun hat. Vielleicht mit dem Organ, das wir seelisches Tastorgan nennen oder Gefühl. Das wiederzubekommen und dadurch sehend zu werden.

Ich habe in meinem Bücherregal mehrere Bibeln stehen, und eine dieser Bibeln hat den Titel: Die Bibel für kluge Kinder und ihre Eltern. Das ist eine interessante Bibel, ein Buch, das beide verstehen können, kluge Kinder und deren Eltern. In diesem Buch steht folgendes Zwiegespräch:

Da kommt ein Kind zu Jesus und ruft: „Jesus! Ich kann meinen Bruder nicht mehr sehen!“ „Wie?“ sagt Jesus, „du kannst deinen Bruder nicht mehr sehen. Wie kommt denn das?“ Da sagt das Kind: „Mein Bruder hat mich geärgert.“ Darauf sagt Jesus: „Aber sieh mal! Dein Bruder teilt mit dir das Butterbrot, wenn du Hunger hast. Dein Bruder spielt mit dir, wenn kein anderer mit dir spielen will. Dein Bruder beschützt dich immer, wenn andere Kinder dich verhauen wollen.“
Da konnte das Kind seinen Bruder wieder sehen.
Wenn du anfängst, mit seinen Augen zu sehen, jeden Tag, gehen den Blindgemachten die Augen auf.

(Hubertus Halbfas).

Sehend werden! Das kurze Zwiegespräch ist auch etwas für uns Erwachsene. Wir können dafür etwas anderes einsetzen, z.B. das rote Tuch. Diese Redensart gebrauchen wir ja im Alltag: Der oder die ist für mich ein rotes Tuch. Da bekomme ich einen dicken Hals. Ich kann mit dem oder der nicht mehr sprechen. Das rote Tuch. Aber dieser Mensch, der dieses rote Tuch ist, ist eben nicht nur das rote Tuch. Er hat vielleicht noch eine andere Farbe, ein Grün, oder vielleicht hat er sogar eine goldene Seite, die ich nicht sehe. Sehend werden für das eigene rote Tuch, das ich projiziere. Das gilt es zu durchlöchern oder abzubauen, damit ich mit dem anderen wieder kommunizieren kann. Sehend werden.

Und noch etwas anderes, mit dem ich schließen möchte, ist: Von außen etwas sehen und von innen etwas sehen. Von außen sehen, das können wir durch genaues Hinsehen, Vergleichen, Messen, und wir haben dafür unsere Instrumente. Wir haben die Lupe, das Mikroskop, den Fotoapparat, mit denen wir Bilder machen können, sehen können. Von außen sehen.

Dem gegenüber steht ein Von-innen-Sehen, z.B. schweigen, ruhig werden vor etwas, mit dem Herzen sehen, einen Menschen von innen her verstehen, von seinem Wesen, nicht von dem, was wir projizieren. Mit dem Herzen sehen und lieben – wie bei schönen Kirchenfenstern, sie sehen von außen ganz anders aus als von innen. Aber auf das Von-innen-Sehen kommt es an, dass wir von innen sehen lernen.

Den Blinden das Augenlicht schenken, das war eine der ersten Kernaussagen der ersten Predigt Jesu. Ich will schließen wie ich begonnen habe, mit Matthias Claudius:

„Gottes Wege sind dunkel, aber das Dunkel liegt nur auf meinen Augen, aber nicht auf meinem Weg." Mit diesem Vertrauen seinen Weg wiederfinden und weitergehen, damit Licht auf dem Weg ist, den ich gehe oder den ich gehen soll.

Emmaus ist immer und überall

Predigt vom 22.4.2019

Ich habe in der Karwoche am Dienstag etwas für mich eigentlich Außergewöhnliches getan, wo ein Priester doch in dieser Woche viel mit Liturgie und Seelsorge, Beichte beschäftigt ist. Ich bin am Dienstag in die Gedenkstätte Sachsenhausen gefahren, zum ersten Mal, und habe diese Gedenkstätte gesehen und auf mich wirken lassen. Nach vier Stunden … man ist sprachlos, man ist wie gelähmt, man kann nichts sagen, man weiß gar nicht, was man denken soll – und so ging es mir dann auch an dem Abend.

Am nächsten Tag wurde mir ein Brief in die Hände gespielt, ein Brief von Rainer Maria Rilke aus dem Jahr 1903. In diesem Brief stehen folgende Sätze:

„Ich möchte Sie so gut ich es kann bitten, Geduld zu haben gegen alles Ungelöste in Ihrem Herzen und zu versuchen, die Fragen selbst lieb zu haben. Forschen Sie jetzt nicht nach den Antworten, die Ihnen nicht gegeben werden können, weil Sie sie nicht leben können, und es handelt sich darum, alles zu leben. Leben Sie jetzt die Fragen, vielleicht leben Sie dann allmählich, ohne es zu merken, eines fernen Tages in die Antworten hinein."

In diesem Brief, in diesen wenigen Worten, finde ich Stichworte, die mit Blick auf die Gedenkstätte und mit Blick auf die Emmausgeschichte (Lk 24,13-35) etwas Verbindendes haben.

Das erste Stichwort: Das Ungelöste in Ihrem Herzen – es auszuhalten, es mit Geduld zu tragen, nicht weglaufen, nicht nervös werden. Das Ungelöste zulassen und keine Antwort zu haben auf die Frage: Warum? Warum können Menschen so sein? In den Jahren 1936 bis 1945 – wie können Menschen so sein? Ungelöstes im Herzen.

Das zweite Stichwort: Die Fragen leben, nicht die Antworten leben müssen.

Als Drittes: Erst nach geraumer Zeit, nach langer Zeit, eines fernen Tages in die Antwort hineinleben.

Wir können uns den Weg der Emmausjünger nicht lang genug vorstellen, und zwar nicht nur geografisch sondern – im tieferen Sinne – seelisch, weil die Seele des Menschen immer lange Zeit braucht, bis sie etwas verarbeitet hat, bis sie sich in etwas hineinleben kann. Der Weg von dem verwundeten Herzen, so wie es die Emmausjünger hatten, bis zu dem Herzen, das erfüllt ist, das brennt, das etwas weitergeben und weitersagen will, was es erlebt hat in einem unscheinbaren Mahl.

Das kann ein langer Weg sein, und unser christlicher Glaube leitet uns an, nie die Geduld zu verlieren, sondern uns auf lange Wege einzulassen. Unsere Kreuzwege können lang sein, unsere labyrinthischen Wege, die wir gehen müssen, wo wir ständig gegen Mauern laufen, uns verletzen, können ebenfalls sehr lang sein. Die Hoffnungswege, die Osterwege, können das auch. Es ist, finde ich, im Evangelium wunderschön, dass es nicht nur Kreuzwege gibt, sondern dass auch in all den Erzählungen über den Auferstandenen und über das Verhalten der Jünger und der Frauen nach der Auferstehung, wie sie diese Osterwege entdecken, so viel Hoffnung mitschwingt. Sie werden davon immer mehr erfüllt, sodass sich dann die spätere Kirche gesagt hat: Dieses Ostern, das müssen wir 50 Tage lang feiern. Es ist eigentlich ein immerwährendes Ostern, das uns geschenkt ist, denn unsere Kreuzwege waren, sind und bleiben lang genug.

Drei Schlüsselworte, die uns die Emmausjünger und die uns Rilke in seinem Brief für uns selbst gibt.

Was ist das Ungelöste in meinem Herzen und mit welchen Fragen muss ich leben? Lebe ich langsam, aber sicher in eine Antwort, in eine christliche Antwort hinein?

Emmaus ist immer und überall.

Beherzt handeln

Predigt vom 14.7.2019

Neben dem Gleichnis vom verlorenen Sohn und der Emmausgeschichte ist dieses Gleichnis vom barmherzigen Samariter im Evangelium von Lukas (Lk 10,25-37), der diese drei Geschichten geschrieben hat, ebenfalls eine Perle, ein Diamant, ein Edelstein. So einfach, so wunderschön. Wunderschön einfach, weil hier ein für Theologen manchmal etwas schwierigeres Problem gelöst wird, nämlich: Wie gehören Gottesliebe, Nächstenliebe und gesunde Selbstliebe zueinander?

Diese Drei – ich möchte sie einmal vergleichen, ein Bild heranziehen, das Bild von den Reagenzgläschen. Drei Reagenzgläser, die miteinander verbunden sind. Wenn ich da eine Flüssigkeit hineinschütte, dann steigt die Flüssigkeit in allen drei Reagenzgläsern gleichmäßig, oder wenn das Wasser verdunstet – alles gleichmäßig. Als wollte Lukas uns sagen: diese Drei hängen so eng zusammen, das sind nicht hermetisch gegeneinander abgeschlossene Kammern oder eigene Systeme, in denen Gottesliebe etwas ganz anderes ist als Nächstenliebe, Nächstenliebe etwas ganz anderes als gesunde Selbstliebe, nein, die Drei sind so eng miteinander verwoben, sozusagen verwachsen. Und das macht dieses Gleichnis als erstes deutlich. Es kommt nicht auf das Credo an, nicht auf die Zugehörigkeit zu einer bestimmten Religionsgruppe oder Volksgruppe, den Juden, sondern dieses Gesetz kann jeder realisieren und hat damit wesentlich den Willen Gottes erfüllt, wie nämlich dieser Samariter als Mensch, der stolz ist, zum Volk Gottes zu gehören. Das ist eine Aussagenspitze in diesem Evangelium, und Lukas hält das der damaligen Gemeinde und auch uns hin wie einen Spiegel, um deutlich zu machen, was Jesus meint mit Liebe und worauf es letztlich ankommt.

Wenn ich dieses Gleichnis nehme, 12 Verse, gespickt mit Tätigkeitswörtern, die es alle in sich haben, für sich allein unscheinbar sind, aber in dieser geballten Form deutlich machen, was Liebe ist und worum es hier geht. Neun Tätigkeitswörter: sehen, Mitgefühl haben, hingehen, Öl auf die Wunde gießen, verbinden, aufs Pferd setzen, dem Wirt etwas geben, sich etwas kosten lassen. Mit anderen Worten: Lieben heißt – nach diesem Evangelium – handeln. Das hat der barmherzige Samariter getan im Unterschied zu den beiden anderen, dem Leviten und dem Priester. Nun muss man die nicht verurteilen. Weiß Gott, was sie bewogen hat weiterzugehen. Vielleicht war es – so sagen einige Exegeten – die pure Angst und Ängstlichkeit. Vielleicht werden wir verwickelt in eine Kriminalserie. Vielleicht ist dieser Verblutende nur ein Lockvogel, um eine Serientat von Überfällen zu inszenieren. Vielleicht haben sie einfach aus Angst gehandelt, der Levit und der Priester.

Vielleicht waren sie aber auch zu sehr befangen in ihrem religiösen System, das nicht über den Tellerrand hinausschaut, sondern sie hatten das im Sinn, was für sie jetzt wichtig war, nämlich das Funktionieren der Religion. Sie müssen zum Tempel, um ihren Dienst zu tun. Wehe, wenn einer zu spät kommt!

Was steht hinter diesem Evangelium als Botschaft für uns heute? Zwei Dinge möchte ich nennen. Das erste ist: Was vollzieht sich im Hintergrund auf der tieferen Ebene? Hier kommt ein Mensch weg vom egozentrischen Weltbild hin zu einem Du-zentrierten Weltbild, allgemein gesagt. Unser Leben – wenn ich es in ein Bild fassen sollte – ist vergleichbar mit einer Ellipse. Diese hat zwei Pole. In dem einen Pol steht ICH, in dem anderen Pol steht DU, und dazwischen ist eine Spannung. Die ursprüngliche Frage, die Menschen, speziell die noch nicht erwachsen sind, sich stellen, ist: Was bedeutet das für mich?

Wenn jemand erwachsen wird, dann wächst die Öffnung für das DU in der Frage: Was ist für dich von Bedeutung? Und um diesen Prozess, der jeden Menschen, egal welchen Alters, immer wieder neu betrifft und angeht, in dieser Spannung in gesunder Weise zu leben, zwischen ICH und DU, zwischen ICH und WIR.

Das zweite, das in diesem Evangelium besonders ist: Am Anfang steht die Frage: Wer ist mein Nächster? Fast, als könnte man darauf eine Definition geben: Mein Nächster ist der und der und der. Innerhalb des Evangeliums wird diese Fragestellung verwandelt, nämlich in die Frage: Wie werde ich zu einem Nächsten als Prozess, den ein Mensch durchläuft, um dahin zu kommen. Die Antwort dieses Evangeliums ist, Stichwort – viel: Empathie. Dieses Wort, das vor Jahren in der Universität von Chicago Barack Obama gebraucht hat und die Jugend dazu motivieren wollte, dass das der Nerv ist, um den wir uns neu kümmern müssen. Empathie, Mitgefühl, auch wenn die Sache 2000, 3000, 5000 Jahre alt ist. Empathie.

Noch ein wichtiger Gedanke in diesem Evangelium: Beherzt handeln. Das hat der barmherzige Samariter getan.

Beherzt, wie es so schön in unserer Sprache heißt: beherzt handeln, d. h. mit ganzem Herzen. Die kleinere oder größere Angst überwinden.

Ich erinnere mich an Exerzitien bei einem inzwischen verstorbenen Jesuitenpater. Er hat uns damals aufmerksam gemacht auf eine Aufgabe, die ich nie vergessen habe und die man sich immer wieder neu stellen kann. Sie lautet: Tu in deinem Leben immer etwas, wovor du ein bisschen Angst hast! Wenn man diesen Satz beherzigt, verändert sich manches im eigenen Leben und man spürt: „Es steigt der Mut mit der Gelegenheit". Dies war jetzt ein Zitat von Shakespeare. Es steigt der Mut mit der Gelegenheit.

Wenn Sie dieses Wort mitnehmen und im Alltag einmal testen, Sie werden sehen, es wirkt. Es bringt den Menschen zu neuer Kraft. Es steigt der Mut mit der Gelegenheit, wenn ich die kleine Dosis Angst überwinde und beherzt etwas angehe.

Radikale Entschiedenheit

Predigt vom 8.9.2019

Die Botschaft dieses Evangeliums (Lk 14,25-33) auf den Punkt gebracht, der Glutkern dieses Evangeliums: radikale Entschiedenheit. Das Wort radikal hat einen doppelten Klang. Radikal kommt ursprünglich aus dem Lateinischen von radix, die Wurzel.

Wir kennen Wurzelbehandlungen beim Zahnarzt, bei denen der Zahnarzt die Entzündung, die sich vielleicht unter dem Zahn gebildet hat, entfernt. Solche Wurzelbehandlungen – auch im übertragenen Sinne, in vielen Situationen – können sehr wichtig, sehr gut sein. Radikale Einschnitte. Radikal – positiv. Aber wenn wir hören: Das ist ein Radikaler, dann bekommen wir Angst oder sind vorsichtig. Ein Radikaler in der Kirche oder ein Radikaler in der Gesellschaft, ein Radikaler in der eigenen Nähe. Da hat man Angst oder bekommt Angst.

Vor nicht allzu langer Zeit hat eine bayerische Politikerin ihren 75. Geburtstag gefeiert – ich will den Namen auch gar nicht verschweigen, damit Sie nicht rätseln – Renate Schmidt, und sie hat für sich Bilanz gezogen, so wie viele das tun, wenn sie zwischen 70 und 80 sind, nicht im Sinne materieller Werte oder äußerer Erfolge, sondern: Was hat mir das Leben gebracht? Was hat mich das Leben gelehrt und was könnte ich als etwas Besonderes weitergeben, an meine Enkel, an meine

Kinder? Diese bayerische Politikerin hat das, was sie erfahren hat, zunächst einmal für sich auf einen Punkt gebracht, und dieser Punkt heißt: Mehr Radikalität täte uns gut. Diesen Satz kann man ganz gut hören. Mehr Radikalität täte uns gut. Sie hat das dann für sich an einzelnen Punkten festgemacht, an einzelnen Erfahrungen, die für sie wichtig geworden sind.

„Wenn man in der Politik erfolgreich sein will, dann muss man", so hat sie gesagt, „wirklich Interesse an Menschen haben. Man muss zuhören, man muss antworten. Die Menschen müssen fühlen, dass sie ernst genommen werden." Eine fundamentale Erfahrung, die eine Politikerin weitergibt: Interesse am Menschen haben, und zwar nicht als Wähler, als Kunde sondern als Mensch, also tiefer.

Man kann das vom Beruf des Politikers übertragen auf zig andere Berufe, ob das Lehrer oder Ärzte sind, also alle, die mit Menschen zu tun haben und mit Menschen umgehen. Wirkliches Interesse am anderen haben. Das ist das Erste, was sie sagt, was für sie in vielen Jahren der Tätigkeit wertvoll und kostbar und wichtig geworden ist.

Das Zweite: das unbedingte Wollen. Die Menschen müssen das Gefühl haben: Der oder die hat wirklich ein Anliegen, für das sie, für das er durchs Feuer geht, wovon er tief überzeugt ist. Wenn so einer redet, sozusagen mit 100 Prozent, dann kann das überzeugen. Die Allgemeinheit spürt im Unbewussten genau: Redet der mit 100 Prozent oder nur mit 75 oder mit 80?

Den 3. Punkt, den sie nennt: Man muss ein Ziel haben, das über die eigene Person hinausgeht. Das kann ein Projekt sein, bei dem ich mitmache. Das können Jugendliche schon, wenn sie sich ein Jahr bei Aktion Sühnezeichen verpflichten. Ein Ziel, das über sie hinausgeht. Das können soziale Beziehungen sein. Der Mensch darf nur nicht in einem Spiegelkerker Gefangener werden oder sein. So hat Christian Morgenstern das mal ausgedrückt. Der Mensch als ein im Spiegelkerker Gefangener, der immer nur sich sieht und nicht den anderen.

Mehr Radikalität täte uns gut. Diesen Satz möchte ich Ihnen heute ins Ohr oder ins Herz oder in die Seele senken. Mehr Radikalität könnte mir guttun, wenn ich mein Leben betrachte. Mehr Radikalität könnte dir guttun. Die allermeisten würden sagen: Ja, das stimmt. Ich könnte radikaler sein, aber nicht im Krawallsinne sondern im Sinne von gründlich, mit mehr Hingabe, mit unbeirrter Hingabe und mit einem Anliegen, das es wert ist, sich dafür einzusetzen.

Im Evangelium heute werden uns zwei Bilder, Beispiele genannt, was auch noch zu dieser Radikalität gehört. Da war die Rede vom Turmbau und von dem Mann, der nicht richtig kalkuliert, der seine Kräfte unterschätzt oder überschätzt, jedenfalls nicht klarkommt, und dann wird er verspottet.

Zur Radikalität würde auch gehören, dass ich die Kraft entwickle, das zu Ende zu führen, was ich einmal angefangen habe. Es gibt ein Wirrwarr von nicht vollendeten Dingen im Leben vieler Menschen, von zerbrochenen Beziehungen, Freundschaften, die nicht zu Ende geführt sind.

Das zweite Bild von dem König mit den 10 000 Kriegern, Soldaten, das will besagen: Verhandlungsfähig bleiben, wenn ich spüre, ich schaffe es nicht, dann Verhandlungen um des Friedens willen als eine Möglichkeit, radikal zu sein.

Mehr Radikalität täte uns gut, einem jeden von uns.

Und doch

Predigt vom 17.11.2019

Was für ein Evangelium (Lk 21,5-19)! Ein Spiegel des 1. und 2. Jahrhunderts nach Christus, mit Anspielungen und Bezügen auf geschichtliche Ereignisse. Aber nicht nur das, sondern die Zumutung schlechthin, die sich in diesen Zeilen ausspricht.

Man könnte ja sagen: Das war damals. Das Evangelium ist immer damals und heute. Und wie mag dieses Evangelium heute heißen? Vielleicht so:

Es kommt eine Zeit, in der die Dinge sich ändern und Ängste und Nöte den Menschen bedrängen. Wer krank daniederliegt, wer am Ende seiner Kräfte ist, wer nicht mehr weiter weiß, weil er so elend dran ist, der spürt etwas von dem, was Jesus da voraussagt. Es kommt die Zeit, in der die Dinge sich ändern, Ängste und Nöte den Menschen heute bedrängen.

Was die Bibel da in gewaltigen Bildern erzählt, von den Katastrophen auf der Welt, von Not und Elend, das kann auch geschehen im Inneren des Menschen. Wenn eine Krankheit ihn bedroht, lebensgefährlich, wenn Ängste und Nöte ihn beständig belasten. In diesen Momenten, in denen das Leben in Aufruhr ist und nichts mehr sicher ist, so wie es früher einmal war, da hören wir – eher leise als laut, aber doch deutlich, klar und weittragend: „Und doch wird euch kein Haar gekrümmt werden.“ Diese beiden kleinen Wörter: und doch, dann noch die Aussage in diesem Bild: Selbst eure Haare werden nicht gekrümmt werden, wobei Haare wiederum ein Symbolbild sind, ein Sinnbild ist für die Kraft des Menschen. Das bedeutet: Und doch wirst du deine Kraft nicht verlieren, auch wenn all das geschieht.

Ein Mann, der in seinem Leben wirklich ganz viel durchgemacht hat, der dem Holocaust entkommen ist, Elie Wiesel, er erzählt von sich: Diese beiden kleinen Worte aus dem Neuen Testament, und doch, das sind in seinem Leben seine Lieblingsworte geworden, man könnte auch sagen sein Lieblingscredo. Und doch – und wenn es noch so schlimm ist, es wird anders. Ich gebe die Hoffnung nicht auf. Er hat den Holocaust überlebt, er ist vor 4 Jahren im Alter von 88 Jahren gestorben, er hat den Friedensnobelpreis bekommen und, und, und. Die Botschaft, die er uns zurücklässt, das Vermächtnis, das sind diese beiden Worte: „Und doch“. Es mag noch so dunkel sein, es wird dir doch ein Licht aufgehen, wird dir etwas Neues, ein Neuanfang geschenkt.

Was mich an diesem Evangelium besonders elektrisiert, sind einmal diese beiden kleinen Wörter, und dann vorher, an der Stelle, wo Jesus denen, die furchtbar in Bedrängnis sind, sagt: Ihr braucht euch nicht vorzubereiten, ihr braucht euch nichts zurechtlegen, womit ihr euch rechtfertigen könnt. Glaubt es mir, der Geist, mein Geist wird euch schon die richtigen Antworten eingeben.

Das ist sehr trostreich, und vielleicht müssten wir, heute, jeder einzelne, jede Gemeinschaft, die Kirche uns einfach mehr dem Wirken des Geistes, des Geistes Jesu, des Hl. Geistes öffnen, damit uns wie von selbst eine Antwort kommt, in welche Richtung wir weitergehen.

‚Und doch'. Man könnte seine eigene Biografie durchgehen mit diesen beiden Worten und sich fragen: Wann war das bei mir so, dass ich sagen konnte nach einer tiefen Krise, es ist doch weitergegangen. Und doch hat sich etwas geändert. Und doch habe ich wieder Hoffnung bekommen.

Wenn ich mal im Bild gesprochen mir eine Waage vorstelle, und auf die eine Waagschale lege ich alle meine Sorgen, Fragen, Probleme, Angst, Leid, und auf die andere Schale lege ich diese beiden Worte ‚und doch', und dann vielleicht sagen kann, auch wenn sie sich leicht anfühlen oder anhören: sie sind schwergewichtig, sodass alles, was auf der anderen Schale liegt an Sorgen und Not in die Höhe geht. Diese beiden Worte entwickeln dann langsam das Schwergewicht, nicht auf einmal, langsam. Wenn ich jetzt das Bild wechsele und mir diese beiden Worte nicht mehr wie zwei Gewichte vorstelle sondern wie einen zarten Muskel, der langsam wachsen will, und je häufiger ich dazu gebracht werde, dieses ‚und doch' zu sprechen und das zu glauben, was dahinter steht an Hoffnung, dann entsteht ein

Muskel, der im Laufe der Jahre oder der Jahrzehnte manchen Herausforderungen des Schicksals gewachsen ist.

Diese beiden Worte in der vorletzten Zeile des Evangeliums ‚und doch wird euch kein Haar gekrümmt werden' und diese Lieblingsworte von Elie Wiesel ‚und doch', wenn Sie die mitnehmen in Ihr Leben, heute, an diesem Tag, für die Zukunft.

Alles heilt der Entschluss

Predigt vom 22.12.2019

Autobahnen sind Plätze der Anonymität, so ähnlich wie große Flughäfen oder auch große Bahnhöfe. Dass man da jemanden trifft, den man kennt, ist selten.

Ich habe auf der Autobahn etwas erlebt, das ich nicht vergesse. Ich bin mit dem Auto unterwegs nach Osnabrück, auf der Autobahn A30 zwischen Bad Oeynhausen und Osnabrück – sie ist nicht so befahren wie die A2 – und während ich so in relativ geruhsamer Geschwindigkeit auf der rechten Spur fahre, kommt ein anderes Auto auf der linken Bahn und setzt sich neben mich, verlangsamt das Tempo und fährt dann in dergleichen Geschwindigkeit wie ich. Der Fahrer schaut nach rechts, um mich zu sehen, und dann ist es ja so, das kennen Sie aus eigener Erfahrung, dass man dann auch seinen Kopf dreht und spürt: da ist jemand, der schaut mich an. Ich sehe durch die Scheibe jemanden, der mir freundlich zulächelt, und dann fällt mir ein: Mensch, das Gesicht kennst du doch! Aber ich weiß den Namen nicht, und es gibt auch keine Möglichkeit, jetzt anzuhalten oder sich gegenseitig zu begrüßen. Dann gibt er wieder mehr Gas, und weg ist er. Aber ich habe das Bild von seinem Gesicht immer noch vor Augen.

Einige Zeit später bekam ich einen Brief von diesem Autofahrer, der mich kannte und den ich auch kenne.

In dem Brief hat er sich noch einmal vorgestellt – er war früher hier in Berlin, war oft in St. Ludwig – und ich habe ihn bei der Vorbereitung auf seine Eheschließung begleitet. In diesem Brief schrieb er noch einmal ein Dankeschön und sagte: Sie haben mir damals auf dem Weg in der Vorbereitung ein Wort mitgegeben, das mir schon oft geholfen hat. Dieses Wort von Christian Morgenstern heißt: „Alles heilt der Entschluss".

Von diesem Wort war er so elektrisiert und angetan, weil er gespürt hat, es ist ganz oft die Lösung der Probleme, die einer mit sich herumträgt. Alles heilt der Entschluss. Es ist typisch Christian Morgenstern, kurz, präzise, spitz und trifft den wahren Kern des Lebens.

Dieses Wort kann als Motto über dem heutigen Evangelium (Mt 1,18-24) stehen, in dem verschiedenste Themen angesprochen werden, aber dies ist ein entscheidendes Thema. Der hl. Josef, von dem da erzählt wird, ist derjenige, der dieses Wort gelebt hat: Alles heilt der Entschluss.

Wir wissen nicht viel vom hl. Josef. Im Evangelium wird er ganz selten erwähnt, vier, fünf Sätze, ein eigenes Wort hat er nicht gesprochen, aber das, was er getan hat, das bleibt. Sein Leben könnte man in den Dreiklang fassen: schlafen, erwachen, handeln.

Jemand hat den hl. Josef einmal den Patron des Unbewussten genannt und wollte damit ausdrücken, dass für eine Entscheidung die Mitarbeit des Unbewussten im Menschen eine wesentliche Rolle spielt. Dieses Zusammenwirken von Unbewusstem, von Unterbewusstsein und Verstand, von Bauchgefühl und Ratio, das ist im Leben immer sehr wichtig.

So ist der hl. Josef der Repräsentant eines Menschen, der das gelebt hat: sich entschließen zu handeln. Nun ist es beim hl. Josef nicht so, dass ihm das von vornherein klar war, sondern dass er auch Schwierigkeiten hatte und durch eine Phase der Desorientierung hindurchgegangen ist. Und die war eben nicht ohne, so wie das in unserem Leben auch ab und zu ist. Insofern sind wir alle manchmal der Josef, der etwas erlebt in seinem Leben, mit dem er nicht zurechtkommt, der brütet und nachdenkt, der dann aber, wenn er durch die Desorientierung den Mut nicht verliert, hingabefähig seinen Dienst, seinen Weg, den ganz normalen Alltag weiterlebt trotz aller Verfinsterung und trotz aller Anfechtung.

Für diese Haltung steht der hl. Josef im Evangelium Es ist ja interessant, dass der hl. Josef im Laufe von 2000 Jahren – diese Gestalt, von der wir biografisch so wenig wissen – dass er so eine Anziehungskraft erhalten hat und so eine Bewunderung, so eine Verehrung. Er verkörpert etwas ganz Zentrales, das zum Menschlichen gehört. Mit sich selbst immer wieder eins werden und fragen: Was will ich eigentlich? Beim hl. Josef war es so, dass da auch erst die Frage war: Soll ich Maria im Stillen verlassen? Dann hat er sich von diesen äußeren Gesichtspunkten abgekehrt. Ihm ist klar geworden – so stell ich mir das vor – dass er diese Person tief geliebt hat.

Wenn Jesus von Nazareth später, als er ein erwachsener Mann war, so oft von seinem göttlichen Vater erzählt, da bin ich sicher, dass in ihm auch Erinnerungen an seine Kindheit in Nazareth, die er mit seinem Pflegevater erlebt hat, wach wurden und die sein Gottesbild, das Bild des göttlichen Vaters wesentlich mitbestimmt haben. Schlafen, träumen, wach werden, handeln. Und er nahm Maria zu sich.

Ein einfaches Leben, aber mit einer unglaublichen Tiefe und mit einer Gläubigkeit, von der wir alle nur lernen können.

Selig ist der Mensch, der mit sich in Frieden lebt.
Es gibt kein größeres Glück.

M. Claudius

Ihr seid das Salz der Erde

Predigt vom 9.2.2020

In der Fußgängerzone einer Großstadt, mittig auf dieser Straße, ein Riesensalzberg, nicht Sandberg sondern Salzberg. Stuttgart, wo vor einigen Jahren der evangelische Kirchentag stattfand und der unter dem Motto stand: Ihr seid das Salz der Erde. Ein Künstler hat dieses Kunstwerk dahin platziert, um Hingucker zu finden, um Menschen anzusprechen, die sich dann fragen: Was soll das? Ein Riesensalzberg auf der Straße und die Verbindung eben mit dem Motto des Kirchentags.

Salzberg. Eigentlich braucht man keine Berge von Salz in unserem Leben, in unserem Alltag, sondern man braucht den kleinen Salzstreuer. Man braucht Salz sozusagen in homöopathischen Dosen, in kleinen Mengen, damit dieses Wenige seine Wirkung tut.

Das ist die erste Botschaft, die in diesem Bildwort, das Jesus gebraucht (Mt 5,13-16), enthalten ist. Es geht nicht um Quantität, es geht um Qualität. Man braucht nicht vieles zu tun und dann lieblos, sondern nur weniges, aber dieses wenige beseelt. Das wenige macht es.

Salz lässt uns an vieles denken. Mit Salz schmeckt eine Speise anders, sie schmeckt nicht fade, nicht geschmacklos, lieblos, sondern sie ist frisch.

Das ist das Zweite, das dieses Bild uns nahebringt, nämlich: Das Evangelium muss frisch sein. Frisch, jetzt, wenn ich das Evangelium höre, wenn ich es zu Hause lese, wenn ich darüber nachdenke. Frisch ist es dann, wenn ich meine Antennen ausfahre, wenn ich höre, was dieses Wort mir wohl sagen will.

Salz. Was macht Salz? Wozu ist Salz da? Etwas Wesentliches, wofür Salz gebraucht wird und was es bei den Speisen bewirkt, ist, dass es den Eigengeschmack des Fleisches, der Nahrung verstärkt, also nicht etwas Neues bringt, sondern das, was schon da ist, verstärkt. So dürfen wir dieses Bild vom Salz der Erde verstehen. Die Botschaft des Evangeliums verstärkt im Menschen das, was schon in ihm ist. Es macht also die Kräfte, die im Menschen sind, mobil und fähig und wirksam. Menschsein und Christsein, das gehört zusammen, und das eine will das andere stärken. Die christliche Botschaft will menschliches Leben stärken, will das, was an Keimen, an Ansätzen in der Seele eines Menschen vorhanden ist, verstärken, sodass sein ganzes Leben Geschmack hat und nicht fade ist.

Salz, ein faszinierendes Bild. Es ist immer schon etwas da, es muss nicht ganz Neues kommen. Ich möchte das an einem Bild verdeutlichen: Wenn ich das Amt des Bundespräsidenten und die Person, die dieses Amt bekleidet, nehme, als Bild, dann ist es so, dass das Amt durch die Art und Weise wie ein Präsident dieses Amt ausfüllt, nämlich wie er es mit seinem Geschmack, mit seinen Themen gestaltet, es füllt, seine eigene Prägung erhält. So haben wir, die meisten von uns, bisher die Bundespräsidenten erlebt.

Bundespräsident Steinmeier, das erleben wir jetzt, gibt diesem Amt einen ganz besonderen Inhalt. Stichworte: Demokratie und Versöhnung. Ein Bundespräsident Gauck hatte seine Themen. Ein Roman Herzog hat auf seine Weise Botschaften gebracht. Ich erinnere mich noch: Als er anfing, sagte er: „Mir ist es wichtig, das Verhältnis unter den Deutschen zu entkrampfen." Das war damals so etwas wie ein Zauberwort.

Ich nehme das mal als Bild, um es zu übertragen auf jeden von uns. Was durch das Salz des Christlichen, des Glaubens in unserem Leben anders sein kann. Dass in uns durch das Salz die Kraft der Versöhnung wächst, die Fähigkeit zu lieben, die Fähigkeit, Gemeinschaft zu stiften, die Fähigkeit, glücklich zu sein, die Fähigkeit zu helfen. Das alles kann wachsen, größer werden, intensiver werden, glaubwürdiger werden und letztlich schöner werden.

Salz verstärkt den Eigengeschmack. Es tut noch etwas anderes, es bewahrt vor Fäulnis. Das wäre jetzt ein ganz eigenes Thema, über Fäulnis in unserem Leben, in unserer Kirche zu sprechen. Ja, wir brauchen das Salz des Evangeliums, damit wir uns auseinandersetzen können, trennen können von allem, was anfängt zu faulen, was nichts taugt, was weggeworfen werden muss.

Die dritte Eigenschaft, die Salz kennzeichnet, finden wir in dem lateinischen Sprichwort: „Nihil utilius sole et sale", d. h. übersetzt: Nichts ist nützlicher als die Sonne und das Salz. Diese beiden Dinge sind gleichzeitig symbolische Worte für Reinheit. Auch dafür steht eben Salz: Reinheit in Sinne von keimfrei, im Sinne von stimmig, im Sinne von ohne Arg, glaubwürdig.

Die Reinheit des Salzes. Und jetzt sagt Jesus: „Ihr seid das Salz der Erde." Er sagt nicht: Ihr sollt es sein, moralisch, sondern: Ihr seid es. Ich darf es mal vergleichen mit dem Wort, das der Priester in der Eucharistie bei der Wandlung spricht: „Dies ist mein Leib. Dies ist mein Blut." Da heißt es nicht, das soll es sein, sondern das ist es. Das ist unser Glaube. Und so auch: Ihr seid das Salz der Erde. Ihr seid das Licht der Welt. Da steht jetzt nicht Du, sondern dieses Mal Ihr, als Gemeinschaft, aber Du als einzelner Mensch kannst es ebenso sein.

Diese beiden Worte, Salz der Erde, Licht der Welt hat Matthäus so aufgeschrieben. Zu der Zeit, als die Evangelien entstanden, gab es noch andere Quellen, andere Aussagen. So gibt es z.B. das sogenannte Thomasevangelium, eine apokryphe Sammlung von Jesusworten, von denen man nicht genau weiß: Hat er sie so gesagt oder nicht ganz so? Sie sind dann bei der Kanonwerdung der Hl. Schrift nicht aufgenommen worden, aber doch der Geschmack von ihnen. Im Thomasevangelium steht ein Wort, mit dem ich schließen möchte, das heißt:

„Wenn du das hervorbringst, was in dir steckt, ist das, was du hast, deine Rettung."

Bewährte Treue

Predigt vom 29. März 2020

In den ersten beiden Monaten dieses Jahres haben sich in meinem Terminkalender drei Goldene Hochzeiten angesammelt von drei mir persönlich gut bekannten Ehepaaren. Gerne hätte ich mit ihnen auch vor Gott in den Dank eingestimmt, der sie alle drei erfüllt hat, als sie mich auf das jeweilige Datum im April und Mai angesprochen haben. Nun ist alles anders geworden. Die Termine wurden verschoben oder gestrichen. Aber der Dank und die innere Freude sind geblieben.

Es ist schön, wenn ein Ehepaar nach 50 Jahren gemeinsamen Lebens voneinander sagen kann: Ich habe dich wachsen sehen. Ich habe erfahren und auch mitwirken können, was aus dir und aus uns beiden geworden ist, wie du auf Menschen reagierst, wie du zuhören und auf andere eingehen kannst. Ich sehe, wie du dich freuen kannst. Und ich habe erlebt, wie du Leidvolles angenommen hast – die schwere Krankheit, einen Schicksalsschlag auf der beruflichen Ebene, den frühen Tod unseres Sohnes.

Theodor Fontane lehrt uns eine zutreffende Unterscheidung von zwei Arten der Treue. Er spricht von der bloßen Treue und der bewährten Treue. Wörtlich: „Es ist eben nicht viel, treu zu sein, wo man liebt und wo die Sonne scheint und das Leben bequem geht und kein Opfer fordert. Nein, nein, die bloße Treue ist es nicht. Aber die bewährte Treue, die tut es." Jede und jeder kann davon erzählen – von schönen und von schlimmen Erfahrungen.

„Ach bleib mit deiner Treue bei uns, mein Herr und Gott; Beständigkeit verleihe, hilf uns aus aller Not." So lautet die fünfte und letzte Strophe des Liedes 436 in unserem Gesangbuch, die wir als Leitfaden für die diesjährige Predigtreihe zur Fastenzeit 2020 gewählt haben.

Nicht von ungefähr hat sich der Text dieses Liedes durch mehrere hundert Jahre gehalten. Welche Kraft und welche Anmut kommt darin zum Tragen! In diesen so einfachen Worten spüren wir eine so innige Beziehung des Beters zu seinem Gott. Er spricht ihn ganz persönlich an: „Mein Herr und mein Gott". Der Beter ist in der Heiligen Schrift zu Hause. Ein biblisches Grundgebet kommt hier zum Klingen. Es erinnert an das Wort aus einem der zahlreichen Osterevangelien, das von Thomas und seinen Zweifeln erzählt und einmündet in dieses ‚Mein Herr und mein Gott'.

Bewährte Treue erwächst aus einer innigen Beziehung. Die Worte dieser Liedstrophe haben ein Fluidum, das uns hineinnehmen will und hineinnehmen kann in den Strom dieser Beziehung. „Ach bleib mit deiner Treue …" ist wie ein kindliches Wünschen, Flehen und Betteln. Der Beter, der das so formuliert, weiß, wovon er redet. Er spricht von der Treue Gottes zu uns Menschen. Hier ist in einem Wort das Alte und das Neue Testament komprimiert und kondensiert. Es geht um die Treue Gottes. Sie hat literarische Gestalt gewonnen in dem wunderbaren Gleichnis vom liebenden Vater in seiner Treue zum verlorenen Sohn (Lk 15, 11-32). Das Zeichen für Gottes Treue zur Verkündigung Jesu und seinem Sein und Handeln ist die Auferweckung des Gekreuzigten.

Wie von einem Menschen Treue gelebt werden kann, dafür steht im Neuen Testament eine Gestalt, die in der Volksfrömmigkeit häufig mit dem Eigenschaftswort ‚treu' in Zusammenhang gebracht wird: der heilige Josef, der treue Josef. Durch sein Leben und Handeln bekommt das Wort eine überraschende Füllung. Es lohnt sich, diese Gestalt noch etwas näher anzuschauen.

Die verschiedenen kleinen Episoden, in denen er eine zentrale Rolle spielt, ähneln einander. Jedes Mal kommt Josef vom Schlafen und Träumen über das Erwachen zum Handeln. Dieses Handeln ist jeweils für ihn und seine Familie von großer Tragweite. Schauen wir uns dieses Handeln näher an! Er handelt aus einer tief von innen her bestimmten und gewachsenen Entschiedenheit. Ich möchte ihn darum einmal den Patron des Unbewussten nennen. Maria hat in ihm einen inneren Wandel ausgelöst: den Wandel von der Außensteuerung weg zu Innensteuerung. Marias Schwangerschaft wurde zum Knotenpunkt seines Lebens. Er musste sich entscheiden, wie es weitergehen sollte. Zunächst reagiert er außengesteuert. Er fragt sich: Was tut ein Mann in solchem Fall? Er

entscheidet sich dagegen, sie öffentlich bloßzustellen. Er sucht den Weg der Mitte, will sie „in aller Stille“ entlassen. Aber im Traum kommt er der göttlichen Botschaft seines Unbewussten nahe: Er liebt Maria viel zu sehr, um sie wegzuschicken und in eine Notlage zu bringen. Eigentlich will er etwas ganz anderes: nämlich zu ihr stehen. Die Botschaft des Traumes lässt ihn seine eigentliche, stimmige Entscheidung finden. Er wird wach für das, was er wirklich will, was von innen her dran ist. Jetzt handelt er mit zielstrebiger und kraftvoller Entschiedenheit – hier und dann entsprechend in den späteren Situationen der Bedrohung. Er ist nicht der Träumer, der abhebt – wie Joseph von Ägypten.
Es sind keine Wunschträume und keine Luftschlösser, die Josef von Nazareth träumt. Er ist ein Mann, der mit beiden Beinen auf der Erde träumt. Seine Träume zeigen ihm den Ausweg aus realer Not. Sein Unbewusstes erspürt mehr. Wir sprechen auch manchmal vom sechsten Sinn, der uns mehr ahnen lässt, so dass wir die richtige Entscheidung treffen.

So steht Josef für eine Treue, die innengesteuert ist. Er bleibt sich selbst treu. Und damit bleibt er seinem Auftrag, seiner Berufung treu. Und die Treue zu sich selbst ist eine Quelle der Kraft. Sie hat die Kraft zum Handeln. Treue bewährt sich im Handeln. „Nein, nein, die bloße Treue tut es nicht. Aber die bewährte Treue, die tut es.“

Zeit der Vorbereitung

Predigt vom 24.5.2020

Vorbereitung ist alles. Diesen Satz kann man immer mal wieder im Alltag hören, Erfahrungen, die wir machen. Wenn ich etwas gut vorbereitet habe, dann kann der Erfolg sich auch einstellen.

Wenn ich zurückdenke an Gespräche mit Brautpaaren im Laufe der Jahre, dann durfte ich miterleben, wie ein Brautpaar sich auf das große Fest vorbereitet. Und je intensiver und kreativer und liebevoller die ganzen Vorbereitungen waren, umso schöner wurde dann auch das Fest. Aber letztlich haben es die Menschen dann doch nicht in der Hand, ob es nun das Fest wird mit jener Melodie, mit jener Einfühlung, die sie sich versprochen hatten.

Vorbereitung ist alles, und wir wissen das: Es gibt eine äußere Vorbereitung und es gibt eine innere Vorbereitung. Beides korrespondiert und ist korrelativ miteinander. Wenn beides zusammenläuft, dann kann es gut werden.

Mein geliebter und geschätzter Schriftsteller Christian Morgenstern – mich hat schon mal jemand gefragt: Ist das eigentlich Ihr Kirchenvater? – dann muss ich sagen: Nein, mein Kirchenvater ist er nicht, aber so etwas wie mein Lebensvater, einer, der Lebensweisheit hat. Manchmal ist es im Leben auch gut, dass man nicht nur Kirchenväter mit ihren frommen Gedanken hat sondern auch Lebensväter, die einem sehr bodennah und alltagstauglich etwas auf den Weg geben. Von Christian Morgenstern gibt es zwei Sätze, die ich jetzt gern mit Ihnen bedenken möchte. Diese beiden Sätze lauten: „Nur im vorbereiteten Herzen kann ein neuer Gedanke Wurzeln fassen und groß werden. Sich vorbereiten, den Boden lockern für das beste Korn. Das ist es.“

In diesen zwei Sätzen mit ihren unterschiedlichen Bildern aus der Landwirtschaft, aus der Gärtnerei, aus der Natur und aus der menschlichen Erfahrung ist, kondensiert und konzentriert, Wesentliches vom Leben gesagt. Das vorbereitete Herz. Darin ist auch gesagt, dass wir unser Herz immer wieder neu vorbereiten müssen, damit es etwas aufnehmen kann, was vielleicht plötzlich als Gnade, als Geschenk, als etwas Außergewöhnliches in unser Leben kommt. Nur das vorbereitete Herz, nur in ihm kann etwas Neues passieren, wie er schreibt, ein neuer Gedanke kann da Wurzeln fassen, groß werden und wachsen. Das Leben unserer Seele, das Leben unseres Herzens ist wesentlich etwas Organisches und nicht etwas Mechanisches.

Sich vorbereiten, sich zubereiten, den Boden lockern. Ein schönes Bild, das jeder versteht. Ein Boden, der fest ist, kann kein Samenkorn aufnehmen und auch kein Wasser. Der Boden muss gelockert werden. Jeder Gärtner, jeder tut etwas dafür, den Boden zu lockern. Morgenstern meint aber nicht nur diese Ebene des

Natürlichen, sondern im übertragenen Sinne den Boden lockern in unserer Seele, in unserem Herzen, damit etwas gedeihen kann, damit etwas wachsen kann, damit etwas Frucht tragen kann. Den Boden lockern für das beste Korn. Das ist es, sagt Morgenstern.

Auch da können wir in unseren Gedanken weitergehen und fantasieren: Das beste Korn. Was ist das? Wenn ich das als Bild nehme für etwas Unsichtbares, Kostbares, für einen hohen Wert, der im Boden ist und wachsen kann. Den Boden lockern.

Zeit der Vorbereitung. Zwischenzeit. Zwischenzeiten.

Jetzt ein kleiner Sprung zurück in das erste Kapitel der Apostelgeschichte (Apg 1.12-14), das wir eben gehört haben: das vorbereitete Herz der Urgemeinde, der Apostel und der Frauen. Sie bereiten sich auf etwas vor, sie ahnen bis dahin gar nicht, was auf sie zukommen würde. Aber sie haben wohl ein Gespür, es muss etwas passieren. Es muss jetzt etwas Neues kommen. Morgenstern … ein neuer Gedanke, aber bei den Aposteln ist es nicht nur ein neuer Gedanke sondern – was sie dann später an Pfingsten erfahren – eine innere Revolution, eine, wie es im Griechischen heißt, eine energeia, eine Energie, ein Pneuma, ein Wehen, eine dynamis, wie das lateinische Wort für dieses Ereignis heißt. Sie bereiten sich vor. Wie machen sie das? Es wird beschrieben: Sie verlassen den Ölberg und begeben sich in das Obergemach, und dieses Obergemach ist genau 2000 Ellen vom Ölberg entfernt. Das ist genau ein Kilometer. Einen Kilometer durften die Juden nach dem Sabbatgesetz gehen, d. h. die Apostel kommen aus dem Judentum und halten sich noch an die Bräuche, Sabbat, nicht mehr als einen Kilometer. Da ist das Obergemach. Dort gehen sie hin. Sie bleiben nicht im Parterre, unten. Im Parterre des Hauses ist oftmals Trubel, es ist vielleicht unordentlich, wie auch immer. Das Obergemach ist ein Raum, in dem es stiller ist, wo man beten kann, wo man Zusammengehörigkeit erlebt, wo nicht diskutiert wird, sondern, wie es in der Apostelgeschichte heißt, sie im Gebet verharren. Und dann: einmütig, tiefe Gemeinschaft, die sie da erfahren. Lukas, der das aufgeschrieben hat, ein sehr präziser Schriftsteller, Maler, Theologe und Erzähler, Lukas nennt dann – nicht nur, dass er einfach sagt: die Elf oder die Urgemeinde – jeden mit Namen. Die Person ist gemeint, und jeder hat sein Leben, sein Schicksal, seine Biografie und ist ein Individuum. Nicht von ungefähr die Aufzählung, die Namen, und dann das Nennen des Namens der Mutter Gottes, die dabei ist, und der anderen Frauen. Alle zusammen verharren einmütig im Gebet, so als wenn sie auch darum beten wollen: Wir brauchen neue Gedanken, so wie es bei Morgenstern heißt: Das vorbereitete Herz, das einen neuen Gedanken aufnehmen kann. Aber es ist eben nicht nur ein Gedanke, sondern es ist eine fundamentale Urerfahrung des Geistes, die diese Menschen im Obergemach erwarten.

Wir brauchen hier, heute, immer, jeder von uns, wieder einen neuen Gedanken, um nicht immer nur in dieselbe Rille – wie bei der Schallplatte mit dem Sprung – unserer Gedanken zu kommen und dort zu bleiben, sondern wir sollen weitergehen, weiterkommen, etwas Neues erleben, um aus dieser Erfahrung einen neuen Anfang zu schaffen.

Ich schließe wie ich begonnen habe, Christian Morgenstern: „Nur im vorbereiteten Herzen kann ein neuer Gedanke Wurzeln fassen und groß werden. Sich vorbereiten, sich zubereiten, den Boden lockern für das beste Korn. Das ist es.“

Ernte des Lebens

Predigt vom 12.7.2020

Säen und ernten. Das ist ein Lebensthema, ein Lebensthema für jeden Menschen, und zwar nicht nur erst am Ende des Lebens, für das letzte Drittel sondern ein Thema, das mitwandert wie ein mitwandernder Horizont. Über dieses Thema kann man immer wieder neu nachdenken, für sich selbst: Wie ist das mit dem Säen und Ernten in meinem Leben?

Und es ist ja hier in diesem Evangelium (Mt 13,1-23) in symbolischer Weise eine tiefere Schicht gemeint. Es ist nicht in erster Linie ein Evangelium für Landwirte oder solche Menschen, die eng mit dem Land verbunden sind, sondern es ist ein Thema jedes Menschen.

Was ist der Sinn des Alters? Der Sinn des Alters ist die Verarbeitung des gelebten Lebens. Mit dieser Formel ist auf den Punkt gebracht, worum es in der zweiten Lebenshälfte – oder meinetwegen auch in der dritten Halbzeit, wie einige sagen – in besonderer Weise geht: die Verarbeitung unseres gelebten Lebens, bedenken, meditieren, was schön gewesen ist, wofür ich eigentlich viel dankbarer sein müsste als ich es bin, aber auch das Schwere, Schweres, das zum gelebten Leben dazugehört. Das kann ja bei manchen Menschen sehr, sehr schwer sein. Und vielleicht oder wahrscheinlich werden sie nach Jahren oder Jahrzehnten sagen: Auch das war gut.

Immer wieder blättere ich mal in einem Erntebuch eines großen Mannes, den ich sehr schätze, der sich mit der Seele des Menschen in besonderer Weise beschäftigt und auseinandergesetzt hat, der selbst von Beruf Seelenarzt gewesen und im Alter von fast 90 Jahren gestorben ist, Carl Gustav Jung. Er hat am Ende seines Lebens ein Erntebuch geschrieben, in dem er erzählt, was sein Leben ausmacht. Kein wissenschaftliches Buch, sondern ein Buch für jedermann, der ein wenig Gespür hat für die Vertiefung des Lebens. Das Buch heißt: „Erinnerung, Träume, Gedanken“. An einer Stelle kommt er auf die Frage zu sprechen: Was habe ich eigentlich in meinem Leben als Seelenarzt geschafft, erreicht, und er macht eine Statistik. Die Statistik seines Lebens beschreibt er in ganz kurzen Worten so:

„Ich habe viele, viele Menschen, Klienten und Patienten, therapiert. Ein Drittel davon wurde geheilt. Ein zweites Drittel, bei diesen Menschen hat sich etwas verändert, aber nicht viel. Und ein drittes Drittel, auch wenn sie Jahre bei mir waren, habe ich wenig beeinflusst.“ Was mir an dieser Aussage in ihrer Ehrlichkeit gefällt, ist der Realismus eines alten Mannes, der sagt: So war es. Ich bin nicht der Erfolgreichste sondern sehr bescheiden.

Dieser Realismus des Bescheidenseins blitzt auf im heutigen Evangelium, in dem Matthäus erzählt, wie viel Widerstände es im Menschen gibt, dass das Wort, das Jesus ihm schenkt, sein Ziel nicht erreicht, weil da z.B. der Boden felsig ist, weil die Wurzeln nicht in die Tiefe gehen konnten, weil die Sonne zu früh geschienen und die Samen verbrannt hat oder weil da Dornen waren, die den Samen erstickt haben. Wir haben das eben gehört, ich brauche es nicht zu wiederholen. Das Besondere dieses Evangeliums heute ist, dass es Evangelium und gleichzeitig Predigt ist. Im zweiten Teil, in dem Jesus den Jüngern erklärt, was es bedeutet und was z.B. die Dornen sind, nämlich die Sorgen des Lebens, die Sorgen der Welt oder der trügerische Reichtum. Das führt er konkret ins Feld. Auch da muss man sagen: Welch ein Realismus im Neuen Testament! Welch ein Realismus in der Bibel! Das zeichnet Jesus unter anderem aus, dass er den Menschen damals und auch heute nichts vormacht, sondern dass alles, was er sagt, stimmt, gut und richtig ist. Nicht im Sinne von korrekt sondern gut im Sinne von stimmig.

Ernte des Lebens. Die Ernte seines Lebens einbringen oder einer bestimmtem Phase oder nur die Ernte eines Tages, am Abend eines Tages. Was habe ich gestern, was habe ich in der vergangenen Woche ernten können? Oder was habe ich in der vergangenen Woche durch mein Wort oder mehr noch durch mein Wesen, durch mein Wirken, im Kleinen, gesät, was wie ein Keim ist und Frucht bringen kann?

Widerstände für das Wort Gottes könnte man dieses Evangelium auch nennen. Wie konkret es aussieht, wenn wir mit Widerständen leben und leben müssen.

Dieses Evangelium von den unterschiedlichen Arten, wie das Wort Gottes aufgenommen wird und nicht aufgenommen wird, ist das eine, nämlich die Begrenztheit. Nicht der Riesenerfolg sondern immer nur etwas sehr Entscheidendes.

Zu diesem Gleichnis vom Sämann heute muss man unbedingt das andere Sämanngleichnis dazunehmen. Die beiden Gleichnisse sind wie die beiden Pole einer Ellipse: das eine ist der Umgang mit Widerstand und das andere ist die Kraft des Glaubens. Das ist jenes Gleichnis von der selbstwachsenden Saat. Da ist wieder von einem Sämann oder von einem Bauern die Rede, der seine Arbeit macht, sich dann schlafen legt, wieder aufsteht, sich wieder schlafen legt, und das Korn wächst von selbst, heißt es da – im Griechischen: automathä. Von diesem Wort ist unser deutsches Fremdwort abgeleitet ‚automatisch'. Das bedeutet hier in diesem Evangelium aber nicht – nach dem heutigen Verständnis – das Wort Gottes kommt automatisch. Nein, nein, es wächst und wächst, und es ist unaufhaltsam und unumkehrbar. Das sind die beiden wesentlichen Gesichtspunkte des Reiches Gottes, das durch das Wort kommt. Unaufhaltsam wächst das Reich Gottes. Diese Hoffnung, diese Kraft vermittelt das Evangelium, und deshalb brauchen wir vor den Widerständen, von denen das Evangelium erzählt, letztlich keine Angst zu haben. Das Wachstum des Reiches Gottes ist unaufhaltsam und unumkehrbar.

Ich will schließen mit zwei Fragen, eventuell zwei kleinen Antworten, und die beiden Fragen sind zum Weiterdenken.
Die erste Frage: Wer ist der Sämann?
Eventuelle Antwort: Jesus selbst, der mir sein Wort schenkt. Eventuell bin ich selbst der Sämann.
Die zweite Frage: Was ist der Acker?
Eventuelle Antwort: das Herz des Menschen, der Acker, in den das Samenkorn fällt.
Ist mein Herz ein Ackerboden, der gelockert ist, um den Samen des Wortes Gottes aufzunehmen?

Milde walten lassen

Predigt vom 19.7.2020

Eine alte Predigtregel lautet: Langes Evangelium, kurze Predigt. Ich will's versuchen und verknüpfe das Gleichnis vom Unkraut und Weizen (Mt 13,24-43) mit zwei Worten aus unserer Zeit. Das erste Wort kommt von Theodor Fontane, das zweite von Sigmund Freud. Das erste von Theodor Fontane lautet: „Solange es geht, muss man Milde walten lassen, denn jeder kann sie brauchen." Ist das nicht schön? Denn jeder kann sie brauchen, die Milde.

Es ist die gleiche Frequenz, die mit dieser Botschaft im Evangelium deutlich wird: Lasst es wachsen! Reißt es nicht sofort aus! Ihr könntet euch auch vertun, denn das Unkraut und der Weizen sind nicht direkt zu unterscheiden. Unter der Erdoberfläche sind die Wurzeln vom Weizen und vom Unkraut schon ineinander verwoben. Wenn man das eine ausreißt, kommt das andere mit. Deshalb: Lasst es!

Die Milde, jeder kann sie gebrauchen. Das zweite Wort, von Sigmund Freud, heißt: „Der Mensch soll seine Komplexe nicht ausrotten wollen, sondern sich mit ihnen ins Einvernehmen setzen." Ein Satz, der in sich schon eine Predigt ist, weil man bei diesen beiden Dingen, ausrotten und sich ins Einvernehmen setzen das Problem und die Lösung erkennt. In unserem Herzen kann auch Unkraut wachsen, und manchmal sprechen Psychologen von Komplexen. Natürlich ist dieses Wort Komplexe sehr schwer und vielschichtig. Man könnte für das Wort Komplex auch sagen: der wunde Punkt, mein wunder Punkt.

In unserem Herzen – welche Komplexe gibt es bei normal gesunden Menschen? Da gibt es z.B. den Minderwertigkeitskomplex, und nicht wenige von uns sind von diesem Komplex belästigt, manchmal auch geplagt. Das Gegenteil vom Minderwertigkeitskomplex ist der Selbstüberschätzungskomplex, der auch nicht gerade gut ist. Dann gibt es den Lethargiekomplex, dass ein Mensch die Erfahrung macht, eigentlich wollte ich, aber da ist irgendeine Schwerkraft in meinem Kopf, in meinem Herzen oder in meinem Gefühl, dass ich das nicht schaffe, was ich eigentlich will. Es ist so eine eigenartige Lethargie. Ein Komplex, ein wunder Punkt, besser gesagt. Oder da ist der Machtkomplex, das ist vielleicht der umgreifendste, das Thema Macht im Alltag und im Großen, in der Gesellschaft, in der Politik, zwischen den Völkern. Der Machtkomplex. Dann gibt es den Hunger-nach-Lob-Komplex. Vieles, was in unseren Herzen wachsen kann.

Und jetzt sagt Sigmund Freud: Nicht ausrotten wollen, so wie Jesus im Evangelium sagt: Reißt es nicht aus! Lasst es wachsen! Vielleicht ist ja noch etwas Fruchtbares darin. Vielleicht hat dieser oder jener Halm, der nach Unkraut aussieht, doch die Kraft, eine Frucht hervorzubringen.

Liebe Schwestern und liebe Brüder! Mit sich selbst ins Einvernehmen kommen, mit sich selbst eins werden, ist ein lebenslanger Prozess, der nie abgeschlossen ist. Wir sind immer tätig, unterwegs, und die seelische Arbeit fordert manchmal enorme Kraft, um das zu überwinden. Nicht ausreißen, sondern sich ins Einvernehmen setzen mit dem, was in meinem Gefühl, in meiner Seele, in meinem Herzen, in meinem Kopf vor sich geht.

Ich bin z. Zt. dabei, meine Bücher zu ordnen und zu sichten, zu lichten. In der letzten Woche ist mir ein Buch untergekommen, was ich mir vor mehr als 10 Jahren mal gekauft habe: Wer weiß, wozu es gut ist lautet der Titel dieses Buches, ein Bericht, den ein Schriftsteller zusammengetragen hat aus vielen Lebenserfahrungen. „Wer weiß, wozu es gut ist". Diese Erfahrung müssen wir manchmal auch machen oder dürfen sie machen, dass etwas, das wir als schlimm erfahren haben, wo wir nach 10 oder 20 oder mehr Jahren sagen können: Jetzt weiß ich, wozu es gut war, was ich damals durchgemacht habe, an dem Tag.

Zurück zu dem Gleichnis vom Unkraut und Weizen. Vor 2000 Jahren gab's in Palästina wenig Wald und daher auch wenig Brennholz. So haben die Menschen damals das Unkraut eingesammelt, wie es im Evangelium hieß, und zu Bündeln gemacht, um es im Winter zu verbrennen, sodass aus diesem Unkraut im Winter noch etwas Positives wurde, nämlich Brennmaterial. Das steckt hinter diesem Bild vom Unkraut, das auch noch eine andere Funktion haben kann.

Ich höre auf wie ich begonnen habe mit dem Wort von Fontane: Solange es geht, muss man Milde walten lassen, denn jeder kann sie brauchen.

Wir denken selten an das, was wir haben, aber immer nur an das, was uns fehlt.

A. Schopenhauer

Ein Koffer für die letzte Reise

Predigt vom 23.08.2020

Wenn es um das Thema Umziehen geht, da können ganz viele bestens mitreden, die schon häufig umgezogen sind. Was das bedeutet, und was das für eine Tiefenwirkung auf die Seele hat: etwas in Ordnung bringen, sich trennen, neu anfangen. Ebenso, wenn es um das Thema Koffer packen geht, was in Urlaubszeiten ganz aktuell ist, aber auch darüber hinaus, wenn es ums Umziehen geht. Da kann jeder sagen: Ja, immer wieder diese Entscheidung. Soll ich es behalten oder soll ich es loslassen? Brauche ich es noch oder kann ich es wegtun? Ständige Entscheidung.

Vor einigen Jahren hat ein Bestatter und Trauerbegleiter namens Fritz Roth eine Ausstellung inszeniert, diese hatte das Thema: „Einmal jenseits und zurück. Ein Koffer für die letzte Reise“. Er hat hundert Menschen angeschrieben, sie möchten ihm doch den Koffer füllen, den er geschickt hat. Was würden Sie in diesen Koffer für die letzte Reise hineinlegen? Eine Aufgabe, die reizt, aber die gleichzeitig auch unsicher macht. Was soll das? Natürlich war es als Kunstwerk gedacht, weil dieser Bestatter an die tiefere Schicht des Themas heranwollte und diese interessierten Menschen gewissermaßen verlocken wollte, sich tiefer Gedanken zu machen; Was ist mir denn so wichtig, dass ich es auf die letzte Reise mitnehmen will. Einer hat geantwortet, indem er sein Handy in den Koffer gelegt hat. Er wollte damit ausdrücken, ich möchte zu den Liebsten, die ich habe, auch vom Himmel her Kontakt halten. Ein anderer hat vier Zettel in den Koffer gelegt, auf denen stehen vier Worte, nämlich: Liebe, nein, Entschuldigung, danke. Vier Worte, die wie Eisbergspitzen sind, und das Eigentliche, das mit diesen kurzen Worten verknüpft ist, eben etwas sehr Entscheidendes im Leben ist. Oder einer hat seinen Ehering in den Koffer gelegt. Diese ganze Aktion wollte nichts anderes als auch andere Menschen dazu zu bringen, diesen Impuls, diesen Anstoß anzunehmen, über ihr Leben nachzudenken: Was ist mir wirklich wertvoll und was ist mir wirklich wesentlich?

Ich habe mich das auch gefragt. Wenn ich etwas in den Koffer legen sollte, wäre das kein Gegenstand, nichts Materielles. Es wäre ein inneres Bild, das mich seit Jahrzehnten begleitet. Auf meinem elterlichen Hof in Westfalen stand in der Mitte des Hofes ein riesiger Lindenbaum, der tiefe Wurzeln hatte, einen dicken Stamm und ein ungeheuer reiches Blattwerk.

Wenn es im Sommer nachts ein Gewitter gab und es regnete und unter dieser Linde die Erntewagen standen, dann blieben sie vor dem Regen geschützt. So Schutz bietend war dieser Baum! Er hat mich in meiner Kindheit, in meiner Jugend, auch später über Jahrzehnte hin immer wieder begleitet. Er hing auch als Foto in meinem Zimmer.

Dieser Baum, er ist für mich so etwas wie eine Symbolpredigt, eine Bildpredigt, ein Sinnbild für das Leben, nein für mein Leben. Er hat mich immer wieder an das Wesentliche erinnert: Was sind denn deine Wurzeln und wofür bist du dankbar? Und er erinnert mich an den Stamm, der dick war. Das erinnert mich an die Frage, die sich in meinem Leben immer wieder stellt: Wofür stehst du? Wofür stehst du gerade? Was ist deine tiefste Überzeugung?

So wie Jesus heute im Evangelium (Mt 16,13-20) Petrus gefragt hat: Was ist deine tiefste, persönliche Überzeugung? Und Petrus: Du bist der, auf den mein ganzes Leben ausgerichtet ist, über den Tod hinaus. Dieses Bekenntnis wird erst durch Ostern, durch die Auferstehung aufgefüllt und hat von daher diese Kraft in Bezug auf die Entwicklung der Kirche durch die Jahrtausende. Insofern ist dieses Evangelium etwas so Zentrales.

Und dann das Blätterwerk, das schützt, das Schatten bietet, im tieferen Sinne, was im Leben Trost bietet, was Schutz und Hilfe ist, was Segen ist. Diese Gedanken, diese Bilder würde ich in diesen Koffer legen wollen.

Wenn man den Koffer packt – jetzt doch mal ganz konkret – stellt man nach der Reise fest: Ich hätte eigentlich viel weniger gebraucht. Meistens nimmt man zu viel mit, vieles, das man dann doch nicht braucht. Eine Erfahrung.

Jemand hat auf die Frage des Bestatters geantwortet: Ich lege nichts hinein in diesen Koffer, weil, wenn ich am Ziel ankomme, alles schon da ist. Ich muss nichts mitbringen.

Eine Aktion: Einmal jenseits und zurück. Ein Koffer für die letzte Reise, die auch uns inspirieren kann, über unser Leben neu und vertieft nachzudenken.

Gelebtes Leben

Predigt vom 11.10.2020

Wenn alles wieder in normalen Bahnen verläuft.

Diesen Satz habe ich in meinem Leben schon öfters gehört, bin ihm begegnet. Dass Menschen gesagt haben:
„Wenn erst mal alles wieder in normalen Bahnen verläuft.“ Und gleichzeitig spüren diese Menschen, spüren wir, spüre ich, wenn ich das sage: Wenn alles wieder in seinen normalen Bahnen verläuft, dass es doch nicht stimmt, dass das nie sein wird, weil das Leben Entwicklung ist, weil unser Leben Veränderung bedeutet. Wer sich nicht verändert, der erstarrt. Veränderung, Weiterentwicklung, das gehört zum Leben. Nur eins darf man nämlich nicht: starren in das Unglück – nicht in die Unzufriedenheit starren sondern, positiv gesagt, das Leben lernen. Man muss lernen, dass das Leben anders ist als festgelegte Schienen und Bahnen, aus denen man nicht mehr herauskommt und nicht mehr herauswill. Das Leben ist etwas Organisches, etwas, das mit Wachstum, mit Blühen, das mit Frucht bringen zu tun hat. Darauf kommt es im Leben an, und wenn man da zurückblickt, erkennt man, dass gerade die Nahtstelle, wo etwas passiert ist, eine Entscheidung gefallen ist, eine Katastrophe durchlebt ist, dass das ganz besondere Kardinalstellen der Biografie eines Menschen sind.

Winston Churchill hat einmal, rückblickend auf sein Leben, gesagt: „Alles in meinem Leben war Vorbereitung auf den Punkt, an dem ich jetzt angekommen bin", und das war der Punkt, als er im zweiten Weltkrieg die Leitung von Großbritannien übernommen hat. Alles, was vorher war an Krisen, an Prüfungen, an Auseinandersetzungen, alles war nur Vorbereitung auf diesen Punkt in meinem Leben, der der Höhepunkt war, an dem ich dermaßen gefragt war, Menschen zu retten, Leben zu retten, Frieden zu stiften wie kaum jemand sonst.

Alles nur Vorbereitung auf Höhepunkte. Vielleicht können wir dieses Wort auch auf uns übertragen und fragen, ob das bei uns auch so zutrifft, wenn wir uns unsere eigene Biografie anschauen.

Das, was wir eben im Evangelium (Mt 22,1-14) gehört haben, war eine grandiose und gleichzeitig auch entsetzliche Geschichte, eine Art Abriss vom Ablauf der Heilsgeschichte über Jahrtausende, in der Jesus, dieser grandiose Erzähler, in ein Bild gefasst hat, worauf es im Leben ankommt.

In dieser Geschichte war mehrfach die Rede von – das ist das eigentliche Thema dieses Evangelium – sich verweigern. Der eine hat sich einen Acker gekauft, der andere ging in seinen Laden. Sie sind ausgewichen, dem Eigentlichen ausgewichen, und das Eigentliche war die Einladung zu dieser Hochzeit.

Die Erzählung gipfelt in der kurzen Begegnung zwischen dem Gastgeber und dem letzten Gast, der kein Hochzeitsgewand trug. Da liegen die eigentliche Sinnspitze und der Kern dieses Evangeliums: die Frage nach dem hochzeitlichen Gewand, und das ist es, nach dem wir gefragt werden.

Wir kennen die Redensart „Kleider machen Leute“. Ich drehe dieses Wort an dieser Stelle um und sage: „Leute machen die Kleidung“, und mit Kleidung ist hier das Leben gemeint, nicht Textilien sondern das gelebte Leben. Das Evangelium meint mit dem gelebten Leben das Hören auf die Einladung, auf den Anruf Gottes, der an jeden ergeht – der an die Juden ergangen ist, an die Heiden und der, wie es mal im Evangelium heißt, an Böse und Gute ergangen ist. An alle Menschen ist eine Einladung ergangen.

Unser Leben ist die Antwort nach dem hochzeitlichen Gewand, nicht nach der Frage, welchen Dress wir uns zulegen, sondern wer wir sind durch unser gelebtes Leben. Dadurch, dass wir sagen können: Ich habe mich dem Leben nicht verweigert, ich habe mich den Anforderungen meiner Familie, meines Berufes, meiner Berufung nicht verweigert.

Sich verweigern – ein Thema, das jeden Menschen, so oder so, tangiert und sich fragen lässt:

Wozu bin ich eingeladen?

Ungeteilte Hingabe

Predigt vom 1.11.2020

Heute vor genau 14 Tagen um diese Stunde war ich nicht in der Kirche sondern habe vor dem Fernseher gesessen. Da wurde nämlich der Friedenspreis des deutschen Buchhandels verliehen an einen berühmten Wirtschaftsphilosophen und Denker aus Indien, Amartya Sen. Er selbst konnte bei dieser Feier in der Paulskirche in Frankfurt nicht dabei sein. Er war zugeschaltet aus Boston. Da war es morgens 4 Uhr. Er hat diese Zeremonie und diesen Lobpreis auf sein Lebenswerk – er wird in diesen Tagen 87 Jahre alt – entgegengenommen über die Distanz von so viel tausend Kilometern.

Dann ist es immer üblich, dass jemand die Laudatio auf diesen verdienten Menschen hält. Dieses Mal, in diesem Jahr war vorgesehen, dass unser Bundespräsident Steinmeier diese Laudatio halten sollte, aber er war in Quarantäne. Dann hat ein Schauspieler, Burkhart Klaußner, diese seine Rede vorgetragen. Sie war für mich in keiner Sekunde langweilig. Warum? Weil dieser Sprecher, dieser Schauspieler, sich so in diese Rede und in die Gedanken des Bundespräsidenten hinein – ich möchte fast sagen – meditiert hat, dass er sie sehr überzeugend und mit einer sympathischen Leidenschaft vorgetragen hat. Eine sympathische Leidenschaft bei diesem kleinen Werk des Vorlesens.

Wenn ich an Worte des Apostels Paulus denke, dann finde ich manchmal auch, dass die Worte, die er findet, von einer sympathischen und ungeheuer tiefen und ernsten Leidenschaft geprägt sind, dass diese Leidenschaft gewissermaßen die Unterfütterung des Inhaltes ist und dass man das, was er sagen will, noch besser versteht. Paulus, ein leidenschaftlicher Mensch. An ihm wird deutlich, dass Leidenschaft eine Gabe des Menschen ist, die er von Gott bekommen hat. Aber dass ein Mensch diese Gabe der Leidenschaft unterschiedlich einsetzen kann. Leidenschaft kann etwas Zerstörerisches haben. Das sieht man auch in der Biografie des Apostels Paulus. Sie kann aber auch zu der größten Veredelung von Gedanken wesentlich beitragen. Man spürt es.

Ich erinnere mich an eine Situation in St. Ludwig. Wir hatten einen Festgottesdienst, ich glaube, es war Jahresanfang und Empfang zum Neuen Jahr, und nach dem Gottesdienst war die halbe Gemeinde in der Turnhalle, und man stand da in kleinen Gruppen zusammen, wünschte sich ein gutes Neues Jahr. In der Gruppe, in der ich stand, sagte plötzlich ein Gottesdienstbesucher zu der Lektorin, die auch in diesem Kreis stand: „Sie haben den Paulusbrief so vorgelesen als hätten sie ihn selbst geschrieben.“ Ich habe dieser Lektorin dann später unter vier Augen gesagt, dass sie auf dieses Kompliment stolz sein kann und stolz sein darf.

Was ich damit sagen will: Man kann auch in Alltagssituationen, in Lebenssituationen, etwas tun mit einer besonderen Leidenschaft, sodass die Menschen es merken. Eine sympathische Leidenschaft, und die Leidenschaft ist so etwas wie ein Katalysator in der Seele, wie ein Verstärker oder – um ein anderes Bild zu gebrauchen – wie ein Gewürz, das den Inhalt erst schmackhaft macht.

Ich werfe jetzt den Blick auf ein kleines Wörtchen im Alten Testament, das häufiger auftaucht, wenn davon die Rede ist, dass ein Mensch integer ist wie Abraham. Dann heißt es: Er war ganz, er war echt vor Gott. Dieses kleine Wörtchen ‚ganz' taucht auch im Neuen Testament auf, wenn Jesus zu den Schriftgelehrten sagt: „Du sollst den Herrn, deinen Gott, lieben mit ganzem Herzen, mit ganzer Seele und mit all deinen Gedanken." In der neuen Übersetzung, die wir jetzt haben, da heißt es: „mit deinem ganzen Denken." Also, ganzes Herz, ganze Seele – und die Seele steht auch für das Unbewusste des Menschen – ganzer Verstand, ganzes Denken. Ein entscheidendes Wort, an dem Leidenschaft sich positiv ausdrücken kann.

Dieser Gedanke und diese Linie, die begegnen uns auch heute im Evangelium von den Seligpreisungen (Mt 5,1-12). Auch da gibt es eine winzige Veränderung in der Übersetzung, nämlich bei jener Übersetzung, über die Theologen schon oft gestritten haben, weil sie nicht genau wissen: Was soll das denn eigentlich heißen und haben es dann ins Moralische verkehrt, was es aber eigentlich nicht ist.

Es heißt dort: Selig, die – in der neuen Übersetzung – rein sind im Herzen. Die Seligpreisungen: selig, die Trauernden, die Frieden stiften, die Barmherzigkeit üben, das verstehen wir, aber: Selig, die rein sind im Herzen – früher hieß es: die reinen Herzens sind. Man hat das moralisch gesehen im Sinne von keusch, aber nach jüdisch – christlicher Tradition ist mit rein im Herzen etwas anderes gemeint. Damit ist die ungeteilte Hingabe gemeint. Damit ist gemeint die Hingabe ohne Hintergedanken, die Hingabe ohne Zwiespalt, die Hingabe ohne Zaghaftigkeit. Die Hingabe eines Menschen ist eigentlich der Weg, der zur Wahrheit, der zur Seligkeit führt. Hingabe.

Ich bin in der letzten Woche in meiner westfälischen Heimat gewesen und habe unter anderem meinen Neffen mit seiner Familie besucht, mit drei kleinen Jungen, und ich wurde Zeuge, wie der Jüngste auf dem Fußboden spielte und wie versunken war in ein einfaches Puzzle, mit dem er sich zu schaffen machte. Da dachte ich wieder: genau das ist es. Ein Kind hat von Natur aus diese Fähigkeit, sich hinzugeben, mit Hingabe etwas zu tun und dabei alle Welt, alle Zeit zu vergessen.

Hingabe, das meint diese Seligpreisung im heutigen Evangelium. Auf die kommt es an.

Ich möchte schließen mit einem ganz einfachen Gebet, das von dieser Hingabe durchtränkt ist, von der kleinen Therese von Lisieux, deren Fest wir Anfang

Oktober gefeiert haben. Sie hat immer wieder das Gebet gesprochen:

„Lieber Gott, lass mich Dich preisen mit dem Gesicht, das Du mir gegeben hast.“ Ein wunderschönes Gebet, das jeder von uns sprechen kann, sprechen könnte.

Lieber Gott, lass mich Dich preisen mit dem Gesicht, das Du mir gegeben hast. Das ist unsere Berufung zur Heiligkeit.

Eigentlich bin ich ganz anders,
aber ich komme so selten dazu.

Ö. v. Horvath

Vertage nicht dein Glück

Predigt vom 8.11.2020

In der vergangenen Woche waren im katholischen Heiligenkalender zwei Heilige verzeichnet, die sehr populär sind mit ihrem Namen: am Dienstag der hl. Hubert, der Bischof von Lüttich, der Patron der Schützen und Jäger, und am Mittwoch der hl. Karl Borromäus. Dieser Karl Borromäus war ein bedeutender Heiliger in der Reformationszeit. Er hat das Konzil von Trient wesentlich mitgestaltet und die Umsetzung der Beschlüsse dieses Konzils vorangetrieben. Er ist schon mit 46 Jahren gestorben, und in seiner Biografie heißt es, dass er ein unermüdlicher Seelsorger und ein unermüdlicher Beter war. Die Geschichte, nicht die Legende sondern die wahre Geschichte erzählt von ihm, dass er einmal gefragt wurde, was er tun würde, wenn er wüsste, dass er in einer Stunde sterben würde. Darauf hat Karl Borromäus geantwortet: „Ich würde das, was ich jetzt tue, besonders gut tun." Diese Antwort ist eindrucksvoll, weil sie etwas von seiner wahren Persönlichkeit aufleuchten lässt. Ein Mann, der ganz in der Gegenwart lebt. Ein Mann, der keine Versäumnisse in seinem Leben zu befürchten hätte, sondern der ganz in dem ist, was er jeweils tut. Mit anderen Worten: er hat die Angst überwunden, die Angst, die Zeit vollstopfen zu müssen mit allen möglichen Dingen, die er eigentlich noch tun müsste. Nein, er lebte präsent. Er ist –

mit anderen Worten – in seinem Leben bei sich angekommen. Er steht nicht mehr unter der Tür seines Wesens, ausspähend nach dem Wunder, das von außen kommend ihn beglücken müsste.

Angekommen, bei sich.

Ich erinnere mich – es ist jetzt schon einige Jahre her – an ein Taufgespräch in unserer Gemeinde. Der Vater, inzwischen Vater von drei Kindern, kam mit seiner Frau und der Familie zum Gespräch. Wir sprachen miteinander nicht nur über äußere Dinge sondern auch über Wesentliches. Er sagte dann sehr bescheiden, aber sehr überzeugend für mich: „Jetzt mit 39 Jahren bin ich in meinem Leben richtig angekommen." Das hat mir imponiert, wenn jemand so etwas von sich sagen kann: Ich bin angekommen in meinem Leben. Ich lebe jetzt. Ich bin mit meinen Gedanken nicht ständig in der Zukunft, wie alles werden müsste, könnte, sollte, und ich bin mit meinen Gedanken auch nicht ständig in dem, was war, was gewesen ist, was nicht mehr zu ändern ist, was jetzt so ist, wie es ist. Ich bin präsent.

Es ist erstaunlich, wie oft im Neuen Testament und auch im Alten Testament die beiden kleinen Worte vorkommen: heute und jetzt. „Heute", hört Zachäus von Jesus, „heute will ich bei dir zu Gast sein", nicht übermorgen, nicht im Laufe der Woche. Heute. „Heute", sagen die Engel, „ ist der Heiland geboren." „Heute bist du bei mir im Paradies", darf der Schächer am Kreuz hören.

Paulus greift das in seinen Briefen immer wieder auf und spricht von dem Jetzt: „Jetzt ist die Zeit der Gnade. Jetzt ist die Stunde da.“

Im Jetzt leben, nicht in der Zukunft, nicht in der Vergangenheit. Jetzt, die wichtigste Zeit in unserem Leben.

Das Wort Öl im Evangelium (Mt 25,1-13), dieses Wort ist ein Symbolwort. In der Geschichte ist natürlich das reale Öl gemeint, aber im tieferen Sinne ist dieses Gleichnis von den zehn Jungfrauen symbolisch zu betrachten. Öl ist ein Symbol, z.B. für Geduld, Geduld mitnehmen oder Liebe mitnehmen oder Leidenschaft mitnehmen oder Zufriedenheit mitnehmen. Alles Symbolworte für das Bildwort Öl.

Am Gründonnerstag dieses Jahres ist – ich glaube, ich habe es schon einmal erzählt – ein Freund von mir gestorben an Corona, ziemlich plötzlich. Zu meinem Namenstag am 19. März hatte er mir noch bei guter Gesundheit ein Buch geschenkt. Dieses Buch halte ich jetzt in besonderen Ehren, weil es das letzte Buch war in seinem Leben, das er mir geschenkt hat – fast wie ein Vermächtnis. Dieses Buch hat den Titel: „Vertage nicht dein Glück. Ändere dein Leben“.

Vertage nicht dein Glück. Verändere dein Leben. Das ist genau die Botschaft des Gleichnisses von den zehn Jungfrauen, das wir heute gehört haben, das für diesen Sonntag vorgesehen ist. Nicht aufschieben und nicht ausleihen. Das sind die beiden Schlüsselwörter dieses Evangeliums. Nicht aufschieben, so wie es die törichten Jungfrauen getan haben und dann vor der Pleite stehen, und nicht ausleihen, denn die Dinge, um die es wirklich im Leben geht, die kann man sich nicht von anderen leihen. Die muss man selbst in sich wachsen lassen, nämlich Geduld, Liebe, das eigene Wesen, die Beziehungen, was auch immer. Vertage nicht dein Glück, ändere dein Leben. So sagt es uns Matthäus in diesem Gleichnis.

Das Leben ist eine langatmige Angelegenheit
und Geduld die stärkste aller Waffen.

P. Bamm

Das Talent deines Lebens

Predigt vom 15.11.2020

„Wer das erste Knopfloch verfehlt, der kommt mit dem ganzen Zuknöpfen nicht zurande.“

(Johann Wolfgang von Goethe)

Wer das erste Knopfloch nicht findet, kommt mit dem ganzen Zuknöpfen nicht zurecht. Das ist bei Textilien so, beim Zuknöpfen eines Hemdes oder des Mantels, aber nicht nur beim Umgang mit Textilien sondern auch mit Texten.

Mit einem solchen Text, den wir gerade gehört haben (Mt 25,14-30). Das erste Knopfloch. Was ist in diesem Evangelium das Entscheidende, meinetwegen auch das erste Knopfloch? Darauf möchte ich heute den Scheinwerfer der Aufmerksamkeit richten, nämlich der dritte Diener. Das ist die entscheidende Gestalt in der Botschaft dieses Evangeliums. Der dritte Diener, von dem wir gehört haben, was er getan hat, bzw. was er nicht getan hat. Im Umfeld dieses dritten Dieners haben wir die Worte vielleicht noch im Ohr, die der entscheidende Schlüssel sind zu dem eigentlichen Thema dieses Evangeliums, nämlich: weil ich Angst hatte.

Hier in diesen wenigen Worten wird etwas formuliert, das wir Menschen, das viele Menschen aus ihrem Leben kennen, Angst haben. Wer hätte noch nie Angst gehabt? Aber diese Angst bei dem dritten Diener ist so groß, dass er am Leben vorbeilebt, dass er seine

Lebensaufgabe verweigert. Es geht in dem Evangelium um die Sünde der Selbstverweigerung.

Und es geht bei den Talenten nicht nur um irgendwelche Fertigkeiten, die ich in die Wiege gelegt bekommen habe oder auch nicht – der eine diese, der andere jene, sondern es geht um etwas Tieferes, um das eigene Leben. Das ist das Talent, das jeder Mensch bekommen hat. Der Herr, der diese Talente verteilt, sagt am Anfang: „Ich habe Vertrauen zu dir. Ich traue dir etwas zu." Das ist die Botschaft dieses Evangeliums.

Gott traut jedem von uns etwas zu, nicht nur etwas, sondern dass er sein Leben gewinnt, dass er am Ende nicht sagen muss: Ich habe nichts gemacht. Ich bin steril geworden, ich habe das Talent in der Erde vergraben, sondern irgendetwas habe ich damit gemacht. Die anderen Zahlen, die im Evangelium eine Rolle spielen, die wollen nur sagen: Jeder und jede hat sein/ihr Talent bekommen. Derjenige, der fünf Talente bekommen hat, der kann in der Antwort seines Lebens auch mehr bringen als der, der nur drei oder zwei Talente erhalten hat. Der, der nur zwei bekommen hat, der wird nachher nicht geprüft: Warum hast du nicht mehr gemacht, sondern es gibt an jeden Menschen die individuelle Botschaft: Was machst du aus deinem Leben? Verweigerst du dich im Großen und im Kleinen oder machst du etwas mit dem Talent, das dein Leben ist?

Ich traue dir etwas zu. In dem Evangelium steht der Satz: „Der Herr blieb lange weg." Mit dieser

Formulierung, mit diesem Ausdruck ist gemeint: Jetzt bist du dran. Der Vater ist weg oder die Mutter ist weg oder der Auftraggeber ist weg. Du musst dein Leben in die Hand nehmen. Und dafür hast du Zeit, bekommst du Zeit und kannst aus dem Leben, aus dem Talent deines Lebens etwas machen. Es ist dein Leben, ein individuelles, das einmalig ist, und die Kräfte, die du hast, hast nur du, und die Intelligenz und die Fertigkeit hast nur du. Niemand ist die Dublette eines anderen, sondern ich bin ich und ich darf ich sein. Gott traut mir zu, dass ich mit diesem Talent, das ich bin, etwas mache.

Eine Frau, die in der Politik tätig ist, in der großen Politik, sie wurde einmal von dem Redakteur einer Zeitschrift gefragt, wie das mit ihrem Leben als Politikerin ist, wie sie ihr Leben erlebt – mehr als Ohnmacht oder mehr als Macht. Darauf hat sie geantwortet: Weder noch, sondern als ständige Herausforderung, anstehende Probleme zu lösen. Und: Zeitknappheit. Diese Antwort ist geerdet aus der Erfahrung eines erwachsenen Menschen, der in Kontakt mit seinem Talent gewesen ist und der sagen kann: Ich erlebe weder noch, weder Ohnmacht noch Macht. Mit anderen Worten: Ich bin nicht ohnmächtig und ich bin nicht allmächtig.

Das ist ein Wort für jeden von uns, das wir uns in allen Situationen sagen könnten: Ich bin nicht allmächtig, d. h. ich darf bescheiden sein und realistisch und ehrlich. Ich muss nicht ein Idealbild von mir verfolgen, sondern ich tue das, was ich kann. Ich bin nicht allmächtig. Und – ich bin aber auch nicht ohnmächtig.

Etwas kann ich in meiner Situation immer machen, vielleicht nicht das Beste, aber ich kann etwas machen.

Der zweite Satz in dieser Antwort: die ständige Herausforderung, Probleme zu lösen. Auch das kann eigentlich jeder von uns, wenn er auf sein Leben schaut, auf die Bewältigung des Alltags und auf die Bewältigung einer Krise, in der er vielleicht steckt, anwenden. Ständige Herausforderung, Probleme meines Lebens zu lösen und mich nicht zu verweigern. Die Sünde der Selbstverweigerung, das ist das Tiefenthema dieses Evangeliums. Die Sünde der Selbstverweigerung aus Angst, aus Ängstlichkeit.

Und dann zwischen den Zeilen dieses Evangeliums die Worte hören: Ich traue dir zu, dass du das kannst. Das spricht Gott zu jedem von uns.

Die Sakramente, die wir im Rahmen der Kirche, im Rahmen unseres Lebens empfangen, sie sind so etwas wie Symbolhandlungen dieses Vertrauens, das Gott uns schenkt. Ich bin getauft, das bedeutet: Gott spricht zu mir: Ich vertraue dir. Ich traue dir zu, dass du dein Leben lebst. Die Firmung – Gott spricht: Ich traue dir zu, dass du firm, d. h. fest und stark sein kannst und dich nicht von der Angst oder der Ängstlichkeit überwältigen lässt.

Das Sakrament der Eucharistie – Ich schenke dir mein Vertrauen, indem ich mich in deine Hand begebe, bei der Kommunion. Zeichen des Vertrauens von Seiten Gottes an jeden, der kommuniziert. So könnte ich auch die anderen Sakramente weiter durchsprechen als Symbolhandlungen des Vertrauens, des Wortes, das Gott für jeden von uns hat. Ich traue dir das zu.

Liebe Schwestern und liebe Brüder! Dieses Evangelium will uns nicht nur wach machen sondern will uns Kraft geben, dass wir die Herausforderungen unseres Lebens, unseres Alltags, in denen wir z. Zt. stehen, dass wir diese mutig angehen, dass wir das, was zu tun ist, nicht vor uns herschieben, aufschieben sondern jetzt anpacken – in dieser Woche, die vor mir liegt, in den nächsten Wochen, in denen ich das und das bewältigen muss. Mit dem Rückenwind dieses Vertrauens, finde ich, lässt sich gut leben. Das bedeutet: aus dem Talent, das mir geschenkt ist, aus meinem Leben, das Beste, das mir möglich ist, zu tun.

Wie wollen wir leben

Predigt von 22.11.2020

In den vergangenen 14 Jahren habe ich mit einer gewissen Regelmäßigkeit und nahezu Treue eine Fernsehsendung verfolgt, nämlich die Themenwoche. Seit 14 Jahren gib es diese Institution von der ARD, und immer eine Station richtet dieses Thema Ende November aus.

In diesem Jahr – gestern ging diese Themenwoche zu Ende – stand sie unter dem Thema: Wie wollen wir leben? Zwischen Nachhaltigkeit und Corona. Wie wollen wir leben? Eine Frage, die eigentlich jeden betrifft und über die sich jeder Gedanken macht oder machen kann. Wie wollen wir leben? Jedes dieser vier kleinen Worte – wie wollen wir leben – ist wie eine Eisbergspitze, bei der 1/10 über Wasser und 9/10 unter Wasser ist. Durch Corona ist ein neues Wir entstanden auf der ganzen Welt und es tangiert und berührt alle. Gleichzeitig damit verbunden ist eine Distanzierung, ein wachsendes Sich-distanzieren-müssen voneinander. Wie wollen wir leben? Nicht: Wie sollen wir leben, sondern: Wie wollen wir leben? Darin drückt sich aus: der Wille des Menschen spielt manchmal so eine große Rolle in den kleinen und großen Entscheidungen, die wir im Alltag zu treffen haben. Was will ich eigentlich?

Und dann das Wort: Wie wollen wir leben? Nicht warum, sondern wie, praktisch. Wie kann das praktisch aussehen?

Dann das Stichwort leben, unser Leben, das Leben unseres Körpers und unserer Seele. Alles ist damit gemeint. Wie wollen wir leben? Dieses Thema kommt mir, kommt uns, kommt dem Leser dann noch etwas näher, wenn er vom Plural in den Singular geht, von der Mehrzahl in die Einzahl: Wie will ich leben? Über dieses Thema kann man lange nachdenken, man kann auch etwas tun. Ich bin so frei, Ihnen zwei kleine Dinge zu erzählen, die mich in den letzten Wochen beschäftigen oder die mir helfen, die für mich so eine kleine Antwort sind auf die Frage: Wie will ich leben? Ich habe auf meinem Schreibtisch das Foto einer Bahnhofsuhr liegen – so wie wir sie alle kennen – diese großen Uhren, die schnörkellos sind, nicht einmal mit Ziffern, sondern die mit dicken Strichen die Stundenzahl und mit kleineren die Minutenzahl anzeigen. Das Eigentliche dieses Fotos, das auf meinem Schreibtisch liegt, ist, dass diese Bahnhofsuhr in der Mitte einen kleinen Punkt hat, aber keine Zeiger, weder den großen noch den kleinen.

Der Blick auf dieses Foto lässt mir immer wieder bewusst werden, wie viel Zeit ist mir geschenkt, und wie will ich mit meiner Zeit umgehen? Will ich in dem wachsen, was jemand mal genannt hat: Ich bin ein zeitreicher Mensch. Oder will in mir das Gefühl nicht weggehen: Ich bin ständig unter Druck, ich muss das noch, das noch, das noch, und das will gemacht werden und das muss erledigt werden. Der Blick auf dieses Foto auf meinem Schreibtisch hilft mir, etwas anders zu leben als gewöhnlich.

Ein zweiter Impuls, der mich begleitet, ist eine Zauberzahl, und die heißt: 80 zu 20. Die berührt ein Thema, das mancher von uns auch kennt, nämlich den Wunsch oder gar die Sucht nach Perfektion. Es muss alles, was ich mache, perfekt sein. Ich will ja keine Kritik erfahren. Es muss gut funktionieren. Perfekt sein. Diese Zauberformel will jedem, der mit dem Thema Perfektionismus zu kämpfen hat, nahelegen: Es muss doch nicht alles perfekt sein. Wir sind doch Menschen, keine Roboter, keine Maschinen. 20 Prozent, die möchte ich schon richtig gut machen, aber 80 Prozent dürfen befriedigend sein. So entlastet diese Zauberzahl ein wenig, um aus dem Hamsterrad der Perfektionierung herauszukommen.

Wie will ich leben? Wie wollen wir leben? Diese Frage hat natürlich auch therapeutische Dimensionen. Wie will ich leben? Das verändert auf lange Sicht mein Verhalten, mein Gesundheitsgefühl. Ich finde das Thema dieser Themenwoche auch noch sehr nahe am Evangelium, an der Art und Weise, wie Jesus mit diesem Thema umgeht. Therapeutisch. Er fragt z.B. einen Kranken: „Willst du gesund werden?“ Eigentlich – müsste man sagen – das ist doch eine dumme Frage. Natürlich will ein Kranker gesund werden, aber der, den Jesus fragt: Willst du gesund werden, da spricht er einen Menschen an, der schon 38 Jahre krank ist und darauf wartet, dass andere ihm helfen. Der sich, wie man sagen kann, an den Sekundärgewinn der Krankheit, nämlich dass andere sich um mich kümmern, dass andere etwas für mich tun, gewöhnt hat. Es fehlt ihm an der Entschiedenheit, herauskommen zu wollen. Er pendelt immer zwischen: eigentlich möchte ich, aber im Grunde will ich ja gar nicht. Auch ein Gesichtspunkt, der uns beschäftigen kann. Wie will ich sein? Wo möchte ich entschiedener sein und wo möchte ich weniger entschieden ein?

Liebe Schwestern und liebe Brüder! Ich möchte schließen mit Nietzsche, der fragt: „Wie lernt man fliegen?“ Er antwortet: „Wer einst fliegen lernen will, muss erst stehen und gehen und laufen und klettern und tanzen lernen. Man erfliegt das Fliegen nicht.“. Aber man kann es erlernen, wenn man stufenweise weitergeht und nicht stehenbleibt.

So ist auch das Thema dieser Themenwoche gemeint: Wie wollen wir leben? Eine Frage, mit der man nie fertig ist, sondern die bleibt. Eine ganz kurze Antwort, auf diese Frage: Wie will ich leben, wie wollen wir leben, könnte z. B. lauten: vertieft. Ich möchte vertieft leben.

Der adventliche Mensch

Predigt vom 29.11.2020

Jeder von uns hat am Morgen, wenn er aufgestanden ist, so seine bestimmten Rituale. Zu diesen Ritualen gehört bei mir z.B., dass ich morgens, während ich mich anziehe, den Deutschlandfunk höre, weil er so klar, ohne Werbung gute Informationen bietet. Zwischendrin kommt dann – so kurz nach halb 7 – die Morgenandacht. In der letzten Woche war es ein Pfarrer aus Kiel, der diese Morgenandacht gesprochen hat, und immer wieder tauchte in seinen Gedanken das Wort auf: der adventliche Mensch. Ich weiß nicht mehr, was er im Einzelnen gesagt hat, jedenfalls hat es mich inspiriert, mich zu fragen: der adventliche Mensch, wie sieht er aus, woran erkennt man ihn? Was tut ein adventlicher Mensch?

Eine erste Antwort, die ich geben möchte, ist, dass er zwei Dinge bedenkt, die mit demselben Buchstaben anfangen wie das Wort Advent, nämlich anfangen und ankommen. Für uns ist der Advent jedes Jahr, aber jedes Jahr immer wieder neu, ein Anfang, ein Anfang in unserem Leben, nicht nur im Äußeren – Anfang des Kirchenjahres – sondern auch: wir nehmen uns am Anfang der Adventszeit mehr oder weniger etwas vor, und wenn es nur der Blick ist auf die nächsten Wochen. Wie sollen die nächsten Wochen bei mir aussehen? In welchem Geist, in welcher Spiritualität möchte ich in diesem Jahr den Advent leben? Anfangen. Anfangen mit der Vorbereitung auf Weihnachten, mit dem, was an Äußerem zu tun ist, was zu bedenken ist, von Geschenken angefangen bis dazu, die äußere und innere Ordnung herzustellen.

Ein adventlicher Mensch ist der, der anfängt.

Und das Zweite: ankommen. Das ist das Schöne an unserem christlichen Glauben, dass wir uns nicht, im tieferen Sinne, wie in einem Kreis befinden, wo es immer wieder dasselbe ist, wie z.B. bei einer Schallplatte mit einem Sprung, bei der die Nadel immer wieder auf die alte Stelle trifft, sondern dass unser Glaube sagt: es wird immer wieder etwas Neues sein, etwas Neues, was dich herausfordert, in deinem persönlichen Leben, in deinem Gebetsleben, in deiner Aktivität. Das Wort ankommen verschenkt auch Zuversicht, nicht eine Dauerschleife, in der wir uns befinden, eine Endlosschleife mit immer demselben, sondern uns ist verheißen durch die Worte des Evangeliums: wir können, wir dürfen ankommen. Darin liegen ein großer Trost und eine Entlastung.

Anfangen und ankommen.

Der adventliche Mensch. Der adventliche Mensch ist einer, in dem Hoffnung wächst, in dem Hoffnungskeime wachsen können. Was wären wir ohne Hoffnung? Was wäre ein Mensch ohne Hoffnung?

Ich erinnere mich an ein Buch, das ich vor vielen Jahren gelesen habe von dem Philosophen Ernst Bloch.

Es heißt: Das Prinzip Hoffnung. „Eine Kulturgeschichte und Philosophie der Hoffnung“. In diesem Buch von Ernst Bloch stehen diese Sätze über jeden Menschen: „Ich bin, aber ich habe mich noch nicht, deswegen werde ich erst.“ In diesen drei Sätzen ist in einfacher und doch sehr tiefer Sichtweise unser Leben auf den Punkt gebracht. Ich bin, mit dem, was ich geworden bin im Laufe der Jahre und Jahrzehnte. Und ich kann immer wieder sagen: ich habe mich noch nicht, darum werde ich erst. Wir sind, aber wir haben uns noch nicht, darum werden wir erst. Unser ganzes Leben – ein Prozess, ein Advent, der in tieferer Weise unser ganzes Leben bestimmt.

Mit dem Wort Hoffnung ist das Wort Erwartung verbunden und verknüpft. Wir wären keine lebendigen Menschen, wenn wir nicht Erwartungen hätten. Erwartungen sind gut. Erwartungen haben eine unglaubliche Kraft in uns, die uns vorwärts trägt. Man sagt sogar, dass ein Kind, das noch nicht geboren ist, noch im Mutterleib ist, dass das in seinem Unterbewusstsein eine unglaubliche Erwartung in sich trägt auf das, was durch die Geburt und nach der Geburt kommt.

Hoffnung. Erwartung. Erwartungen haben. Ganz wichtig.

Und noch einmal zurück zu dem Philosophen Ernst Bloch, der ziemlich alt geworden ist, 92 Jahre. Er wurde zu seinem 90. Geburtstag von einem Reporter gefragt – er konnte dort über sein ganzes Leben erzählen – wie er über das Leben jenseits der Schwelle des Todes denke. Darauf hat dieser alte, weise Philosoph gesagt: „Ich werde erwartet." Eine erstaunliche und gleichzeitig wunderschöne Antwort. Ich werde erwartet. Das ist die Botschaft, die uns dieser Advent neu bringen will, dass wir tiefer verstehen, was das bedeutet, in einer christlichen Erwartung leben zu können und leben zu dürfen.

Advent. Anfangen. Ankommen. Hoffnung. Erwartung.

Keine Angst vor sich selbst,
sondern seine Eigenart ausleben –
ganz, aber zum Guten.

D. Hammarskjöld

Fahrplanschuster

Predigt vom 3.1.2021

Immer wieder blättere ich mal in Werken des österreichischen Erzählers Peter Rosegger. Er hat eine große Einfachheit in seinen Aussagen, in seinen Erzählungen, in seinen Sentenzen. Eine Sentenz kennen Sie alle oder, sagen wir mal, ganz viele von Ihnen: „Gib der Seele einen Sonntag und dem Sonntag eine Seele."

Dieser Peter Rosegger hat keine Literatur studiert. Er kam aus einfachen Verhältnissen, aber er hat sein Talent entdeckt, seine Begabung. In späteren Jahrzehnten, als er schon ziemlich alt war, bekam er noch den Ehrendoktor verliehen für sein Lebenswerk. Das hat ihn unendlich gefreut. Ein Mensch hat seine Berufung gelebt und hat anderen Menschen vieles auf den Weg mitgegeben, wenn er z.B. gesagt hat: „Die Kinder sind die besten Lehrer der Menschheit." Dieser Satz klingt so einfach, hat aber eine unglaubliche Tiefe und eine Nähe zum Evangelium: „Wenn ihr nicht werdet wie die Kinder …" Kinder als Lehrmeister.

Und irgendwo passt alles zusammen, das Kind von Betlehem, das die Welt in ganz neuer Weise belehrt, was es mit dem Sinn des Lebens auf sich hat.

Peter Rosegger hat auch eine sehr schöne Erzählung geschrieben, eine kurze, der eine oder andere kennt sie vielleicht, vom Fahrplanschuster, der auf einem steiermärkischen Bergdorf lebt und Schuster geworden ist.

In seine Werkstatt kam nachmittags immer ein Junge, der ihm zuschaute. Dieser Fahrplanschuster hatte ein ganz besonderes Hobby, er war so etwas wie ein lebendiges Kursbuch für Österreich. Er kannte alle Eisenbahnverbindungen auswendig, auch zu den kleinsten Orten. Der Junge, der ihm zuschaute, machte sich dann ein Hobby daraus, ihn zu fragen: Wann fährt denn der Zug von da nach da? Das konnte er immer wieder erzählen, und es stimmte.

Dann geht die Erzählung so weiter, dass sich der Schuster und der Junge mit den Jahren oder Jahrzehnten aus den Augen verloren haben. Eines Tages treffen sie sich wieder. Sie stehen voreinander, und da sagt der Junge zu dem alt gewordenen Fahrplanschuster: „Kannst du die Verbindungen immer noch auswendig? Reist du immer noch so bescheiden?" Seine Antwort war: „Nein, jetzt reise ich selber." Diese Antwort hat nicht nur eine Oberfläche sondern auch eine Tiefendimension. Sie will etwas davon erzählen, dass jemand erst gegen Ende seines Lebens zu dem kommt, was er vorher immer schon als Übung, im Lateinischen als exercitium, praktiziert hat.

Nein, von jetzt an reise ich selbst. Die symbolische Aussage dieses kleinen Satzes ist, dass der Mensch immer weiter wachsen kann, und zwar weg von der Theorie, weg von der Tradition, was man so wissen muss, zur eigenen Praxis. Oder, in einem anderen Bild gesprochen, es geht darum, nicht nur immer wieder die Speisekarte des Lebens zu lesen, sondern selbst zu essen, sich selbst die Nahrung zuzuführen und dadurch stark zu werden. Hingelangen in seiner eigenen Lebensgeschichte, in seiner eigenen Lebensführung zu einer Form von Reife, die das möglich macht. Mit anderen Worten im Christlichen: vom rechnenden Bemühen zur freudigen Hingabe hinzureifen. Von der Pflicht zur Neigung. Das, was man ursprünglich aus Pflicht getan hat, später von innen heraus tun kann, und auf einmal spürt man: Das ist mir ja auf den Leib geschrieben. Das ist keine äußere Zumutung, sondern es deckt sich mit dem, was das menschliche Herz im Tiefsten will.

Jetzt reise ich selbst. Jetzt lese ich das Evangelium selbst. Jetzt praktiziere ich dieses oder jenes selbst und lese nicht nur darüber. Jetzt reise ich selbst. Jetzt gehe ich selbst. Um diesen Sprung geht es im tieferen Sinne bei dieser schönen Geschichte vom Fahrplanschuster.

Von jetzt an reise ich selbst.

Der innere Kompass

Predigt vom 10.01.2021

Dieses Evangelium (Mt 2,1-12) ist uns allen nicht fremd, nicht unbekannt. Wir haben es immer wieder im Jahr mal gehört, und doch, wenn man es wieder neu liest, kann man nicht anders als in ein Staunen kommen, ein Staunen über dieses Kunstwerk, über dieses literarische, theologische und psychologische Kunstwerk, das diese Erzählung von den hl. drei Königen darstellt. Man kann nur staunen, wie das zusammen komponiert ist, wie der Evangelist Matthäus das gemacht hat und welche Motive, welche Einzelheiten, welche Elemente in diesem Evangelium verflochten sind, die es zu so einem schönen Gebilde machen. Es klingt märchenhaft, aber es ist eben kein Märchen, sondern es erzählt von einer tieferen Wahrheit, letztlich von uns Menschen, von uns, die wir alle unterwegs sind, vielleicht nicht mit der Ausstattung wie es die hl. drei Könige waren. Erst nach Jahrhunderten haben sie den Titel der Könige bekommen, vielleicht auch deshalb, weil sie durch ihren Weg verwandelt worden sind: aus Weisen, Klugen wurden Könige. Das ist noch mehr.

Man kann so viele kleine Elemente in diesem Evangelium entdecken, so wie man auf einem großartigen Gemälde beispielsweise von Rembrandt oder von van Gogh entdecken kann, dass auf so einem Bild kein

Pinselstrich zu viel ist oder zu wenig, und dass die Einzelheiten auf einem Gemälde von diesen Künstlern so gestaltet sind, dass es den Eindruck macht: das ist vollkommen. So kommt mir dieses Evangelium auch vor, dass das ganze Leben der Menschen, von uns, vollkommen eingefangen ist.

Ich will jetzt aus der Vielzahl der Inspirationen, die in diesem Evangelium stecken, nur ganz wenig herausgreifen und einmal innehalten bei dem letzten Satz: „Sie zogen heim in ihr Land." Der Heimweg nach einer langen Expedition, die nicht frustrierend war sondern erfüllend. Nach Hause kommen, in die Heimat kommen, in die gewohnte Lebenswelt, die man irgendwann einmal aus Abenteuerlust und aus Kreativität verlassen hat und jetzt das Alte, die Heimat, neu sehen, erleben und entdecken kann.

Sie zogen heim in ihr Land. Und jetzt stelle ich mir vor, dass die drei Könige, diese drei Weisen, auf dem Heimweg nicht wie traurige Gestalten geschwiegen haben, am Boden zerstört wie die Emmausjünger im ersten Teil der Erzählung, sondern dass sie miteinander gesprochen haben. Was mögen sie sich gegenseitig gesagt haben? Vielleicht dieses: Wie gut, dass wir durchgehalten haben. Wie gut, dass wir den Mut nicht verloren haben, dass wir weitergegangen sind. Wie gut, auch wenn wir nicht wussten: Wo ist denn eigentlich das Ziel, wo wir hinwollen? Wie gut, dass wir ausgehalten haben, dass wir Geduld hatten, auch

Geduld mit uns selbst. Wenn drei Leute gemeinsam etwas unternehmen, gibt es auch Konflikte, da gibt es viel Energie – drei Leute können mehr als einer – aber da gibt es eben auch die negative Seite. Beides haben sie bestimmt auch auf ihrem Weg erlebt. Das ist zulässig für unsere menschliche Phantasie, um uns diesen Weg noch besser vorzustellen.

Wie gut, dass wir durchgehalten haben. Das ist ein Satz, der in enger Beziehung zu unserem Leben steht, von einem jeden von uns. Ich denke, das kann bei bestimmten Punkten oder Phasen oder Konflikten des Lebens jeder von uns und jede von uns sagen: Wie gut, dass ich nicht weggelaufen bin. Wie gut, dass ich nicht den Kopf in den Sand gesteckt habe. Wie gut, dass ich weitergegangen bin, auch wenn es schwer war.

Wir sind Könige unseres Lebensweges. Das ist das erste. Sie gingen heim in ihr Land mit diesem Gedanken: Gut, dass wir ausgehalten haben.

Vielleicht haben sie auch darüber gesprochen und gesagt: Wie gut, dass wir einen inneren Kompass bei uns hatten. Und das war unser Herz, nicht unser Verstand. Das war nicht ein Himmelskörper am Firmament, sondern das war ein Leitbild, ein Stern im tieferen Sinn, im symbolischen Sinn, das, was mich geleitet hat. Der innere Kompass hat mir gesagt: In diese Richtung musst du gehen. Wie gut, dass wir auf den inneren Kompass vertraut haben.

Zum inneren Kompass gehören auch die Träume. Wie gut, dass wir uns auf unsere Träume eingelassen haben, sonst wären wir vielleicht bei Herodes unter die Räder gekommen, wären umgekommen. Durch einen Traum wurden sie angeleitet, einen anderen Weg zu gehen.

Das gibt es ja auch bei uns, dass uns das Unbewusste, der Traum sagen kann: Nein, du musst in diese Richtung gehen, nicht in jene, die die Ratio, der Verstand nahelegt. Letztlich lass dich leiten durch dein Herz. Das ist entscheidend.

Worüber sprechen die hl. drei Könige auf dem Heimweg? Vielleicht auch – und damit will ich mit einem weiteren Punkt schließen – dass sie erfahren haben: Erwartungen können tödlich sein. Die hl. drei Könige hatten zwar Erwartungen, aber diese Erwartungen waren für sie nicht tödlich, sonst hätten sie das Kind von Betlehem in einer massiven Burg oder in einem Schloss gesucht, und dieses Schloss hätten sie in Betlehem nicht gefunden. Sie haben das Kind in einem Haus, wie es in der Erzählung heißt, in einem normalen Haus gefunden, und dieses Haus haben sie betreten. Sie haben sich nicht durch die Erwartungen in falsche Bahnen lenken lassen.

Das ist in unserem Leben manchmal auch so, dass wir enttäuscht sind, weil Erwartungen, die wir haben, tödlich sein können. Vielleicht haben sie sich auf ihrem Weg in ihre Heimat noch über viel mehr ausgetauscht, auf dem Weg in die Welt, in der sie zuhause sind.

Dieses immer wieder an den alten Ort zurückkehren, das taucht in der Weihnachtsgeschichte verschiedentlich auf: Die Hirten gehen wieder zurück zu ihren Schafen, aber anders. Die Könige gehen ebenfalls anders als sie aufgebrochen sind. So ist das – finde ich – auch manchmal in unser aller Leben zu entdecken: Wir kehren zurück, aber anders und, Gott sei Dank, anders und können nicht genug dankbar dafür sein, dass es anders gekommen ist.

Wir sind. Aber wir haben uns noch nicht.
Darum werden wir erst.

E. Bloch

Wirklichkeitsgehorsam

Predigt vom 14.2.2021

Es gibt einen Sprecher im Fernsehen in der Tagesschau, der seine Sendungen manchmal oder öfter mit dem Wunsch beschließt: „Bleiben Sie zuversichtlich!“ Ein Wort, das man gern hört: Bleiben Sie zuversichtlich!

Das Thema Zuversicht ist im Laufe der Zeit, der letzten Monate gewachsen. Zuversicht, die brauchen wir, so wie wir Hoffnung brauchen.

„Die Kraft der Zuversicht“ ist ein längerer Artikel überschrieben, auf den mich in der letzten Woche jemand aufmerksam gemacht hat, ein Artikel über: „Im Dunklen das Licht sehen.“ Am Anfang dieses Artikels steht eine Collage, ein großes Quadrat, fast so groß wie die ganze Seite, dunkelblau bis schwarz, und in der Mitte die Konturen eines Schlüssellochs, sodass man hinschaut, und wenn man durch das Schlüsselloch guckt, sieht man den blauen Himmel und weiße Wolken.

Im Dunklen Licht sehen. Darum ging es diesem Autor, und er hat eine ganze Reihe von Zeitgenossen befragt, wie sie mit der Zuversicht, mit dem Dunkel in ihrem Leben, in der Gesellschaft, in unserer Situation heute fertig werden. Unglaublich, welch abenteuerliche Schritte einzelne vollziehen, um sich die Zuversicht zu erhalten. Unter anderem erzählt er von einer Ordensschwester, einer Dominikanerin in der

Nähe von Koblenz, die ihm gesagt hat: Für mich ist ein Wort zu einer Art Zauberwort geworden, ein Wort, das vielleicht von ihr selbst stammt oder von einem anderen, jedenfalls nicht ganz gewöhnlich ist. Dieses Wort heißt: wirklichkeitsgehorsam – als Eigenschaftswort. Wenn man das liest und hört, fängt man an nachzudenken.

Wirklichkeitsgehorsam. Was mag das bedeuten? Diese Schwester, diese Dominikanerin, Schwester Ursula, erklärt es selbst, dass sie es fast wie ein Gebet verinnerlicht hat. Wirklichkeitsgehorsam will ich leben. Das bedeutet für sie, zu wissen, das, was falsch ist, ist falsch. Wirklichkeitsgehorsam bedeutet, nicht fatalistisch zu werden sondern zu sehen, dass in einer Katastrophe, dass in einer unguten Situation, einem schlechten Erlebnis, dass darin, in der Krise, eine Kraft enthalten ist, an die der Mensch nicht gekommen wäre, wenn er nicht in diese tiefe Krise geraten wäre. Krise sozusagen als Ressource der Kraft, die in uns ist, die normalerweise aber, wenn das Leben so locker dahingeht, brach liegt und einzelne Menschen gar nicht durch das Einerlei des Alltags an ihre eigentliche Kraft kommen. Wenn dann eine ganz wuchtige Krise kommt, dann kann es sein, dass der Mensch die Kräfte, die in ihm geschlummert haben, entdeckt und dass sie ihm helfen.

Ich möchte das mal in ein Bild fassen. Wenn ich an einen Menschen denke, der in einem Schwimmbecken ist oder in einem See, und er spürt, dass er untergeht, die Angst immer größer wird, auch wenn er schwimmen kann, wenn dann die Situation eintritt, dass er in diesem See oder in dem Schwimmbad so tief eingetaucht ist, dass er mit seiner Fußspitze den Boden berührt, und dann – fast wie ein Automatismus – eine neue Kraft entsteht und er sich mit dem Fuß nach oben abstößt. Das Erlebnis dieser Kraft hat er bis dahin noch nicht gehabt, aber jetzt.

Auch das verbindet sich mit dem Wort: Wirklichkeitsgehorsam. Die Wirklichkeit annehmen, akzeptieren wie sie ist und nicht den Kopf in den Sand stecken, sondern bedacht sein auf die Kräfte, die in einem sind.

Shakespeare hat das, wie manches andere, auf den Punkt zugespitzt, wenn er sagt: „Das Schicksal liegt nicht in der Hand des Zufalls. Es liegt in deiner Hand. Du sollst nicht darauf warten. Du sollst es bezwingen.“ Ein Wort, das Mut macht und das zuspitzt, damit man versteht: Es ist nicht Zufall. Es hängt ganz viel an dir, an deinem Engagement, an deiner Kraft, auf die du dich einlassen darfst und musst. Du sollst es bezwingen. Auch das ist wirklichkeitsgehorsam.

Diesen Wirklichkeitsgehorsam gibt es in kleiner Münze, im Alltag, indem man sich sagt: Darüber ärgere ich mich jetzt nicht mehr. Das ist es nicht wert. Oder auch in großer Münze, wenn es darum geht, in etwas hineinzugehen, was einem zunächst absolut zuwider ist, was sich über eine ganze Lebensphase erstrecken kann oder über das ganze Leben.

Das hat Wilhelm Raabe so ausgedrückt: „Es gibt Dinge, Verhältnisse, Zustände, Berufsarten, gegen die der Mensch sich mit Händen und Füßen wehrt, wenn er hineingerät, und die er nachher ganz und gar für sich zugeschnitten findet, wenn er endlich drinsteht." Von diesem inneren Prozess, den Wilhelm Raabe hier beschreibt, ich glaube, davon kann jeder von uns etwas erzählen.

Wirklichkeitsgehorsam. Mit diesem Wort können wir uns anfreunden. Es macht Mut, und es gibt Zuversicht, und vor allen Dingen – so wie es der Ordensschwester geholfen hat und weiterhin hilft – hilft es vielen.

Es hilft auch mir.

Ein schöner Moment

Predigt vom 28.2.2021

Ich habe gestern Morgen im Deutschlandfunk die Morgenandacht gehört, und der Pfarrer aus Weimar, Timo Gothe, erzählte von einem Erlebnis, von einem schönen Moment in seinem Leben, an diesem Samstagmorgen. Er hatte es übernommen, am Samstag die Kirche zu öffnen. Montags bis freitags machte das der Küster oder die Sekretärin. Am Samstagmorgen war er dran. Morgens, Stille, er allein in der Kirche, und dann holt er sich das große Schild KIRCHE GEÖFFNET und hängt es draußen vor die Tür. Kirche geöffnet, den ganzen Tag.

Das ist, sagte er, für ihn einer der schönsten Momente in der Woche, dieses Schild nach draußen zu bringen: Kirche ist offen. So ist es hier bei uns, so ist es in Weimar, so soll es sein. Offene Kirche – immer, in Zeiten, wo es den Menschen gut geht und in Zeiten, die etwas ganz Besonderes an sich haben wie jetzt unsere Zeit. Offene Kirche, das ist ein Thema.

Unser Thema jetzt, mein Thema jetzt ist etwas anders, nämlich es ist die Frage nach dem schönen Moment, und dieser Frage, ein schöner Moment in meinem Leben, in unserem Leben, der möchte ich ein wenig nachgehen und orientiere mich dabei an einem Motto, das von dem österreichischen Dramatiker Franz Grillparzer stammt.

Dieses Wort heißt:

„Monde und Jahre vergehen, aber ein schöner Moment leuchtet das Leben hindurch." Bei dieser Formulierung kommt es auf jedes Wort, auf jeden Ausdruck an. Leuchtet das Leben hindurch. Ein schöner Moment. Ich bin sicher, dass jeder und jede von uns solche Momente – vielleicht weniger zahlreich oder doch öfter mal – in seinem Leben erkennt und erfahren hat, und das können ganz hautnahe Dinge sein, die das eigene Leben, die eigene Seele, die psychische Verfassung betreffen. Wenn, um ein Beispiel von mir zu nennen, ich zum Hautarzt gehe, der mich untersucht und dann nur sagt: „Absolut harmlos." Ein schöner Moment, das zu hören. Es hätte auch anders lauten können. Oder wenn der Arzt jemandem sagt: „Es ist kein Krebs." Oder jemand hat sich auf eine schwere Prüfung vorbereitet, und der Prüfer sagt dann zum Schluss: „Bestanden." Ein schöner Moment. Und – wie gesagt – manchmal leuchtet er das Leben hindurch. So ein schöner Moment in unserem Leben.

Und so wie es schöne Momente gibt, in verschiedener Graduierung, so gibt es aber auch schlimme Momente, einen schlimmen Moment. Von solch einem schlimmen Moment erzählt uns der Theologe und Seelsorger Heinrich Spaemann. Er hat geschrieben:

„In einem Haus, in dem Behinderte und Gesunde gemeinsam leben, einem Haus der Arche, kam ein Diebstahl vor. Einer hatte sein Erspartes, einen nicht unerheblichen Betrag, in seinem Kleid verwahrt. Es wurde ihm entwendet. Die Folge: es entstand ein bestimmter Verdacht. Man erwog das Hinzuziehen der Kriminalpolizei. Argwöhnische Gedanken, die sich bald auf diesen, bald auf jenen richteten, nisteten sich in die Atmosphäre ein. Wie ein Sauerteig des Bösen, der sich mit erstaunlicher Schnelligkeit entwickelte. Ein Schaden begann sich auszuwachsen, der keine Proportion mehr hatte zu der materiellen Einbuße, die auf dem Spiel stand.

Am dritten Morgen lag der Betrag in einem Kuvert mit verstellter Handschrift auf dem Tisch des Verantwortlichen. Durch einen Zufall stellte sich später heraus, dass es nicht der Dieb sondern ein Armer aus der Hausgemeinschaft gewesen war, der seinerseits wohl sein ganzes Erspartes hergegeben hatte, damit nur die Luft wieder rein würde.

Ein Diebstahl kam in dieser Hausgemeinschaft nicht wieder vor. Wer den Betrag entwendet hatte, interessierte fortan auch niemanden mehr."

Ein schlimmer Moment, den Heinrich Spaemann hier in dieser Hausgemeinschaft beschreibt. Ein schlimmer Moment, der sich dann vergrößert, um sich greift und die ganze Atmosphäre vergiftet. Und es gibt ja nichts Schlimmeres in einer Gemeinschaft als eine vergiftete Atmosphäre und wenn keiner mehr dem anderen traut. Ein schlimmer Moment.

Und dann in dieser Situation, in dieser Geschichte, die passiert ist, dass da ein Armer sein ganzes Erspartes hinlegt, und wie dann alles anders wird und keiner mehr fragt: Wer war eigentlich der Dieb? Ein schöner

Moment für diese Gemeinschaft durch die Wende, die da eingetreten ist.

„Ein einziger Mensch kann den Himmel über einer Gruppe verdunkeln." Wie wahr ist dieses Wort. Es stammt nicht von mir, es stammt von Nietzsche. Ein einziger Mensch kann den Himmel über einer Gruppe verdunkeln. Und die andere Aussage ist auch wahr, und diese Geschichte erzählt davon: Ein einziger Mensch kann den Himmel über einer Gruppe aufhellen, kann eine Situation klären, kann eine neue Klarheit bringen. Ein schöner Moment.

So spüren wir, dass die Sensibilität für schlimme, aber ebenso für schöne Momente im Leben ganz wichtig ist, so wie Grillparzer sagt, dass diese leuchten, das Leben hindurch. Wenn Sie selbst in Ihre eigene Lebensgeschichte zurückblicken – man muss sich dafür ein wenig Zeit nehmen, entweder heute oder irgendwann – werden Sie feststellen, welche Kraft ein schöner Moment, den Sie vor einem, vor 10 oder vor 20 Jahren erlebt haben, wie er wirkt und wirken kann und wie das Gefühlsgedächtnis, das wir als Menschen haben und das noch besser funktioniert als das Verstandesgedächtnis, diesen schönen Moment speichert und uns aufbewahrt, damit er uns Kraft gibt und leuchtet durch das Leben hindurch.

Das Evangelium (Mk 9,2-10), das wir heute gehört haben, erzählt davon: Verklärung. Die Jünger sehen mehr, sehen besser, und sie spüren eine Kraft, aber wissen noch nicht genau, was das eigentlich ist: Auferstehung, Ostern, von den Toten auferstehen, aber durch diesen Moment auf dem Berg, durch dieses Gipfelerlebnis oder, ich könnte auch sagen, durch diese Sternstunde bekommen sie eine innere Gewissheit: Der Weg, den Jesus geht, ist der richtige. Dem müssen wir folgen. Und es ist nicht nur ein Weg nach oben auf den Berg sondern auch ein Weg, wieder herunter ins Tal, ins Tal der Mühseligkeiten, des mühseligen Alltags.

Aber die Kraft kommt uns zu durch einen schönen Moment. Schützen wir in unserem Gefühlsgedächtnis diese Momente. Das wird uns helfen und guttun.

Ordnung finden

Predigt vom 7.3.2021

Ich bin mit 11 Jahren aufs Gymnasium gekommen, in ein Internat, und wir hatten gleich von der ersten Klasse an, von der Sexta, Latein und zwei Jahre später dann Griechisch. Diese beiden Sprachen wurden meine Lieblingsfächer. In dieser Zeit ist mir wieder ein Wort begegnet, das einer unserer Erzieher uns immer wieder gesagt hat, auf Latein: Serva ordinem et ordo te servavit – auf Deutsch: Halte die Ordnung und die Ordnung wird dich halten.

Als Schüler haben wir damals die Tiefe oder die Tiefendimension dieser pädagogischen Anweisung überhaupt nicht verstanden. Es war immer wieder eine Ermahnung, manchmal sehr streng, Ordnung halten, aufgeräumt sein. Wir mussten unser Bett selbst machen, und alles musste ordentlich sein. Ordnung war in dieser Zeit des Internats ein ganz wichtiger, wenn auch kein angenehmer Wert für die meisten von uns.

Erst später, Jahre oder Jahrzehnte später kann ich sagen, ist mir dieses Wort wieder in den Sinn gekommen: Serva ordinem! Halte die Ordnung und die Ordnung wird dich halten. Je nachdem wie gefüllt dieses Wort Ordnung ist – und es kann ja sehr, sehr unterschiedlich sein, wie das Wort Ordnung gefüllt ist, ob es ein Wort ist, das man nicht gerne hört und das an Pedanterie erinnert oder an unangenehme Bestrafung, die Ordnung nicht gehalten zu haben im Straßenverkehr oder da und dort – kann es im Laufe der Zeit auch einen anderen Geschmack, einen anderen Klang bekommen. Diesen anderen Klang habe ich in besonderer Weise gespürt durch die Lektüre eines Satzes, in dem das Wort Ordnung vorkommt, aber in einem anderen Zusammenhang. Es ist der Satz eines Schweizer Autors, Ernst Aeppli, in einem Buch, das den Titel trägt: „Persönlichkeit. Vom Wesen des gereiften Menschen". In diesem Buch steht unter anderem, ziemlich hinten, folgender Satz: „Das gehört mit zu den größten Wirkungen der Persönlichkeit, dass man spürt, dass einer seine Ordnung gefunden hat."

Seine Ordnung gefunden haben. Ich persönlich unterscheide gern: es gibt eine statische Ordnung, die ziemlich betonfest ist und die immer so bleiben muss, die zu einer gewissen Starrheit werden kann, und es gibt dem gegenüber eine organische Ordnung, und der gehört meine Sympathie. Eine organische Ordnung, die nur für den spricht, der sie selbst praktiziert, und ihn zurechtfinden lässt in all dem, was er in seinem Leben tun, bewältigen, schaffen muss. Also ein organischer Ordnungsbegriff.

Wenn ich diese Ordnung einmal vergleiche mit einer Baumscheibe, wenn man die betrachtet, dann sieht man die Jahresringe, und diese Jahresringe sind nicht mit dem Lineal oder dem Zirkel entstanden, sondern sie sind gewachsen, organisch gewachsen. Jeder Jahresring ist wieder anders, und manchmal sind in den

Jahresringen auch Verwachsungen zu sehen, dass da ein Knorpel oder irgendetwas ist, das das Wachstum gestört hat und der Baum es trotzdem überwachsen hat.

Organische Ordnung, und um diese organische Ordnung geht es im Leben: in der ersten Lebenshälfte, wenn es darum geht, selbst die Ordnung seines Lebens zu finden, den Beruf, die richtige Spur. Was passt zu mir? Was ist mein Geschmack, was ist mein Wesen, wo fühle ich mich wohl? Welches ist der richtige, der gute Weg für mich? Das ist in der ersten Lebenshälfte eine abenteuerliche Aufgabe, sodass die Ordnung finden ein tiefer Lebensauftrag ist. Was ist meine Ordnung, in der das, was in mir als Knospe angelegt ist, wachsen, blühen und Frucht bringen kann. Wenn ich diese Ordnung gefunden habe, ist es nicht so, dass ich dann fertig bin. Um Gottes Willen! Nichts ist schlimmer als ein fertiger Mensch. In der zweiten Hälfte des Lebens kommt eine neue Aufgabe hinzu, wieder neu zu finden: Was ist denn jetzt, nach der Berufstätigkeit, meine Ordnung? Meine Ordnung finden in der zweiten Hälfte des Lebens. Ich weiß aus manchen Gesprächen, dass das oft für Menschen in der zweiten Lebenshälfte mit einer neuen, manchmal sogar tiefen Krise und Verunsicherung verbunden ist.

Die Ordnung finden, die mir auf den Leib geschrieben ist. Ich erinnere mich an ein Gespräch mit einem Mann, der sein drittes Kind zur Taufe anmeldete. Wir kamen in ein etwas längeres Gespräch. Er hat mir etwas von seinem Beruf erzählt, von seinem Werdegang –

er war jetzt so zwischen 35 und 40 Jahre alt – und sagte: „Jetzt habe ich das Gefühl, in meinem Leben angekommen zu sein.“ Das hat mir gefallen, dass jemand von innen heraus von sich sagen kann: Ich bin angekommen. Er ist angekommen in seiner Verantwortung dem Leben gegenüber, der Familie gegenüber, sich selbst gegenüber, aber diese organische Ordnung, die er gefunden hat, will weiterwachsen. Also, seine Ordnung finden bleibt die Lebensaufgabe eines jeden von uns.

Warum erzähle ich das? An dieser Stelle müsste ich, könnte ich eigentlich zwei, drei und mehr Predigten anschließen über das, was wir eben in der Lesung (Exodus 20,1-17) gehört haben, die zehn Gebote. Man darf sie nicht als Paragraphen verstehen sondern als eine viel tiefere Ordnung, die die Menschheit im Laufe ihrer Kulturgeschichte, der Geschichte des Volkes Israel, geschenkt bekommen hat. Die zehn Gebote sind so etwas wie ein Meilenstein in der Kulturgeschichte der Menschheit und können nicht hoch genug geschätzt werden. Durch das Lernen im Katechismus ist das manchen Menschen etwas verleidet worden, dass sie keinen positiven Zugang zu diesen zehn Geboten bekommen haben, sondern sie immer so etwas sind wie: Das darfst du nicht, das darfst du nicht, das darfst du nicht! In Wirklichkeit sind die zehn Gebote die zehn großen Freiheiten, die Gott der Menschheit geschenkt hat und wir dadurch die Tiefenordnung unseres Lebens besser verstehen können. Wir können sie als Geländer betrachten, als Markierungen, die uns helfen, zur Mitte, zur Fülle zu finden, zum persönlichen Wohlbefinden, zum persönlichen Glück.

Ich weiß nicht, ob Sie schon mal im GOTTESLOB geblättert haben, da stehen unter 601 die zehn Gebote als Gewissenserforschung, die dem Beter nahegelegt werden. Ich bin erstaunt – ich habe sie in der letzten Woche noch einmal so für mich gelesen. Man muss danach nicht gleich zur Beichte gehen, aber bekommt ein Gespür dafür: Was ist denn wirklich wertvoll, was ist wichtig? Was da z.B. in der Kommentierung der einzelnen Gebote zum 6. Gebot gesagt wird, das unterscheidet sich zu dem, was vor 40 Jahren dort gestanden hat, nahezu total. Da ist jetzt etwas Positives, etwas, das man verstehen, mitvollziehen kann und wo man sagen kann: Das ist zeitgemäß und das ist alltagstauglich.

Die Ordnungen des Lebens, wie sie sich kristallisiert haben in den zehn Geboten, sind so etwas. Wenn dann am Ende die Bewunderung für einen Menschen steht, von dem gesagt wird: Es gehört zu den größten Wirkungen der Persönlichkeit, dass man spürt, dass einer oder eine seine/ihre Ordnung gefunden hat. Wenn jemand seine Ordnung gefunden hat in einem lebenslangen Prozess, der nie aufhört, den kann man nur beglückwünschen.

Gelebte Eucharistie

Predigt vom 3.6.2021

Einen Heiligen möchte ich heute unbedingt nennen, an den wir denken, der viel mit der Gestaltung der Eucharistie, wie wir sie heute praktizieren, zu tun hat, nämlich Papst Johannes XXIII. 1963, als das Konzil, das er einberufen hatte, begann, ist er am 3. Juni gestorben. Dieser große, bescheidene, beliebte Papst, Papa bueno, wie die Italiener sagten. Der gute Papst. Er hat für die Kirche in der damaligen Zeit, vor rund 60 Jahren, viel bedeutet, und er bedeutet es noch heute, auch unter anderem durch die Art und Weise, wie wir heute Eucharistie feiern, im Gegensatz zu dem Stil und der Ausprägung, wie das zu meiner Messdienerzeit gewesen ist, wo alles noch ganz anders war: mit dem Rücken zum Volk, mit schweigendem Publikum, die Gemeinde betete den Rosenkranz, vom Evangelium verstand man nichts, weil es in lateinischer Sprache gelesen wurde. All das hat Papst Johannes XXIII. verändert.

Ich erinnere mich noch genau, als ich das erste Mal hier nach Berlin kam und den Besuch machte bei dem damaligen Dekan von Wilmersdorf, dem Pfarrer von Heilig Kreuz, Jacques Vernooy, einem Holländer, der Jahrzehnte hier in Wilmersdorf gewirkt hat. In seinem Schreibzimmer stand auf seinem Tisch das Bild von

Papst Johannes XXIII. Es war dann wie das persönliche Bekenntnis seines Herzens: Ja, dieser Mann hat mein ganzes Priestertum gestaltet. So wie er Papst gewesen ist, so möchte ich verkündigen, leben, predigen, wirken. Im Nachhinein – er ist jetzt schon über 12 Jahre tot – kann man sagen, dass Jacques Vernooy diesem Papst nachgefolgt ist.

Eucharistie. Über Eucharistie will ich jetzt keine lange Predigt halten, aber eine Viererzahl von Tätigkeitswörter möchte ich herausgreifen, die in der Eucharistie, speziell bei der Wandlung, die entscheidende Rolle spielen: nehmen, segnen, brechen, geben. Vier Tätigkeitsworte, in denen sozusagen nicht nur das Priestersein sondern das Christsein enthalten ist.

Nehmen. Wie viel in unserem Leben durften wir uns nehmen, in unserer Kindheit, von unseren Eltern, von unseren Lehrern, später von Freunden. Nehmen gehört zum Leben wie auch das Gegenteil geben, und beides bildet die Ellipse des Lebens. Geben und nehmen.

Dazwischen die beiden anderen Worte: segnen und brechen. Segnen kann jeder, tun wir selbst mit uns, indem wir das Kreuzzeichen machen, indem wir uns segnen und indem wir andere segnen.

Das vierte Wort brechen ist ein ganz besonderes Wort. In dem Wort brechen steckt auch etwas Zerstörerisches wie Kaputtmachen, und es passiert ja auch in der Natur, wenn z. B. eine Knospe die Hülle durchbricht oder wenn eine Frucht, eine Kastanie, die Hülle zerbricht. Zerbrechen gehört dazu. Zerbrechen ist die Voraussetzung für etwas Neues werden lassen, dass etwas Neues geschehen kann, wenn Altes zerbrochen ist.

Wir brechen das Brot, und da spielt das Besondere, das Positive, das Teilen, das Geben eine Rolle. Wir brechen es, um es geben zu können.

Eucharistie – Grundworte unseres Christseins. Dieses Brechen, Zerbrechen, Weitergehen, Wachsen, und das Segnen und das Geben und das Nehmen. Diese vier Tätigkeiten dürfen wir, können wir und sollten wir in unserem Leben immer tiefer verankern.

Gelebte Eucharistie. Dieses Geheimnis im Alltag leben.

Freundschaft

Predigt vom 12.9.2021

Bei den Dominikanern in Moabit in ihrem Kloster, wo ich jetzt seit einem Jahr wohne und lebe, da ist es Brauch, dass bei den Mahlzeiten aus dem Evangelium vorgelesen wird, und zwar die ganze Bibel, immer ein Stück, nicht während des ganzen Essens sondern nur zu Beginn. Man nennt das in der liturgischen Fachsprache lectio continua, d. h. eine durchgehende Lesung, eine Konfrontation mit allen Seiten, allen Facetten und allen Geschichten, allem Schlimmen und allem Schönen, das im Alten und im Neuen Testament zu lesen ist. Es gibt sogar die Anweisung in manchen Orden, dass es gut ist, dass der einzelne einmal in seinem Leben die ganze Bibel von vorne bis hinten liest, egal in welchem Zeitraum.

In den Gottesdiensten hören wir immer nur ein Stück, ein kleines Stück oder zwei zusammengesetzte Stücke oder zwei auseinandergerissene Stücke, denn manchmal ist es sehr eigenartig, wo ein Evangelium aufhört, obwohl es eigentlich noch weitergeht. Und so geht es mir bei dem Evangelium, das wir gerade gehört haben (Mk 8,27-35). Es schloss mit dem Vers 35, und der Vers 36 kam gar nicht mehr zur Sprache. Den empfinde ich zu dem, was vorwegging als so eine klare, deutliche und wertvolle Aussage, und sie lautet: „Was hülfe es dem Menschen, wenn er die ganze Welt gewinnt, aber Schaden litte an seiner Seele." Sie spüren, das ist eine etwas andere Frequenz als die Einheitsübersetzung. Es ist die Übersetzung von Martin Luther, die sich sprachlich in das Ohr oder in die Herzen der Menschen einnisten will. Was hülfe es dem Menschen, wenn er die ganze Welt gewinnt, aber Schaden litte an seiner Seele. Dieses Wort ist so klar, dass es jeder Mann und jede Frau zu allen Zeiten verstehen kann. Schaden leiden an seiner Seele – ein ungeheuer reiches, umfangreiches Thema, von dem jeder von uns in irgendeiner Weise tangiert ist: Schaden leiden an seiner Seele durch das, was einem zustößt, was einem passiert, was einem widerfährt, von Menschen, wie auch immer. Schaden leiden an seiner Seele. Was kann man dagegen tun? Sicher gibt es in der Literatur viele gute Hinweise und auch viele schöne Bücher, nicht nur von Anselm Grün sondern vielen anderen, die Ratschläge geben: Schaden leiden an der Seele – wie kann man das vermeiden oder wie kann man heilen?

Ich möchte in dieser Stunde, in diesen Minuten nur einen Punkt nennen, der so allgemein ist und jedem in irgendeiner Form helfen kann, wenn er sich dessen bewusst wird, nämlich: Schaden leiden an seiner Seele, wenn die Seele austrocknet, und das heißt, wenn ein Mensch keine Freunde mehr hat. So ist das Thema Freundschaft für mich so etwas wie eine Bewässerungsanlage des Lebens mit dem Ziel, nicht auszutrocknen, nicht trocken zu werden. Freunde oder Tod, sagt ein jüdisches Wort. Wie wahr ist das. Kultivierung von Freundschaften in den verschiedensten Dimensionen und Möglichkeiten.

Seit einigen Monaten liegt auf meinem Schreibtisch ein dickes Buch, 580 Seiten, Thema: „Freundschaft – Von der Vielfalt und der Tiefe einer Lebensform“. In den verschiedenen Kapiteln werden einzelne Facetten sehr schön ausgeleuchtet. Das letzte Kapitel steht unter dem Thema: Freundschaft, das Band, das nicht reißt, wenn alle Stricke reißen. Das ist Freundschaft – wenn nichts mehr hält, wenn alle Stricke reißen, aber dieses Band hält und bringt Kraft.

Ich selbst war sehr berührt, als ich in diesem Buch eine kleine Episode von Michael Gorbatschow las. Michael Gorbatschow war verheiratet mit Raissa Gorbatschowa, und es war eine überaus glückliche Ehe, die die beiden geführt haben. In dem Buch gibt es die Überschrift: Die revolutionäre Kraft einer gesprächsintensiven Ehe. Da lese ich: „Als am 20. September 1999 auf der onkologischen Station der Universitätsklinik Münster in Westfalen Raissa Gorbatschowa verstirbt, bricht für Michael Gorbatschow die Welt zusammen. „Geh nicht fort, Raissa! Hörst du? Lass mich nicht allein!“ bettelt der Mann, der wie nur wenige im 20. Jahrhundert binnen kurzer Zeit buchstäblich die Welt verändert hat.“

Lässt sich besser beschreiben, was das Geheimnis jenes Menschen war, der in der erstarkten Sowjetunion der 80iger Jahre an die Spitze eines Machtsystems kam, und, obgleich er immer zögerlich, zaudernd, tastend, fragend, weniger aus eigenem Antrieb als vom Strom der Ereignisse sich antreiben lassend, den Ereignissen dann doch eine Richtung gab, die ihn zum Revolutionär im echten Sinne des Wortes werden ließ. Michael Gorbatschow gibt in seinen autobiografischen Erinnerungen, die er geschrieben hat, viele dezente, schöne Hinweise auf das Band, das nicht reißt, wenn alle Stricke reißen. Er hat seine Ehe als Freundschaft verstanden, als die tiefste Freundschaft zwischen zwei Menschen, die man sich denken kann. Seine Biografie ist so etwas wie ein Denkmal für seine Raissa. Gelebte Liebe, eine Liebeserklärung an seine Frau. Gelebte Liebe. Freundschaft. Und so musste er letztlich keinen Schaden nehmen an seiner Seele, weil etwas da war, was ihm geholfen hat, auch durch viele Schmerzen hindurch.

Mir ist hierzu dann der alte Theodor Heuss eingefallen, der über seine Ehe mit Elly Heuss-Knapp geschrieben hat oder es ihr auch gesagt hat: Sie, seine Frau, ist die Gärtnerin seines Lebens.

Schaden nehmen an seiner Seele. Es gibt Heilmittel, und ein Zauberwort heißt Freundschaft.

Grundwasserspiegel der Dankbarkeit

Predigt vom 3.10.2021

Vielleicht ist Ihnen dieses Wort, dieser Begriff, dieses Bildwort etwas ungewohnt. Mir persönlich ist es sehr sympathisch, und ich meine damit das Wort: der Grundwasserspiegel unserer Dankbarkeit. Der Grundwasserspiegel der Dankbarkeit, und der ist nicht immer gleich, der kann sich verändern. Vielleicht überlegen Sie, überlegen wir einmal, wie er zur Zeit ist. Befindet sich dieser Grundwasserspiegel in der oberen Hälfte der Werte oder in der mittleren Ebene oder im unteren Bereich? Man kann ihn messen, und er ist nicht immer gleich. Also – wie ist der Grundwasserspiegel heute?

Ich persönlich habe in der vergangenen Woche einen Totenbrief bekommen, der mich überrascht hat, aber nicht so sehr überrascht, weil ich wusste, ein Mann, der 86 Jahre alt ist, da ist der Tod nichts Ungewöhnliches. Es war der Totenbrief eines Mannes, den ich vor 40 Jahren kennengelernt habe auf dem evangelischen Kirchentag in Hamburg und der dort – er war Theologieprofessor an der Fakultät in Hamburg – einen Vortrag gehalten hat zum Thema: In Spannungen glauben. Im Kongresszentrum, mehrere tausend Zuhörer, und ich hatte das Gefühl, der spricht genau für dich. Und ich dachte: Das gibt's doch eigentlich nicht. Aber es war so. Das, was er sagte, traf mich in einer Situation, in der ich es auch gebrauchen konnte.

Der Kirchentag war da schon für mich gelaufen. Ich hatte genug bekommen, was ich mir in diesen drei Tagen holen wollte an Inspiration, aber mehr noch als Inspiration, an Bewegung in meinem Leben.

Dann habe ich mir gesagt: Diesen Mann musst du noch einmal hören. Ich habe mich aufgemacht, und es hat sehr lange gedauert, bis ich ihn dann getroffen habe vor 40 Jahren, habe bei ihm Kurse besucht, und er hat mein Leben in den letzten 40 Jahren sehr beeinflusst, inspiriert und korrigiert. Ich bin ihm zu tiefem Dank verpflichtet. So war der Grundwasserspiegel meiner Dankbarkeit durch diese Nachricht – sie war zwar traurig – sehr hoch. Ich war mehr dankbar als traurig, weil ich angefangen habe zu staunen, was in 40 Jahren zwischen uns gewachsen ist und wie das mein Leben verändert hat. Aus dem Lehrer ist dann ein Freund geworden, von dem ich mich jetzt verabschieden muss. Auf der Todesanzeige steht ein Wort von Joseph von Eichendorff:

O Trost der Welt, du stille Nacht!
Der Tag hat mich so müd gemacht,
Das weite Meer schon dunkelt,
Lass ausruhn mich von Lust und Not,
Bis dass das ew'ge Morgenrot
Den stillen Wald durchfunkelt.

In diesen Worten ist sein Leben enthalten: die Müdigkeit, die Lust, die Not und vor allen Dingen die Hoffnung, die am Schluss funkelt, wie es da heißt: Bis dass das ew'ge Morgenrot den stillen Wald durchfunkelt.

Er war ein ganz besonderer Theologe, weniger dogmatisch als vielmehr mit großer Empathie für den Menschen, und das zeichnete ihn aus. Ich erinnere mich noch an den ersten Kurs, den ich bei ihm besucht habe, der stand unter dem Motto: „Schläft ein Lied in allen Dingen, die da träumen fort und fort, und die Welt fing an zu singen, triffst du nur das Zauberwort." Er hat mir im Laufe dieser 40 Jahre mehr als ein Zauberwort vermittelt, eine ganze Reihe von Zauberwörtern oder Worten, die mir geholfen haben, die mich inspiriert haben. So ist für mich dieser Erntedanktag ein besonderer, nämlich das Staunen, was in 40 Jahren alles gewachsen ist.

Aber ich bin sicher, es geht nicht nur mir so, es geht vielen Menschen so, wenn sie nach Jahrzehnten zurückblicken auf die Saat und auf das, was dann daraus geworden und gewachsen ist. Zauberwörter hatte er, dieser Theologe, Matthias Kroeger, genug. Eines seiner Bücher trägt z.B. den Titel: Die Notwendigkeit der unakzeptablen Kirche. Das hört sich an wie ein viereckiger Kreis und zeigt auf die Problematik. Das Buch ist 1997 geschrieben, es könnte aber in diesem Jahr, in dieser Zeit geschrieben sein, nach dem, was in den Medien und darüber hinaus über die Kirche gesagt wird. Die Notwendigkeit der unakzeptablen Kirche. Zugegeben und notwendig: Manches ist nicht akzeptabel. Sieben Jahre später brachte er ein

Buch heraus, das hieß: Der fällige Ruck in den Köpfen der Kirche. Auch das ein Zauberwort: Der fällige Ruck in den Köpfen der Kirche. Kirche sind wir alle. Und ein drittes Zauberwort eines Buches, das er dann wieder einige Jahre später schrieb, in dem er sich mit dem Widerstand von Helmuth James Graf von Moltke beschäftigt hat. Dieses Buch heißt: Die Kostbarkeit von Mut und Klarheit.

Das sind Zauberworte. Ich könnte auch, um im Bild des Organischen zu bleiben, von Samenkörnern sprechen, die in Köpfe und Herzen von Menschen fallen können und wo dann etwas aufgeht, vielleicht erst nach Jahren oder Jahrzehnten. Manchmal weiß man – so wie es im Evangelium (Mk 4.3-8) heute beschrieben wird – wie der Sämann gar nicht genau, wie es geschehen ist. Da steht das griechische Wort automatä, d. h. wie von selbst. Nicht: der Sämann macht den Samen oder das Wachstum, sondern er begleitet mit ganz Wenigem, aber das Wesentliche ist etwas anderes, das Wachsen. Das ist Geschenk, staunen über das, was gewachsen ist. Diesen Impuls möchte ich Ihnen heute am Erntedankfest mit in Ihren Alltag, in Ihr Leben geben. Vor dem Danken liegt das Staunen, staunen, über das, was gewachsen ist, und dann danken.

In unser aller Leben ist im Laufe der letzten Jahrzehnte manches gewachsen. Für die allermeisten trifft zu, sie sind gewachsen, z.B. in der Geduld, sie sind gewachsen in der Liebesfähigkeit, sie sind gewachsen in der Zufriedenheit, im immer weniger Ansprüche stellen und haben. Das wiederum kann gute Wirkung ausüben.

Der Grundwasserspiegel der eigenen Dankbarkeit. In welchem Bereich bewegt er sich für mich, zur Zeit, heute? Wofür möchte ich heute, an diesem Tag, sagen: Gott sei Dank. Aber dieses Gott sei Dank nicht als Floskel, wie wir häufig sagen: Gott sei Dank, nichts passiert, Gott sei Dank, sondern aus dem tiefen Inneren heraus: Gott sei Dank!

Den Rahmen unseres Schicksals dürfen wir nicht wählen.
Des Rahmens Inhalt aber geben wir.

D. Hammarskjold

Das höchste Gut

Predigt vom 17.10.2021

Was ist das höchste Gut im Leben unter uns Menschen? Was ist das höchste Gut? Die Antworten darauf können sehr verschieden sein, alle in eine Richtung, aber unterschiedlich, je nach Perspektive, Sichtweise des einzelnen. Das höchste Gut. Eine Antwort lautet: Das höchste Gut ist die Liebe, die Liebe, die wir empfangen in unserem Leben, in verschiedensten Situationen – und die Liebe, die wir selbst verschenken, die wir selbst spenden. Es ist doch so, dass wir, je älter wir werden, im guten Sinne auch immer noch liebesfähiger werden, dass die Liebe nicht einfach ein Zustand ist, der einmal bleibt wie eine bestimmte Zahl, sondern dass sie wächst, dass sie größer wird und dass sie viel mehr verzeihen kann als man früher für sich selbst gedacht hat. Die Liebe, das höchste Gut.

Einer von uns würde vielleicht sagen: Das höchste Gut, finde ich, ist Zufriedenheit. Zufriedenheit im Sinne von Aussteigen aus dem: Es muss noch immer mehr sein, und es muss noch immer schneller gehen, und es muss noch immer anders werden. Zufriedenheit im guten Sinne: Ja, so, wie es jetzt ist, ist es gut. Ich meine damit nicht etwas Egozentrisches, keine Faulheit sondern eine Zufriedenheit, die aus der Tiefe des Herzens kommt, aus den Erfahrungen des Schicksals und aus dem, was einem, bei allem, was man selbst dazugetan hat, doch geschenkt wird. Zufriedenheit.

Es könnte alles so schön sein, hat jemand gesagt, wenn wir die Zufriedenheit mehr entdecken würden.

Ich habe die Biographie eines Ehepaares gelesen. Der Mann ist vor kurzem an einem Hirntumor gestorben, und die Frau zieht nun Bilanz für sich in ihrem Tagebuch. Darin schreibt sie: Unser Leben war einfach anstrengend, zu anstrengend. Wir waren in all den Jahren, Jahrzehnten Getriebene. Getriebenheit ist das Wasserzeichen eines Lebens, aber so soll es nicht sein. Getriebenheit bis zum Ende.

Was ist das höchste Gut? Von dieser Frage bin ich ausgegangen. Ich möchte Sie jetzt konfrontieren mit einem einzigen Satz, der von Adalbert Stifter kommt. Und Adalbert Stifter, der Dichter, hat es so formuliert: „Die Klarheit seines Inneren ist für den Menschen das höchste Gut." Die Klarheit seines Inneren. Ich denke, wir können uns in etwa ausmalen, was Adalbert Stifter mit dieser Aussage berühren und sagen wollte. Die Klarheit, die ein Mensch in seinem Herzen hat, die sich nicht automatisch eingestellt hat, sondern an der er vielleicht auch gearbeitet hat.

Ich habe in früheren Jahren immer wieder mal Urlaub gemacht auf der ostfriesischen Insel Borkum. Da erlebt man ja das Wesentliche der Nordsee, nämlich Ebbe und Flut, dieses Grundgesetz von Ebbe und Flut. Ich habe oft am Meer gestanden und gewartet, bis die letzte Welle ihr Ziel auf dem Sand erreicht hatte. Das

Wasser schäumte, und dann ging es langsam wieder zurück. Da gab es einen Moment, in dem der Schaum schon weg war und man jede Muschel, jedes Sandkorn, jedes Steinchen sehen konnte.

Das ist für mich zu einem Bild geworden, das ins Leben gehört, nämlich Klarheit bekommen, und die Klarheit gibt's nicht automatisch und ständig sondern in einer bestimmten Situation, so wie am Meer beim Wechsel von Ebbe und Flut. Durchsichtigkeit. Klarheit herstellen in seinem Leben. Die Klarheit seines Inneren ist das höchste Gut, sagt Adalbert Stifter.

Klarheit – und wenn ich jetzt an die Gestalt Jesu denke, die uns eben im Evangelium (Mk 10,35-45) wieder begegnet ist im Gespräch mit den Jüngern. Es gibt doch nichts Klareres als diese Person Jesus Christus, die so klar sprechen kann, wenn sie etwas gefragt wird. Den Jüngern war nicht klar, was sie da gefragt haben, aber Jesus maßregelt das nicht, sondern er lässt es bestehen, zeigt in die ganz andere Richtung und sagt mit wenigen, markanten Sätzen, worauf es ihm ankommt, ganz klar: dienen, in Freiheit dienen. Das ist das Schlüsselwort des heutigen Evangeliums. Die Jünger haben noch einen weiten Weg zurückzulegen, umzukehren, den neuen Weg in der Nähe Jesu zu suchen und zu finden.

Klarheit in mein Leben bekommen, die Klarheit des Inneren, des Herzens, der Seele, des ganzen Menschen, der Person. Die Klarheit ist das höchste Gut.

Zuversicht

Predigt vom 24.12.2021

Es gibt Momente, die sind ganz anders als sonst das Gefühl, das man für die Zeit hat, Momente, wie soll ich es sagen, wo das Grundwasser der Seele in Wallung gerät oder wo die Augen feucht werden oder wo man ganz eigen berührt wird.

So einen Moment werden wir heute noch hier in der Kirche erleben am Schluss dieser Weihnachtsliturgie, wenn das elektrische Licht ausgeht und nur noch die Lichter der Weihnachtsbäume zu sehen sind. Unser Organist wird dann das berühmteste Weihnachtslied der Welt intonieren, und wir werden dann im Dunklen die drei Strophen singen: Stille Nacht, heilige Nacht. Es gibt keinen unter uns, der davon nicht tiefer berührt würde als sonst. Eigenartig, man kann es nicht erklären, aber man kann es erleben und soll es erleben.

Solche Momente gibt es auch sonst noch, z. B. vor 3 Wochen etwa haben viele oder manche von uns das auch erlebt, und zwar bei dem Großen Zapfenstreich für Angela Merkel, als „Großer Gott, wir loben Dich" erklang, von den Soldaten gespielt. Auch das war ein Moment, bei dem man verwandelt wurde, und wenn ich dann noch hinzunehme die ganz kurzen Worte, die die scheidende Bundeskanzlerin an alle gerichtet hat, über Dankbarkeit, über Demut und über die Fröhlichkeit des Herzens. Da war es still. Und diese drei Schlüsselworte könnten an sich schon eine Weihnachtspredigt sein, denn darum geht es Weihnachten auch, Demut und Fröhlichkeit des Herzens, dass wir unsere Freude wiedergewinnen, die vielleicht verschüttet ist, verschüttet worden ist durch den Gang der Zeit, durch das, was wir in den letzten knapp 2 Jahren bei uns und auf der ganzen Welt miterlebt haben.

Oder ich gehe noch weiter zurück: Zu Beginn dieses Jahres erinnere ich mich an die Vereidigung des amerikanischen Präsidenten Joe Biden, als dann eine junge Dame, eine junge Frau von 23 Jahren in einem zitronengelben Mantel, Amanda Gorman, ein Gedicht vortrug: „Wir erklimmen den Hügel." Das war auch so ein Moment, vielleicht für Amerikaner noch viel, viel mehr als für uns hier in Europa, in dem man die Luft anhält, wo man gerührt ist, und diese Amanda Gorman hat jetzt im letzten Jahr zum ersten Mal ein größeres Buch geschrieben, das den Titel hat: „Hymnen der Zuversicht". Darin wird etwas an Themen berührt, die wir alle brauchen. Schön, wenn ein Sprecher bei der Tagesschau zum Schluss sich verabschiedet mit den Worten: „Bleiben Sie zuversichtlich!" Zuversicht ist das Wort der Stunde, was wir brauchen, was wir vertiefen können.

Das, was ich Ihnen eben vorgelesen habe, das 2. Kapitel im Lukasevangelium (Lk 2,1-14), ist zwar kein Hymnus, es ist Prosa, Prosa der Zuversicht, eine Prosa, die kein Märchen ist, auch wenn es märchenhaft klingt, aber die historisch verankert ist. Lukas, dieser Historiker und gleichzeitig dieser Theologe, kombiniert in diesem Evangelium Weltgeschichte mit dem, was wir als Christen Heilsgeschichte nennen, verknüpft Rom mit Betlehem, die große Welt, das römische Reich, nachdem endlich in diesem großen Reich, das die Welt bedeutete, Frieden eingetreten war, dass dieser Kaiser Augustus sich sogar den Titel Heiland hat geben lassen als Krönung seines Wirkens.

Dieses Evangelium ist einfach – ich finde keine Worte dafür, man kann es immer wieder lesen, es altert nicht, es ist immer wieder neu, und man entdeckt immer wieder neue Schlüsselwörter, einzelne Dinge in diesem Evangelium, die wichtig sind. Mir ist z. B. bei der Beschäftigung mit diesen Versen aufgegangen, dass da ein Wort drinsteht, das aktuell ist. Da steht nämlich das Wort: dem ganzen Volk soll eine Freude zuteilwerden. Dem ganzen Volk, d. h. im Griechischen ‚pan demos', pan heißt ganz und demos ist das Volk. Es soll dem ganzen Volk zuteilwerden, und daher leitet sich unser Wort ab, das wir jetzt in den letzten knapp 2 Jahren zigmal gehört haben und immer wieder hören, Pandemie. Das kommt hier im Evangelium in einem ganz anderen Kontext vor. Wenn wir Pandemie hören, ist das mit Schrecken verbunden oder mit Sorgen oder mit dunklen Ahnungen. Im Evangelium ist es genau das Gegenteil, da gibt es so etwas wie eine Pandemie der Freude, eine Pandemie der Hoffnung. Das hat Lukas schon knospenhaft eingefangen dadurch, dass das Heil zu den Hirten kommt. Die Hirten waren damals verachtet, weil sie irgendwie auch Betrüger waren und Räuber wie die Zöllner, und gerade dieser Menschengruppe erscheinen die Engel und verkünden ihnen die Freudenbotschaft. Dieses Verkünden hat Lukas eben als Historiker und als Theologe so kombiniert in beiden seiner Werke, in der Apostelgeschichte und im Lukasevangelium, dass daraus deutlich wird: darauf kommt es an.

Dann gibt es noch ein Wort, das auch sehr aktuell ist, nämlich: Josef und Maria mussten nach Betlehem in die Stadt Davids, um sich eintragen zu lassen. Wie oft haben wir uns, Sie sich und auch ich mich, im Laufe des letzten Jahres in Listen eintragen müssen, um die Ausbreitung des Virus nachverfolgen zu können. Eintragen lassen. Steuerungslisten. Im Evangelium sind es Steuerlisten. So wollte Kaiser Augustus das Volk zählen, für die Steuern, aber nicht nur deswegen, sondern, wessen Namen genannt war, der kam auch in den Schutz des Kaisers, der war geschützt. Die Christen der damaligen Zeit haben das wieder verbunden mit ihrem Glauben und gesagt: Es gibt nicht nur bürgerliche Listen, in die man eingetragen wird sondern auch himmlische Listen, von denen das Neue Testament erzählt. In die himmlische Liste eingetragen sein, in das Buch des Lebens eingetragen sein. Der Name bedeutete damals viel, viel mehr als das, was wir heute unter Name verstehen. Das war nach jüdisch-christlichem Verständnis Identität, die Person, die Persönlichkeit. Nicht Name gleich Schall und Rauch sondern

Identität, die bleibt. „Ich habe Dich bei Deinem Namen gerufen“, heißt es in unserem Glauben. Das ist keine Floskel, sondern das ist etwas Hochkarätiges.

Evangelium, frohe Botschaft, für uns.

Lassen Sie mich schließen mit den wenigen Worten von Hermann Hesse: „Auch in diesen Tagen ist der Heiland unterwegs zu segnen, unseren Ängsten, Tränen, Fragen, Klagen zu begegnen.“

Christentum, gelebter Glaube, heute, in Menschen, die das tun, die die Hoffnungsknospen schützen, begießen, wachsen lassen.

Unser Weihnachtsfest ist – um ein letztes Wort aus dem Vokabular der Impfzeit zu benutzen – eine Auffrischung der christlichen Hoffnung, und diese Auffrischung, die brauchen wir und die tut uns gut, und wir bekommen sie geschenkt vom Kind aus Betlehem.

Wie man wird, was man ist

Predigt vom 26.12.2021

Das Christkind hat mir ein schönes Buch geschenkt. Ich kannte bisher weder das Buch noch den Autor, aber ich habe in diesen Tagen, gestern, heute Morgen, schon etwas darin geblättert. Es ist die Lebensgeschichte eines Mannes, der jetzt 90 Jahre alt ist, der aus Russland stammt, dann aber nach Amerika ausgewandert ist und dort viele Jahrzehnte als Arzt, als Seelenarzt, gearbeitet hat und jetzt in diesem Buch gewissermaßen das Vermächtnis seines Lebens – er war Psychotherapeut – vorlegt und erzählt, mit Geschichten aus seinem eigenen Leben und mit Themen aus dem Leben der Menschen, mit denen er sich beschäftigt hat. Ich bin sehr gespannt, dieses Buch zu lesen, 40 Kapitel, 444 Seiten. Das letzte Kapitel hat die Überschrift – da bin ich sehr gespannt: „Novize im Alter“.

Dieses Buch von Irvin D. Yalom hat den Titel: „Wie man wird, was man ist“. In dieser Überschrift steckt ganz viel drin, vom Leben, vom Leben, so wie er es erfahren hat und wie er über das Leben schreibt.

Wie man wird, was man ist. Dieser Titel passt auch zu dem, was wir gerade gehört haben (Lk 2 ,41-52). Er passt zu Jesus von Nazareth, der Mensch ist. Wie Jesus wird, was er ist. In dem Evangelium, das wir eben gehört haben, ist uns der erste Augenblick, wo er, Jesus, an die Öffentlichkeit tritt, geschildert. Bis dahin lebte er im Verborgenen, in Nazareth. Von dieser Nahtstelle der Biographie, wo, wie man damals sagte, mit 12 Jahren das Erwachsenenalter begann, handelt das Evangelium. Wie Jesus wird. Er war nicht fertig. Er war nicht von Anfang an der Alleskönner, der Alleswisser sondern sein Leben, ein Prozess. Erst im Laufe der letzten Jahrzehnte verstehen auch die Theologen viel tiefer, weil sie sich auch mit der Psychologie beschäftigen, wie sehr Jesus in einem Prozess steht, welche Momente und welche Elemente an diesem Prozess mitwirken. Wie Jesus selbst nicht Objekt ist sondern Subjekt. Er ist immer derjenige, der bestimmt oder der sich bestimmen lässt von dem einzigen Bezugspunkt, den er hat, vom Vater im Himmel.

Wie Jesus wird. In der Zeit der Entstehung des Neuen Testaments, also in den ersten zwei-, dreihundert Jahren, wo noch nicht genau festgelegt war, welche Schriftstellen in das Evangelium aufgenommen werden und welche apokryph sind und bleiben, und die dann nicht in den Kanon der hochoffiziellen Schriften aufgenommen wurden, zu dieser Zeit wurden von Jesus alle möglichen Stories erzählt, dass Jesus aus Sand Vögel geformt, sie angehaucht hat und sie dann weggeflogen sind. Von diesen apokryphen Geschichten gibt es eine ganze Menge im Thomasevangelium.

Der Werdeprozess des Evangeliums selbst ist ein Vorgang und spiegelt wider, wer dieser Jesus eigentlich ist. Wie Jesus wird, was er ist. Und was ist er? Er ist

Gottes Sohn, aber das ist nicht von Anfang an klar für die Menschen. Einigen dämmert es langsam, anderen etwas schneller, was er ist.

Der ganze Prozess unserer Kirchengeschichte ist doch nichts anderes als ein langsames, immer tieferes Verstehen, was dieser Sohn Gottes für uns ist. An dieser Nahtstelle seines Lebens ist er derjenige, der handelt. In diesem Evangelium heißt es: „Er blieb allein zurück", nicht, weil er nicht gewusst hätte, wo geht's weiter. Er blieb zurück, weil er spürte, dies ist ein Moment, wo in mir etwas wächst und wach wird. Das erste Wort, das er im Evangelium spricht, ist keine Antwort. Es ist eine Frage, eine Frage an seine Mutter, an seine Eltern gerichtet: „Wusstet ihr nicht ...?" Darin ist weniger Vorwurf als vielmehr Einladung zum Verstehen. Das durchzieht dann wieder sein ganzes Leben. Einladung zum Verstehen.

Sein Leben, ein Prozess, wie unser Leben ein Prozess ist. Je älter wir werden – das muss ich auch von mir sagen – desto besser oder tiefer begreift man, wie sehr das Leben nicht ein Zustand sondern ein Prozess der ständigen Entwicklung ist.

Entwicklung ist eins der Zauberworte des Neuen Testamentes. Wichtig ist es, für sich selbst zu begreifen: Was ist mein Weg? Welche Entscheidung muss ich jetzt in meinem Leben treffen? Die höchste Instanz – auf das Wort bin ich in diesem Buch von Irvin D. Yalom gestoßen – bezeichnet er mit den Worten: „Es gibt keine

Institution, die du höher zu achten hättest, als deine eigene Seele.“

Welch ein Wort! Es gibt keine Institution, die du höher zu achten hättest, als deine Seele, man könnte auch sagen, als deine Stimme, als dein Herz. Die höchste Institution.

Für Jesus, den Gottessohn, war sein Vater die höchste Institution.

Wie man wird, was man ist. Nehmen Sie dieses Wort mit nach Hause.

Gibt es etwas Beglückenderes,
als einen Menschen zu kennen,
mit dem man sprechen kann wie mit sich selbst.

Cicero

Akzeptanz

Predigt vom 31.12.2021

Vor zwei Jahren ist ein guter Freund von mir gestorben. Wir hatten zusammen studiert, vor vielen Jahrzehnten, und das Band der Freundschaft war über die vielen Jahre hin nie zerrissen, auch wenn wir uns manchmal mehrere Jahre nicht gesehen hatten. Aber sie war immer da, diese Freundschaft. Dann kam die Nachricht, Krebs. Er wurde am Bauchspeicheldrüsenkrebs operiert, das half aber nicht. Dann hat er sich entschieden, auf die Chemo zu verzichten und ist vor zwei Jahren gestorben.

In den Monaten vor seinem Sterben haben wir manchmal miteinander telefoniert. Ich habe ihn dann auch gefragt: „Kommst du noch dazu, mal etwas zu lesen?" Darauf antwortete er: „Ja, aber nur die Rosinen. Für etwas anderes habe ich keine Zeit mehr." Nur die Rosinen, und ich wusste, was er meinte und habe dann gefragt: „An welche Rosinen denkst du denn insbesondere?" Da sagte er: „Es gibt nur ein Buch, und das hat den Titel: Das Buch der Freude." Dieses Buch ist geschrieben von einem amerikanischen Journalisten, Douglas Abrams, der sehr eng mit Desmond Tutu und mit dem Dalai Lama befreundet war. Als die beiden den 80. Geburtstag von Tutu feierten, hat er daraus ein Fest gemacht. Dieser Journalist hat dann die Gespräche niedergeschrieben, was diese beiden so über das Leben, die Bedeutung des Lebens, die Quellen der Kraft gesagt haben.

Buch der Freude, und das hatte die Qualität, einem, der auf den Tod zugeht, nicht nur zu helfen, sondern ihn in seiner Hoffnung zu bekräftigen. Das hat mein Freund mir gesagt: „Dieses Buch der Freude, das musst du lesen.“ Ich habe es mir damals auch gekauft und lese immer wieder darin.

Dieses Buch gipfelt – so finde ich – in einem Kapitel, das den Titel trägt: Akzeptanz. Die beiden Gesprächspartner sagen, das ist das Allerwichtigste und Beste, was es auf der Welt in der Seele des Menschen gibt, wenn er das in seinem Herzen realisiert. Akzeptanz, akzeptieren, zu glauben, ich bin angenommen, ich bin mit meinem Leben angenommen. Ich muss nicht unbedingt Sport treiben oder irgendwelche Prämien holen, sondern ich bin so angenommen, wie ich bin.

Das ist das, was wir Christen in unserer Taufe empfangen haben und immer wieder neu empfangen, wenn wir uns diesem Geheimnis öffnen: Ich bin mit meinem Leben angenommen. Mit dem Akzeptieren fängt es an. Wenn man das übersetzen wollte, wie geht denn akzeptieren, dann ist eine Variante die: Kämpfe nicht an falscher Stelle! Dieses Wort ist wie ein Spiegel, der einem hingehalten wird und man sich selbst fragen kann: Was ich so tue, sage – kämpfe ich vielleicht an falscher Front? Leben heißt auch, sich auseinandersetzen, heißt auch kämpfen, aber an der richtigen Stelle. Die richtige Stelle ist immer das eigene Herz, das eigene Zentrum. Da anzusetzen und von daher aus der Geborgenheit zu erfahren und zu erleben: Es ist gut, wie es ist. Ich bin zufrieden, ich bin ein zufriedener Mensch und nicht ein getriebener Mensch. Von diesem Getriebensein langsam, vielleicht über Jahre wegzukommen hin zu einer tiefen Zufriedenheit, die ihren Grund darin hat: Ich bin angenommen, ich bin geborgen in Gott.

Mein Freund ist damals, so hat es seine Frau erzählt, friedlich eingeschlafen. Ich war am nächsten Tag da und habe diesen Frieden auf seinem Gesicht noch gesehen.

In Frieden leben ist das eine, in Frieden sterben das zweite, und beides ist innerlich verbunden. Wir alle sind unterwegs. Dieser Zeitpunkt, jetzt, wo wir innehalten, das letzte Jahr bedenken und den Blick nach vorne tun: Worauf will ich zugehen und worin möchte ich wachsen und dadurch immer mehr zu der Haltung kommen, dass ich im Traum, im Schlaf weiß, was für mich kostbar, wertvoll und wichtig ist. Das, was mein Herz, meine Seele flüstert.

Geschmack des Lebens

Predigt vom 2.1.2022

Was für ein Text, dieser Anfang des Johannesevangeliums (Jh 1,1-18)!

Jeder der vier Evangelisten hat ein bestimmtes Wappentier, ein Zeichen, das für ihn steht, symbolisch. Johannes, der Evangelist, hat den Adler. Vom Adler, heißt es, dass er die Fähigkeit habe, in die Sonne zu sehen ohne zu erblinden. Vielleicht lässt sich das übertragen auf die Beziehung zwischen Johannes und dem Geheimnis, das er gesehen hat, das wie die Sonne ist. Er ist nicht erblindet, sondern er hat aus der Tiefe seiner Seele dieses Evangelium aufgeschrieben, diesen Prolog, mit dem das Evangelium anfängt.

Wir haben das Evangelium schon häufiger gehört, und dadurch hat sich vielleicht so ein wenig Staub über den Text gelegt. In der Literatur, in der Beschäftigung mit Texten der Weltliteratur, aber auch mit der Bibel, gibt es eine Methode, um den Text wieder neu, frisch werden zu lassen, und zwar dadurch, dass man ihn verfremdet. Bertold Brecht hat diese Methodik eingeführt, einen Text, der etwas Altes sagt, so zu verändern, dass er frisch wird, dass man die Ohren spitzt und denkt: Was ist das denn? Wie z.B. den Text der Bergpredigt:

Selig, die arm sind, denn ihnen gehört das Reich Gottes. Selig, die trauern. Selig, die weinen. Selig, die Frieden stiften.

Und die Verfremdung lautet:

Arm dran sind die, die trauern. Arm dran sind die, die armselig sind. Arm dran sind die, die den Frieden stiften wollen.

Der Text wird gegen den Strich gebürstet, und dadurch kommt der Staub heraus, und man ahnt und sieht den neuen Glanz in diesem Text.

Eine Verfremdung dieses Evangeliums, dieses Anfangs, der ja auch eine Weihnachtsgeschichte ist, anders als die des Lukas – aber dieser Prolog ist auch Bericht oder Deklaration oder Lied oder Gedicht von der Menschwerdung Gottes. Ihn, diesen Text, verfremdet, gegen den Strich gebürstet, er könnte etwa so lauten, indem die Schlüsselwörter dieses Textes ‚Licht' und ‚Leben' ersetzt werden durch ‚Materie' und ‚Zufall'. Und dann heißt der Text:

Im Anfang war die Materie, und die Materie verband sich mit dem Zufall, und die Materie war der Zufall. Im Anfang waren Materie und Zufall. Alles ist durch den Zufall geworden, und ohne Zufall wurde nichts, was geworden ist. Und die Kunde vom Zufall kam in die Welt, aber die Welt hat ihn nicht erkannt, denn die Menschen wollten lieber an ihren alten Geschichten, Märchen, Erzählungen und Legenden festhalten. All jenen aber, die die neue Kunde aufnahmen, gab das Wissen um die Zusammenhänge von Materie und Zufall Macht in die Hand. Wir werden nicht mehr auf ewiges Leben hoffen, auf Gerechtigkeit für die Opfer der Geschichte, auf ein Wiedersehen derer, die wir lieben. Wir werden uns damit abfinden, dass jenseits dieser zufälligen Welt uns nichts erwartet.

Das ist der Gegentext zum heutigen Weihnachtsevangelium, und Sie spüren und ich spüre, dass es auch Menschen gibt, die dieses Credo für sich haben: Alles ist Zufall, und von der Materie kommt alles her. Das, was Wissenschaft, was Empirie untermauern könnte, aber trotzdem – und das ist das Eigentliche – bleibt die Frage: Wovon leben wir? Die Antwort ist das Evangelium von heute, von dem Leben und dem Licht und der Liebe und diesem Menschen in der Gestalt des Kindes von Bethlehem. Das ist uns geschenkt, nicht irgendein Zufall – den gibt es auch – nicht die Materie ist das Eigentliche, sondern das, was wir, wie es bei Paulus heißt, mit den Augen unseres Herzens sehen.

Nur mit den Augen des Herzens kann man die Welt besser, tiefer, wesentlicher, eigentlicher verstehen. Die Frage bleibt: Wovon leben wir? Wovon will ich leben? Empirische Wissenschaft ist das eine, Glaube, Glaube an ein Geheimnis ist das andere. Wer mit dem Herzen lebt und glaubt, dessen Herz schlägt für das Zweite, für das Geheimnis. Es schlägt nicht für den Zufall, nicht für die Materie sondern für etwas viel, viel Kostbareres, was uns in diesem Evangelium des Johannes geschildert wird.

Wovon leben wir eigentlich?

Von Gerhart Hauptmann stammt das Wort: „Über den Dingen liegt ein Duft, ein Hauch. Das ist das Beste." Ein wunderbares Wort. Über den Dingen liegt ein Duft, ein Hauch, und das ist das Beste. Ein Hauch von Weihnachten, ein Hauch des Geistes Gottes, meinetwegen auch ein Duft – denn es geht ja auch ums Schmecken, um den Geschmack des Lebens, den wir durch dieses Hochfest der Christenheit neu erfahren, spüren und in uns aufnehmen.

Über den Dingen liegt ein Duft, ein Hauch.

Das ist das Beste. Ja, das stimmt.

Der passionierte Mensch hält alles aus.

T. Fontane

Sehnsucht unseres Glaubens

Predigt vom 09.01.2022

Was ist Wahrheit?

Durch diese drei Worte werden viele von uns erinnert an die Pilatusfrage. „Was ist Wahrheit", hat Pilatus entgegnet, nachdem Jesus bekannt hatte, wer er ist, nämlich derjenige, der gekommen ist, um für die Wahrheit Zeugnis abzulegen. Pilatus' Frage: Was ist Wahrheit ist dann sprichwörtlich geworden.

Was ist Wahrheit, fragen Psychologen. Was ist Wahrheit ist eine philosophische Frage. Was ist Wahrheit kann aber auch eine ganz kleine, alltägliche Frage sein. Was ist Wahrheit im Alltag, und wo finde ich diese Wahrheit? Es gibt eine Antwort darauf, die etwas vergnüglich ist und die sehr nah am Boden ist, sehr alltagsnah und sehr geländegängig. Diese Antwort auf die Frage ‚Was ist Wahrheit' geht ungefähr so: Wenn die Gäste nach einem Fest das Haus verlassen haben und wieder ins Auto gestiegen sind, die Autotür zugemacht haben und sich dann unterhalten, das ist Wahrheit. Wenn sie dann über das sprechen, was sie erlebt haben. Vielleicht haben sie auch sehr viel Schönes, Freudiges erlebt, vielleicht aber auch etwas, wo sie die Nase gerümpft haben und wo sie über andere, die auch auf diesem Fest waren, gesprochen haben.

Was ist Wahrheit?

Ich möchte Sie jetzt mitnehmen auf eine kleine Phantasiereise: Die Heiligen Drei Könige sind zurückgekehrt, sind auf dem Heimweg oder gar zu Hause angekommen und fragen sich: „Was haben wir erlebt? Was ist für uns wichtig geworden auf dem Weg, der hinter uns liegt, auf dieser langen Reise mit dem unendlich langen Weg?“ Wie war die Begegnung mit dem Fuchs, Herodes, mit einem, dem sie nicht getraut haben. Die Weisen, die dann, als sie den Stern wiedersehen – ich könnte auch übersetzen und sagen: als sie den Kompass in ihrem Herzen wiederfinden – von einer tiefen Freude erfüllt werden.

So wie einen jeden von uns, eine jede von uns tiefe Freude erfüllt, wenn sie spüren, der Kompass meines Lebens sagt mir, dass das und das richtig war, was ich getan oder gesagt habe. Der Kompass des Lebens. Die Heiligen Drei Könige sind mit dem Kompass ihres Lebens in eine tiefe Berührung gekommen, nämlich mit dem Letzten, mit dem Heiligsten. Sie haben durch ihren Weg, durch die Geduld, die sie gehabt haben, durch die Kraft, die in ihnen war, durch das Hören auf einen Traum das Eigentliche, das Wesentliche gefunden. Aber sie haben es nicht nur gefunden nach dem Motto: Ich hab's! sondern sind in die Knie gegangen, und sie haben ihr Bestes, was sie hatten, ihre Geschenke, diesem kleinen Kind gegeben.

Sie haben auf ihrer Wanderung, ihrer Reise, viel erlebt. Vielleicht werden sie am Ende als Bilanz auch sagen können: Wenn wir diese unsere Sehnsucht nicht gehabt hätten, dann hätten wir das Kind nicht gefunden. Wir sind in tiefen Kontakt mit unserer ureigenen Sehnsucht gekommen. Das ist ein wesentliches Thema dieses Festes Erscheinung des Herrn, dass wir Menschen in Kontakt kommen mit unserer Sehnsucht.

Ernst Bloch, der Philosoph, der das Buch Prinzip Hoffnung geschrieben hat, er hat gesagt: „Sehnsucht ist die einzige ehrliche Tugend des Menschen.“ Sehnsucht. Wenn wir uns selbst Antwort geben auf diese Frage: Was ist meine tiefe Sehnsucht, dann mogeln wir nicht. Dann sind wir uns selbst gegenüber ehrlich. Sehnsucht, die ehrliche Tugend, sagt Ernst Bloch.

Ich möchte es verstärken durch ein Wort von Wilhelm Raabe, das lautet: „Des Menschen Herz kann am glücklichsten sein, wenn es sich so recht sehnt.“ Der eigenen Sehnsucht auf die Spur kommen. Diese Sehnsucht ist oftmals überlagert, überdeckt mit Dingen, die sie ersticken, dass die Sehnsucht nicht leben kann in unserer Seele, in unserem Kopf, in unserem Herzen.

Die Sehnsucht unseres Glaubens, mit der werden wir berührt an diesem Hochfest der Christenheit, der Erscheinung des Herrn. So gehören frohe Botschaft und tiefe Freude, von der im Evangelium (Mt 2,1-12) die Rede ist, und unser Alltag, unser konkretes Leben immer wieder neu zusammen. Das eine für das andere.

Die Heiligen Drei Könige – große Freude erfüllte sie. Ich könnte auch sagen: Trost und Hoffnung und Glück und Begeisterung und Enthusiasmus und Leidenschaft, alles war in ihrem Herzen versammelt dadurch, dass sie den Mut hatten, den ersten Schritt zu tun, nämlich loszugehen. Der erste Schritt im Leben ist unbezahlbar, auf den kommt es immer wieder neu an. Der erste Schritt.

Sie kehrten auf einem anderen Weg in ihre Heimat zurück. Das ist, glaube ich, nicht nur geographisch gemeint – also, dass sie nicht mehr zu Herodes gingen – sondern, das ist auch psychologisch gemeint. Auf einem anderen Weg. Sie selbst waren andere geworden. Sie selbst hatten sich verändert. Ihr Herz war erfüllt. Erfülltes Leben, das ist das Schlusswort der Botschaft der Heiligen Drei Könige. Erfülltes Leben.

Wer von uns wünschte sich das nicht für sich selbst? Erfülltes Leben.

Das Geschenk der Freiheit

Predigt vom 27.3.2022

Ein wunderbares Evangelium, schon oft gehört (Lk 15,1- 3.11-32) Das Gleichnis vom verlorenen Sohn oder Das Gleichnis vom barmherzigen Vater. Immer wieder mal gelesen, aber ich finde, es bleibt frisch, es verbraucht sich nicht, weil es eine Energie in sich hat, so wie z.B. ein Kunstwerk, das auch nicht veraltet, ein besonderes Kunstwerk. Dieses verbraucht sich nicht. Es hat eine Energie in sich, die der Betrachter spürt. So geht es mir und vielleicht auch Ihnen mit diesem Gleichnis, das Jesus erzählt. Ein wunderbares Gleichnis, weil es das Evangelium im Evangelium ist. Der fokussierte Kern der ganzen frohen Botschaft ist in dieser Geschichte, die Lukas erzählt, enthalten. Da ist alles drin.

Es ist wie ein Kunstwerk. Beim Kunstwerk kann es auch so sein, dass man immer wieder etwas Neues entdeckt und dass man sich manchmal beschränken muss, nicht auf einmal alles zu sehen, zu genießen und alles zu entdecken. So geht's mir z.B. jetzt, dass ich nicht dieses ganze Evangelium auslegen möchte, sondern frage: Wo ist für mich heute der springende Punkt, der mir im Laufe der letzten Woche wichtig geworden ist, so oft ich dieses Evangelium gelesen habe. Das ist für mich der Satz: „Da teilte der Vater sein Vermögen auf." Ohne Kommentar, ohne Predigt, ohne dem jüngeren Sohn Vorwürfe zu machen, ohne ihm zu sagen: „Pass gut auf, damit du nicht unter die Räder kommst! Ich habe dir viel Geld geschenkt.“ Nein, nichts davon steht im Evangelium. Da teilte der Vater sein Vermögen auf. Eine der wichtigsten Kernbotschaften dieses Evangeliums, die man oft überliest, was das bedeutet: sein Vermögen, das Vermögen dieses Vaters. In diesem Sinne nicht nur Moneten, Geld, sondern, Lukas sieht das tiefer: das Vermögen, die Gabe, die Gnade des Lebens, die der Vater dem Sohn schenkt. Da teilte der Vater sein Vermögen auf.

Über den jüngeren Sohn haben wir schon zig Predigten gehört, über die Irrungen und Wirrungen des Lebens, wie sie heute und wie sie damals vorgekommen sind. Über den älteren Sohn haben wir auch schon oft gehört, derjenige, der zu Hause geblieben ist und der jetzt sozusagen schmollt, der sich nicht einladen lässt zur Mitfreude, sondern der neidisch ist und der den Vater ungerecht empfindet. Beide, der jüngere und der ältere Sohn, sind wie ein Spiegel, in den wir Menschen schauen können, um etwas von uns in ihnen zu entdecken.

Aber jetzt das Positive: Da teilte der Vater das Vermögen auf. Wir bekommen etwas so Kostbares geschenkt, das, was dieser Vater seinem Sohn schenkt, nämlich die Freiheit.

Die Freiheit. Ich erinnere mich, ich habe neulich in einem Kreis gesessen, da haben wir diskutiert und gesprochen über Geschenke, unnötige und schöne

Geschenke. In diesem Zusammenhang beim Gespräch über die Geschenke sagte jemand: „Also ich möchte gern ein Wort einfließen lassen, das mir inzwischen sehr wichtig geworden ist, das heißt: Wer Geld schenkt, schenkt auch Freiheit." Ein Wort aus dem Alltag. Manchmal bekommen wir Geschenke, mit denen wir wenig anfangen können, die dann sehr bald im Schrank oder in der Ecke stehen.

Wenn jemand Geld schenkt, das ist zwar nicht gerade ideal, aber es hat auch etwas an sich von Mehrwert. Ich kann mit dem Geld etwas tun. Übertragen auf den Sohn: er bekommt das Vermögen geschenkt, er bekommt die Freiheit geschenkt. Das ist das Entscheidende, die Freiheit.

Ein Psychologe, Psychotherapeut unserer Tage, hat über Vaterliebe und Mutterliebe sehr Gutes geschrieben, Fritz Riemann. Aus seinem Büchlein gibt es zwei Sätze, die mir im Zusammenhang – was ist Mutterliebe und was ist Vaterliebe – sehr bedeutsam geworden sind. Diese beiden Sätze lauten: „Der Mensch fühlt sich als der geliebt, der er werden kann, nach seinem eigenen inneren Gesetz. Diese Liebe macht es möglich, seine Persönlichkeit voll zu entfalten im Sinne des ihm erreichbaren Optimums." Ein Loblied auf das Geschenk der Freiheit.

Es gibt Eltern, die schaffen es, so zu handeln und dem Kind, dem Jungen, der Tochter das Gefühl zu geben, nach seinem eigenen Gesetz leben zu dürfen und das erreichbare Optimum, was in jedem Menschen drin liegt, auch zu erkennen, zu praktizieren und zu tun. Dieses Wort von Fritz Riemann steht im Zusammenhang mit Vaterliebe.

Rembrandt hat dieses Gleichnis gemalt, wo der jüngere Sohn nach Hause kommt und der Vater ihn empfängt, ihm entgegenläuft. Der Sohn kniet vor ihm, der Vater legt beide Hände auf ihn, auf seine Schultern, auf seinen Rücken. Das Besondere dieses Kunstwerks ist, dass die eine Hand, wenn man ganz genau hinschaut, eine kraftvolle Männerhand ist, Symbol für Vaterliebe, und die andere Hand hat etwas von der Zartheit einer Frauenhand, als wollte Rembrandt sagen: Der verlorene Sohn hat beides empfangen, Vaterliebe und Mutterliebe – auch wenn von der Mutterliebe in diesem Gleichnis nicht direkt die Rede ist, aber in dieses Kunstwerk mit einbezogen ist.

Da teilte der Vater sein Vermögen auf. Diesen Satz positiv zu sehen als einen entscheidenden Satz, den man leicht überliest, an einer Brennstelle dieses Gleichnisses. Das ist das Entscheidende. Er schenkt das Erbe, und das größte Erbe ist das Geschenk der Freiheit.

Von seinen Eltern Freiheit geschenkt zu bekommen an entscheidenden Nahtstellen der eigenen Biographie. Das ist es. Da teilte der Vater sein Vermögen auf.

Bleib doch bei uns

Predigt vom 17.4.2022

Alle Evangelisten, ob Johannes, ob Markus, Matthäus oder Lukas, sie alle haben von der Auferstehung geschrieben und berichtet, aber dieses Evangelium, das Lukas aufgeschrieben hat – was wir gerade gehört haben (Lk 24,13-35), die Emmausgeschichte – ist wohl das schönste, das zu Herzen gehendste. Es ist ein Evangelium, das hat kein Verfallsdatum, das ist immer wieder frisch, immer wieder neu, nicht zuletzt auch deswegen, weil wir als Christen das, was da beschrieben wird, erleben als die Urform des ersten christlichen Gottesdienstes mit dem Auferstandenen. Weil das eine Karätigkeit hat, die keines gleichen besitzt. Dieses Evangelium, das das ganze Leben umspannt und einfasst, und wollte man es auf ein Wort bringen, dann könnte dieses Wort vielleicht lauten: Weg, aber nicht fort. Ich möchte dieses Wort verknüpfen mit einem Satz von Stefan Zweig, er lautet: „Niemand ist fort, den man liebt. Liebe ist ewige Gegenwart." Ein Wort, das ich schon einmal auf einem Totenzettel entdeckt habe, das mich damals schon sehr berührt und angesprochen hat, weil es so in die Tiefe und ins Wahre trifft. Niemand ist fort, den man liebt. Liebe ist ewige Gegenwart.

Das ist eine Übersetzung von dem, was wir Auferstehung nennen und was wir mit Auferstehung beschreiben. Die Toten sind nicht weg. Diesen Glauben, dass die Toten nicht fort sind, den gibt es in allen Religionen der Jahrtausende, das gibt es im Ahnenkult in Japan und im Ahnenkult in China. Die Menschheit hat einen tiefen Glauben an die Unsterblichkeit, an die Auferstehung, die für uns Christen die Illuminierung dessen ist, was Gegenwart bedeutet.

Wir tun uns schwer, weil viele von uns ja doch oft mit dem Kopf an die Fragen herangehen, von der Ratio her, Rationalisten sind und sagen: Das kann doch nicht sein. Das geht doch nicht. Unser Verstand lässt es nicht zu. Aber der Verstand ist nur eine sehr schmale Dimension der Einschätzung und der Auslotung des Lebens. Es gibt andere Dimensionen, die wir mit dem Verstand überhaupt nicht tangieren, überhaupt nicht lösen, überhaupt nicht einordnen können. Es gibt Räume und Felder und Dimensionen. Oder wenn ich an das Wort des hl. Paulus denke: „Was kein Auge geschaut, was kein Ohr je gehört, das hat Gott denen bereitet, die ihn lieben."

Die Evangelien sind eben kein moralisches Handbuch und keine Ethikkommission oder ein Ethikrat, sondern was uns hier, in diesen Evangelien, speziell in der Emmausgeschichte, geschenkt wird, ist unglaublich tief, unglaublich schön, weil es unser Leben einspannt, weil die Rede ist von zerbrochenen Träumen, so wie die Jünger sie hatten, wo alles kaputt war, ihre ganze Vorstellung vom Reich Gottes, wie es hätte kommen können oder kommen sollen. Und jetzt ist dieser Mann aus Galiläa tot. Die Römer haben ihn umgebracht.

Das Evangelium erzählt von Verwandlung, und das ist das wesentliche Thema eigentlich jeden Lebens. Immer wieder steht uns eine Verwandlung, eine Veränderung ins Haus. Verwandlung. In der Emmausgeschichte wird die Traurigkeit verwandelt.

Ein mir befreundeter Theologe hat mir vor vielen Jahren mal ein Wort ins Ohr geflüstert, das heißt: „Zeiten ohne Gott sind die besten auf dem Weg zu ihm.“ Die Jünger von Emmaus erleben eine Zeit ohne Gott, und ihr Herz ist unsäglich traurig, vielleicht auch wütend, enttäuscht. Dann erzählt diese Emmausgeschichte, dass sich ein Herz verwandelt, dass am Ende der Geschichte ein Herz steht, das durchglüht ist: „Brannte uns nicht das Herz in der Brust, als er mit uns redete, als wir das erlebt haben?“ So umfasst das Emmausevangelium vom Anfang bis zum Ende immer wieder Wandlung, und in der Mitte steht eine Bitte. Die Jünger spüren, dieses ist ein besonderer Mensch, obwohl sie nicht wissen, wer das ist, und dann das Gefühl haben, er tut gut. Den müssen wir bitten: Bleib doch bei uns!

Eins der schönsten und besten Gebete, die wir als Christen haben: Bleib doch bei uns! Bleib doch bei uns in den Zeiten der Gemeinde, der Kirche, wo vieles sehr, sehr im Argen liegt und wir nicht wissen, wie es überhaupt weitergehen soll. Bleib doch bei uns.

Ich möchte schließen mit einem österlichen Wort von jemandem, der durch die Hölle gegangen ist, der durch das Konzentrationslager gegangen ist und überlebt hat, Elie Wiesel. Er hat gesagt, seine zwei Lieblingsworte, das sind: „Und doch. Für mich passt dieses Wort immer, in glücklichen und in traurigen Situationen. Die Sonne geht auf, und doch wird sie untergehen. Eine Nacht voller Angst, und doch wird sie ein Ende nehmen. Es kommt darauf an, nicht zu resignieren, sich nicht zum dumpfen Dulder eines unabänderlichen Schicksals zu machen, sondern immer das Licht am Ende des Tunnels zu sehen, das kommt und das wartet und das da ist.“

Und doch. Ein österliches Wort für alle Zeit.

Der Herr ist mein Lotse

Predigt am 8.5.2022 – 60. Ordensjubiläum

Ich hatte vor kurzem ein kleines Jubiläum, doch dieses Jubiläum am 14. April konnte nicht stattfinden, weil es in der Karwoche war. Aber nicht nur ich hatte dieses Jubiläum sondern auch meine Mitbrüder, sechs, wir waren zu sieben an der Zahl, die am 14. April 1962 in Rietberg im Franziskanerkloster eingekleidet worden sind, also jener Tag, an dem wir in den Orden eingetreten sind. Damals waren wir 22, sieben sind noch da, und wir haben uns dann nach Ostern in Paderborn in der Franziskanerkirche, wo wir alle zusammen Theologie studiert haben, getroffen, miteinander die Eucharistie gefeiert, gedankt und zurückgeblickt – wie gesagt, kein großes Jubiläum, aber doch für jeden von uns ziemlich intensiv. 60 Jahre, die hinter uns liegen, und wir haben zurückgeblickt. Ich habe mich noch erinnert, damals, als wir eingekleidet wurden, 22 an der Zahl, im Gottesdienst die braune Kutte übergestülpt bekamen, da schrieb die Tageszeitung der Kleinstadt Rietberg: „Zwei komplette Fußballmannschaften bei den Franziskanern eingekleidet."

Es war etwas Besonderes, dieses Jahr 1962. Ich erinnere mich auch noch im Noviziat, da gab es etwas, was herausragend besonders war, nämlich die Eröffnung des 2. Vatikanischen Konzils in Rom. Im Kloster galten strenge Regeln, da gab's kein Fernsehen, da gab's auch kein Radio, aber am Tag der Eröffnung des Konzils ist von dem Novizenmeister auf interessante Weise ein riesiger Fernsehapparat organisiert worden. Er wurde in den Speisesaal gefahren, und wir haben 3 oder 4 Stunden die Eröffnung des Konzils miterlebt.

Warum erzähle ich das? Das war damals wirklich etwas ganz Besonderes, etwas, wonach die Kirche heute nach 60 Jahren sich sehnt, dass ein anderer, damals Papst Johannes XXIII., es auf seine Weise tut, die Kirche wie ein guter Hirte leitet.

Wie gesagt, bei diesem Rückblick hat jeder von uns sich erinnert an dieses und jenes, an Zeiten der Herausforderungen, an Zeiten der Krise, an Zeiten der Freude. Wir haben ja immer wieder eng das Leben miteinander gestaltet und geteilt. Etwas wird mir nie aus dem Sinn gehen, ganz tief im Unterbewussten, im Hinterkopf verhaftet: Ich bekam während dieses Noviziates, ungefähr in der Halbzeit, von meiner Mutter einen Brief, den sie mir geschrieben hat, einen längeren Brief, in dem unter anderem der Satz stand:

„Lieber Josef! Wenn Du glaubst, dass Du nicht ganz glücklich bist und dass Du vielleicht doch einen anderen Weg gehen willst, das Elternhaus steht Dir immer offen."

Diesen Brief habe ich heute noch. Er hat alle Umzüge überlebt, und er ist für mich zu etwas ganz Kostbarem geworden, nämlich dieses Wort der Mutter: Das Elternhaus steht Dir jederzeit offen.

Dann gibt es, wenn ich weiter zurückblicke, mehr auf heute hin, eine Situation, die etwas Ähnlichkeit damit hatte, nämlich vor 34 Jahren, als die Frage anstand: Was wird aus dem Kloster in Tempelhof, das die Franziskaner nicht mehr halten konnten. Dann kam die Überlegung ins Gespräch mit St. Ludwig. Kardinal Meißner hat diese Gemeinde damals den Franziskanern angeboten. Der Provinzial kam auf mich zu und hat mich vorsichtig gefragt: „Kannst du dir vorstellen, dass du mit zwei, drei jüngeren Mitbrüdern nach Berlin gehst, nach Westberlin damals. Fahr da mal hin für einige Tage! Schau dir das an!“ Und dann fügte er den Satz hinzu: „Ich kann auch mit deinem Nein leben.“ Das war eine Verlockung zur Freiheit. Ich konnte entscheiden: Will ich das oder will ich das nicht. Ich habe mich dann entschieden, Sie wissen das. Diese kleine Situation spiegelt etwas wider von der Art und Weise, wie das Gehorsamsverständnis in unserem Franziskanerorden ist, dass die Stimme des einzelnen mit dem, was sein individueller Weg ist, immer wieder eine große Rolle spielt. Darauf bin ich in gewisser Weise auch stolz, dass es bei uns so ist. Ich weiß auch, dass es nicht überall so ist. Dass es auch manchmal Engpässe gibt wie im Leben überhaupt, und trotzdem: Freiheit, freie Entscheidungen, das ist ein Höchstwert. Von der Freiheit des Christenmenschen hat Luther gepredigt, und das war für ihn das Oberste, die Freiheit eines Christenmenschen.

Wenn ich an die Lesung denke, die wir eben gehört haben (Apg 13,14.43b-52), Paulus und Barnabas, sie waren frei, neue Wege zu gehen in der Ausbreitung des Christentums und etwas anders zu machen als die vorgeschriebenen Gesetzlichkeiten der jüdischen Religion. Paulus hat diese Freiheit verstanden und gelebt.

Dann erinnere ich mich noch an eine Situation – es war kurz vor der Priesterweihe – da hatten wir Exerzitien, und die Exerzitien hielt damals ein holländischer Franziskaner für uns, der Konzilsberater war, ein Theologieprofessor der Pastoral. Diese Exerzitien, 1968, waren so intensiv und gut. Sie haben dann meinen persönlichen Weg weitgehend bestimmt, dass ich nicht promovieren wollte, sondern dass ich intensiver in die Verkündigung und in die Predigtarbeit hineingehen wollte. Das ist dann auch geschehen.

Ein kleines Jubiläum, wo es viel für uns alle Sieben, die wir beieinander waren, zu danken gab und gibt.

Heute ist der Sonntag des guten Hirten. Für manche Zeitgenossen ist das Bild des Hirten und der Herde weit, weit weg. Da haben sie keine Tuchfühlung mehr, viele von uns nicht, aber es ist und bleibt – finde ich – ein Urbild der Menschheit, das nicht in zwei, drei Jahrhunderten verschwinden wird, sondern dieses Wort von dem Hirten und wer es ist, das bleibt. Aber dann hat es immer wieder Versuche gegeben, dieses Bild ein wenig zu schärfen und neue Impulse zu geben, und so eine Variation des Bildes von dem, was der gute Hirt tut, habe ich gefunden unter dem Motto Lotse, und in dieser Variation heißt es:

Der Herr ist mein Lotse,
ich werde nicht stranden.
Er leitet mich auf dunklen Wassern
und führt mich auf der Fahrt meines Lebens.
Er gibt mir neue Kraft und hält mich auf Kurs um
seines Namens willen.
Und geht es durch Unwetter und hohe See
fürchte ich mich nicht, denn du bist bei mir.
Deine Liebe und Treue sind mir Schutz.

Es kommt immer ganz anders

Predigt vom 12.6.2022

Können Sie sich noch erinnern, was Sie in der ersten Lesung aus dem Buch der Sprichwörter gehört haben über die Weisheit? Diese Lesung aus dem Buch der Sprüche ist so etwas wie eine feine Poesie, das, was der Schreiber, der diesen Schatz von Wahrheit zusammengetragen, gebündelt hat unter dem Stichwort „Die Sprichwörter Salomos", das ist eine Fülle von Weisheit und von Wahrheit.

Weisheit. Weisheit, daran fehlt es uns oft. Aber was ist Weisheit? Natürlich gibt es dafür verschiedenste Definitionen. Das erste, das wir als Theologen zu unterscheiden haben: es gibt eine göttliche Weisheit, von der in dieser Lesung die Rede ist, und es gibt menschliche Weisheit, wie sie sich kristallisiert, bündelt in dem Erfahrungsschatz der Menschheit, wie sie meinetwegen Poeten, Dichter, Schriftsteller zusammengestellt haben, menschliche Weisheit, die vielleicht nur ein Körnchen der Weisheit Gottes in sich hat. Aber oftmals sind wir auf solche kleinen Körner der Weisheit, die Menschen ins Wort gebracht haben, angewiesen, um selbst auf den Weg zu kommen und selbst zu schmecken, was das ist, langsam weise, klug, lebensklug zu werden.

Sie schlagen sich nieder in den Werken der Poeten und der Dichter, in den Sprichwörtern, die ein Volk hat. Ich möchte an dieser Stelle nur ein einziges Wort von einem deutschen Dichter herausgreifen, von Wilhelm Raabe, ein Wort, das uns in die Nähe von Weisheit, menschlicher Weisheit, menschlicher Klugheit führen kann. Dieses Wort von Wilhelm Raabe lautet so: „Es kommt immer ganz anders. Das ist ein wahres Wort und im Grunde zugleich auch der beste Trost.“ Es kommt immer ganz anders. Wer von uns könnte das nicht unterschreiben aus seiner eigenen Lebenserfahrung. Man hat sich manches anders vorgestellt, und dann kam es anders.

Ich war bis heute Morgen in meiner Heimat in Westfalen, bin zu früher Stunde losgefahren, weil ich dachte, ich bin dann gegen ein Uhr hier in Berlin. In Wirklichkeit bin ich in meinem Domizil bei den Dominikanern erst angekommen um halb 5 wegen – ich wusste das nicht – der Sternfahrt der Fahrräder auf den Autobahnen. Die Stadt war vollgestopft mit Autos, kein Vorankommen. Mehrere Stunden musste ich Geduld aufbringen. Es kam anders als ich es mir heute Morgen so bei schönem Wetter vorgestellt hatte, obwohl die Autobahn von Paderborn bis kurz vor Berlin völlig leer war, kein Lastwagen war unterwegs, wenig Autos. Angenehmes Fahren. Es kam anders.

Ich nehme das nur als Beispiel wie es im Leben oft spielt.

Es kommt anders.

Und für viele Menschen kommt es in tragischer Weise anders – wenn ich an das Eisenbahnunglück denke in Oberbayern, wenn ich an das denke, was gestern und auch heute durch die Presse geht aus dem Bistum Limburg, wo sich ein Priester das Leben genommen hat. Der Bischof und die Priester, die ihn kannten, sind fassungslos. Es kommt anders.

Wilhelm Raabe hört damit aber nicht auf, sondern er fährt fort: Es ist ein wahres Wort und im Grunde zugleich auch der beste Trost. Es kommt mir so vor, als würde er Jahre oder Jahrzehnte vorweggreifen und aus der Rückschau, nachdem Jahre dazwischenliegen, kann er sagen: es war doch irgendwie gut, was mir zugestoßen ist, wo ich mich verändern musste, wo es anders in meinem Leben werden sollte. Im Grunde zugleich auch der beste Trost. Wenn man sich das sagen kann, dann beginnt da eine kleine Portion menschlicher Weisheit. Wer weiß, wofür es gut war, damals. Und heute, nach Jahren, kann ich sagen: Ich verstehe etwas von dem Sinn des Ganzen – warum es vielleicht für mich so kommen musste.

Es kommt immer ganz anders, ein wahres Wort, und im Grunde zugleich ein großer Trost.

Über dieses Wort wollen wir noch einen Augenblick im Stillen nachdenken.

Wozu sind wir auf Erden

Predigt vom 2.7.2022 – 125 Jahre St. Ludwig

Ich habe seit einigen Tagen immer wieder die Zeitschrift LILIENTREU aufgeschlagen. In der vorletzten Nummer ist über der ganzen Mittelseite ein Foto von St. Ludwig zu sehen, und zwar von diesem Innenraum. Die Position des Fotografen: er hat wahrscheinlich im Mittelgang gestanden, in der 12. oder 14. Reihe, und hat dieses – wie ich finde – einfach wunderbare Foto gemacht, von dem man denken könnte, das ist noch schöner als die Realität.

Die Realität heute ist, dass z.B. das Gerüst an der Portalseite die Fenster über der Orgelbühne verdeckt und dass es in der Kirche nicht so hell und so sonnig ist wie wenn das Gerüst abgebaut und die normalen Verhältnisse wieder da wären. Dieses Bild suggeriert einfach, dass dies eine Kirche ist, die eine besondere Struktur, eine besondere Gestalt hat, die einem das Gefühl gibt, wenn ich in diese Kirche hineingehe und mich in Ruhe in eine Bank setze, dass ich aufgenommen werde, dass dieser Gottesdienstraum mich aufnimmt. Und dass der Raum auch so etwas an sich hat wie eine Burg, die mich schützt. Ich habe das auch schon früher immer wieder mal erlebt, wenn es gewitterte, gegossen hat und die Stürme brausten, wir hier in der Kirche waren und das Unwetter so miterlebten, dass diese Kirche einen Schutzraum bietet, einen Schutzraum, aber auch noch im tieferen Sinne, der uns schützt und der uns Halt gibt, der uns etwas gibt, das wir zum Leben und zum Sterben brauchen.

Das Besondere dieses Fotos ist auch noch, dass die Bänke alle leer sind. Es erinnert ein wenig, symbolisch, an die Zeit der Pandemie, da sind die Bänke etwas leerer geworden und mancher aus der Gemeinde hat den häufigen Kontakt zu dieser Kirche oder überhaupt zur Kirche ein wenig verloren. Jetzt sind wir in der Phase, wo dieses Interesse an der Kirche, an dem Wichtigsten und Wertvollsten unserer Kirche, nämlich Liturgie feiern, wieder lebendig werden kann, und zwar so, dass die ganze Gemeinde die Liturgie feiert, nicht der Priester allein, so wie es früher war, sondern wo das Bewusstsein in den Herzen und in den Köpfen der Gläubigen gewachsen ist: Wir sind Kirche, und wir sind diese Gemeinde. So blicken wir am heutigen Tag ein wenig stolz zurück auf diese Geschichte von St. Ludwig – Pfarrer Michael Scheele hat es vorhin schon angedeutet – das Leben ist immer eine Wellenbewegung und eine Linie, die sich verändert. Es tut nicht gut, wenn man mit einem Lineal alles bemessen will, sondern das Leben ist anders.

Nochmal zurück zu dem Kern, worum es in der Kirche geht: die Feier der Sakramente, speziell der Eucharistie, aber auch der anderen Sakramente wie der Taufe, der Firmung, der Ehe. Hier schöpfen Menschen Kraft und Trost für ihr Leben. Die Frage, die wir als

Kinder oft beantworten mussten – wenigstens meine Generation und vielleicht auch die nächste – festgehalten im Katechismus – wie das heute ist, weiß ich nicht – wenigstens wir mussten das wie aus dem Effeff aufsagen können: Wozu sind wir auf Erden? Eine zentrale Frage. Und die Antwort hieß – das haben wir damals so gelernt: Gott zu erkennen, ihn zu lieben und dafür in den Himmel zu kommen. Das war die Antwort, und die war klar und die war richtig. Was aber heute verändert ist, dass für viele Menschen diese Formeln vertrocknet sind, dass wir sie noch als Worthülsen haben, aber gar nicht mehr das Eigentliche damit verbinden, das ursprünglich mal gemeint war.

Wozu bist du auf Erden? Der Dichter Matthias Claudius – vor über 200 Jahren hat er gelebt – er hat das schöne Lied „Der Mond ist aufgegangen" und viele andere Lieder gedichtet. In seinem Tagebuch stehen die Sätze: Wozu sind wir auf Erden? Seine Antwort lautet: „Wir sind auf der Welt, nicht um zu grübeln, nicht, um uns zu zanken, sondern um heilig zu leben." Ich finde das eine sehr schöne, einfache Antwort. Wir sind nicht dazu da, zu grübeln, uns zu zanken, sondern um heilig zu leben. Dieses Wort ‚heilig zu leben' würde ich mal ein bisschen einschränken, denn es ist uns nicht so nahe, was damit wohl gemeint sein kann. An die Stelle von heilig zu leben einfach mal Pünktchen zu machen und für sich zu überlegen, jeder von uns, wozu bin ich auf Erden? Dann lässt man gern die Antwort an sich heran: Ich bin nicht auf dieser Welt, um zu grübeln.

Ich bin auch nicht auf dieser Welt, um mich zu zanken. Zanken ist vielleicht noch etwas anderes als Streiten. Streiten hat einen etwas positiveren Klang. Zanken klingt etwas nach kindisch oder kindlich. Zanken: wer hat recht? Und oftmals geht es gar nicht ums Recht haben sondern darum, dass die Kommunikation nicht abbricht.

Wozu bin ich auf Erden? Eine Antwort für uns als Erwachsene kann lauten: Um reifer zu werden, um mit der Verantwortung, die mir in meinem Leben übergeben ist, gut umzugehen, um die Spur zu finden, die für mein Leben die zentrale Spur ist, der Weg, den ich gehen soll. Dazu bin ich auf Erden, dass ich mein Leben und den Weg zu mir selbst finde. Dass es Mitmenschen gibt, die uns helfen können durch ihren Rat, durch ihre Begleitung, dass wir unseren Weg entdecken und dass wir ihn auch selbst gehen.

In meiner Heimat, im Erzbistum Paderborn, gibt es die Kirchenzeitung DER DOM, ein Magazin, das ich auch an jedem Wochenende bekomme. Auf der zweiten Seite gibt es einen Artikel, der lautet: Wozu bist du da, Kirche von Paderborn? Dann antwortet ein konkreter Mensch aus dem Erzbistum, egal welchen Beruf er hat, was er tut, was ihm der Glaube bedeutet und was ihm die Taufe wert ist. Sehr facettenreich, und diese Frage, sie ist gut: Wozu bist du da, Kirche von Paderborn? Ich ersetze jetzt die Frage heute, Berlin, Wilmersdorf: Wozu bist du da, Kirche von Wilmersdorf? Oder noch direkter an die Adresse von St. Ludwig: Wozu bist du da, St. Ludwig? Dass wir das tiefer verstehen und dann besser leben können.

Wozu bist du da, Kirche in Wilmersdorf, Kirche von St. Ludwig? Jetzt höre ich für ein paar Minuten herein in das Evangelium von heute (Lk 10.1 – 12.17-20), wo Jesus 72 Jünger aussendet und etwas zu ihnen sagt, was sie auf ihrem Weg bedenken sollen, was für uns als Kirche heute ebenso wichtig ist. Das erste Wort, das da steht – vielleicht haben Sie es vorhin auch bewusst wahrgenommen – das heißt: Geht! Geht, ein Schlüsselwort von Jesus an die, die er sendet. Geht! Der erste Schritt ist durch nichts zu ersetzen, ist damit gemeint. In der praktischen Theologie gibt es ein Spezialwort, das heißt Spazidation. Dieses Wort Spazidation ist zusammengesetzt aus den beiden Wörtern spazieren gehen und meditieren. Das tun viele, die ich kenne. Spazidation tun, üben, auch wenn Sie dieses Wort noch nie gehört haben. Und mir selbst geht es auch so: Wenn ich nicht weiter weiß, dann gehe ich im Klostergarten der Dominikaner ein paar Runden spazieren, und dann löst sich etwas.

Im Gehen liegt ein Segen. Das ist das erste, was Jesus den Jüngern mitgibt: Bleibt nicht stehen! Blickt nicht zurück, sondern geht! Zweites Stichwort: Macht es euch nicht unnötig schwer, indem ihr euch mit Dingen vollpackt um vorzusorgen. Also, leichtes Gepäck. Dann stand da – Sie haben es vielleicht noch im Ohr und haben gedacht: was soll das denn – grüßt niemanden unterwegs! Das kann man besser verstehen, wenn man an die Bräuche im Alten Orient denkt, an die Kulturgeschichte, wo die Menschen sich nicht oft sahen und trafen, aber wenn sie sich begegneten, dann entwickelten sie eine Erzählkunst, dann kamen sie so richtig ins Reden und vergaßen, was sie eigentlich wollten. Auf diesen Punkt zielt das Wort: Grüßt niemanden unterwegs! Das ist keine Aufforderung zum Unhöflichsein, sondern konzentriert euch auf das, was jetzt, was heute wichtig ist, was du heute tun willst. Grüßt niemanden unterwegs! Verquatscht euch nicht, könnte man sagen. Lasst euch nicht vom Ziel abbringen. Seid innerlich bei dem, auf das ihr zugeht.

Bleibt in dem Haus, wo ihr seid! Mit anderen Worten: Seid keine Schmetterlinge, die immer wieder von einer Blüte zur anderen wechseln, sondern bemüht euch, eine Stetigkeit zu leben.

Und schließlich – damit will ich dann schließen – schüttelt den Staub von euren Füßen, auch das eine symbolische Geste aus dem Altertum, die besagen will: Belastet euch nicht mit dem, was euch nach unten zieht! In der heutigen Sprache: Lass dir keinen Stachel wachsen, der dich wie ein Fersensporn immer begleitet und dich mit deiner Kraft und deinen Gedanken nach hinten zieht. Den Staub von den Füßen schütteln, d. h. dich abgrenzen, eine gewisse Immunität finden und sich nicht hindern lassen.

Wozu bin ich auf Erden? Nicht um zu grübeln, nicht um zu zanken, sondern um meinen persönlichen Lebensweg mit Freude und Leichtigkeit, mit Hoffnung auch in schweren Tagen zu gehen. Das wünsche ich Euch/Ihnen heute an diesem Festtag von St. Ludwig, die Energie, dieses zu leben und in das eigene Herz hineinzunehmen.

Wer einmal zu sich selbst gefunden hat,
kann nichts auf dieser Welt verlieren.

S. Zweig

Legt den Gürtel nicht ab

Predigt vom 7.8.2022

Ich habe eine Vorliebe für Aphorismen, für Sentenzen, für Weisheiten aus anderen Kulturen oder Völkern, und ich sammle sie auch, weil ich manchmal das Gefühl habe, ein einziger Satz oder zwei Sätze ersetzen fast ein ganzes Buch, weil sie so komprimiert zugespitzt etwas zum Ausdruck bringen, was für uns Menschen zu bedenken ist.

Manchmal gibt es auch Sentenzen, Aphorismen, da hält man die Luft an oder wird gezwungen nachzudenken: Was soll das denn? So ein Satz stammt zum Beispiel von Wilhelm Raabe. Er lautet: „Die ewige Illusion, dass das Leben noch vor einem liege. Das Leben liegt immer hinter einem.“ Ein überraschender Satz, und sich damit anzufreunden, anfreunden zu können: Das Leben liegt immer hinter einem.

Gerade wer sich noch in der ersten Lebenshälfte befindet, der wird mit diesem Satz seine Schwierigkeiten haben. Wer aber, wie mancher von uns, sich bereits in der zweiten Lebenshälfte bewegt, der kann sich mit diesem Satz eher anfreunden und sagen: Ja, das stimmt. Das Leben liegt hinter mir, zumindest ein großer Teil, nämlich meine Jugend, meine Berufstätigkeit, mein Erwachsensein, meine Familiengründung, und es gibt vieles, auf das ich dankbar zurückblicken kann. Aber es liegt hinter mir.

Die erste und die zweite Lebenshälfte sind ja nicht einfach in zwei Zeitblöcke wie nach Jahren berechnet eingeteilt, sagen wir mal 40 oder 45 Jahre und noch einmal 40 oder 45 Jahre, zwei Zeitblöcke, die nebeneinanderliegen, sondern die etwas an sich haben von dem Ablauf eines Tages. Die Sonne scheint am Vormittag anders als nachmittags um 16 oder 17 Uhr. Das Lebensgefühl ist anders in der zweiten Hälfte des Lebens als in der ersten Hälfte. Beide zu bewältigen ist die Aufgabe eines jeden Menschen. Oftmals ist gerade in der Mitte, wo diese Nahtstelle ist, der Übergang, der jetzt nicht festliegt auf einem Jahr oder auf drei Jahren, sondern der gleitend ist, gerade diese Stelle ist oft sehr gefährlich. In dieser Zeit geschehen – so sagt es die Wissenschaft – die meisten Suizide, weil Menschen an dieser Stelle so empfindlich und so verletzbar sind und nicht mehr die Kraft spüren, weiterzugehen, weil sie denken: Das Leben liegt hinter mir.

Es kann aber auch ganz anders sein, dass nämlich die tiefere Lust am Leben in der zweiten Lebenshälfte mehr gedeihen kann, dass das Leben viel mehr Geschmack bekommt, dass man ein viel offeneres Wahrnehmungssystem oder mehr Antennen hat, das Positive, das Schöne, das Gute, das, wofür man dankbar ist, wahrzunehmen und vor allen Dingen, dass etwas wachsen kann an innerer Freiheit, zu der ich in der ersten Lebenshälfte noch nicht fähig war, die aber in der zweiten Lebenshälfte da ist und ich vielleicht viel gelassener und heiterer lebe als früher.

Warum erzähle ich das? Weil es mir heute um ein Wort, das wir eben im Evangelium (Lk 12,35-40) gehört haben, geht, das sich durch das Evangelium zieht und auch schon im Alten Testament immer wieder einmal auftaucht, der erste Satz des heutigen Evangeliums: „Legt den Gürtel nicht ab!" Der Gürtel ist ein altes Symbol für die Kraft des Menschen. Der Gürtel hält oder zentriert die Kraft eines Menschen, so will es dieses Bild. Wenn ich den ganzen Schluss des heutigen Evangeliums nehme, dann ist in diesen Worten Zukunft, nicht nur gedacht sondern verlockend dargestellt, für die Knechte, die beharrlich sind und wach bleiben, die den Gürtel nicht ablegen, für die kommt ein großes Fest, wie es hier beschrieben ist, wenn der Herr kommt. Also zukunftsorientiert ist dieses Evangelium, im Gegensatz zu dem faden Geschmack, den das Wort von Wilhelm Raabe vielleicht bei einigen hat: das Leben schon hinter sich zu haben, und dann kommt nichts mehr.

Das Evangelium ist genau das Gegenstück, die Gegenbotschaft, ich könnte auch sagen: christliche Hoffnung, die sich hier in diesem Bild von dem Gürtel ausdrückt. Dieses Motiv vom Gürtel ist ja auch später in der Literatur aufgetaucht, z.B. in dem Märchen von den Gebrüdern Grimm „Das tapfere Schneiderlein". Dieses Märchen erzählt – vielleicht erinnern Sie sich – dass das tapfere Schneiderlein in seiner Stube sitzt, sich ein Frühstücksbrot gemacht hat, sich gerade noch sein Wams nähen will, und in den Minuten sind Fliegen auf seinem Brot mit dem Mus. Es ist geschockt, packt das nächste Tuch und schlägt die Fliegen auf dem Brot tot. Sieben auf einen Streich, so erzählt es das Märchen. Da ist das tapfere Schneiderlein so glücklich und froh, dass er es geschafft hat, die lästigen Fliegen mit einem Schlag zu töten. Dann macht er sich einen Gürtel und stanzt in diesen Gürtel sieben Löcher, die ihn an die Sieben erinnern. Er zieht ja dann in die Welt mit der Knospe des Selbstbewusstseins, das er durch diesen kleinen Akt gewonnen hat. Das Märchen geht so weiter, dass er einen Riesen trifft, der denkt, er hätte sieben Menschen erschlagen und der dann Angst bekommt vor diesem Schneiderlein. Es war der Mut, den das Schneiderlein durch seinen Gürtel, durch dieses Symbol, das er sich gewählt hat, bekommen hat und der ihn bei den vielen Kämpfen, die es in seinem Leben bewältigen musste, immer stark gemacht hat.

Für uns – wenn ich dieses Evangelium nehme – taucht der Satz auf: Und wenn der Herr dann nicht kommt, vielleicht kommt er erst in der zweiten Nachtwache. Schon da muss man viel Geduld haben, aber vielleicht kommt er auch erst in der dritten Nachtwache, also erst gegen Morgen. Da muss man noch mehr Geduld haben.

Botschaft: Beharrlichkeit, das ist es, worauf es ankommt, und der Gürtel ist ein Symbol der Beharrlichkeit und Geduld.

Vor 14 Tagen haben wir das Evangelium bedacht, wo der Beter aufgefordert wird: Bittet, und es wird euch gegeben. Klopft an, und die Tür wird euch aufgetan.

Diese unverschämte Beharrlichkeit blitzt in diesem Evangelium auch wieder auf. Legt den Gürtel nicht ab! Das ist die Botschaft dieses Evangeliums.

Gottes Wege sind dunkel,
aber das Dunkel liegt nur auf unseren Augen,
nicht auf unseren Wegen.

M. Claudius

Gesunder Menschenverstand

Predigt vom 28.8.2022

Es ist schon einige Jahre her, dass sich in meinem Hinterkopf ein Wort eingenistet hat, das jemand – ich weiß gar nicht mal, wer es war, ob ein Theologe oder Nicht-Theologe – gesagt hat, als es um das Thema des Heiligen Geistes ging: „Der Heilige Geist ist ein Freund des gesunden Menschenverstandes." Eine Formulierung, die mir gefällt, weil sie einen Zugang eröffnet zu dem, was wir Heiliger Geist nennen, der für uns ja oft unerklärlich ist und wirkt, aber dass dieser Heilige Geist etwas mit der Realität des Alltags zu tun hat – hier gesunder Menschenverstand genannt – das ist das Neue und auch das Gute und Schöne. Dann ist nicht mehr so eine Kluft da zwischen dem Heiligen Geist in höchster Höhe und meinem Alltag, meinem Leben. Der Heilige Geist, ein Freund des gesunden Menschenverstandes.

Ich habe dieses Wort schon Firmlingen erzählt, die spitzten die Ohren, und denen gefiel das wohl, aber auch Erwachsenen. Ich möchte es nun auch mit Jesus verknüpfen. Jesus selber war ein Freund des gesunden Menschenverstandes, und das kann man im Evangelium auch wunderbar nachspüren. Vieles von dem, was Jesus den Menschen erzählt hat, ist gesunder Menschenverstand, so z.B. heute, was in der alttestamentlichen Lesung (Jesus Sirach 3,17-18.20.28-29) erzählt wurde, wo es um gesunde Demut, gesunde Bescheidenheit geht.

Gesunder Menschenverstand. Der Heilige Geist, vielleicht könnte der auch zu manchen Menschen, die sich immer kleiner machen als sie sind und sich kleiner fühlen, sagen: „Denke immer daran, du bist mutiger als du glaubst, stärker als du scheinst, schlauer als du denkst.“ In diesen Worten ist etwas eingefangen: der Mensch ist doch mehr als das, was er sich manchmal oder oft selbst eingesteht oder dass er sich unterschätzt, statt sich gesund normal zu schätzen.

Das Evangelium (Lk 14,1.7-14), das wir eben gehört haben, diese Klugheitsregel, die Jesus nennt, was man tun soll, wenn man bei einer Hochzeit eingeladen ist, dass einem nicht das passiert, was da geschildert wird, sondern dass man hören mag: Komm, du bist doch mehr! Du hast diesen Platz verdient und nicht einen anderen. Auch das ist Klugheitsregel, das ist praktische Lebensweisheit. So hat das Evangelium oft eine entspannende Wirkung. Wir erfahren beim Lesen des Evangeliums eine gesunde Entspannung, aber das Besondere jetzt im Evangelium ist, dass es nie bei diesem ganz Normalen bleibt, sondern dass da noch etwas anderes möglich ist, für das Jesus uns Menschen eigentlich die Augen öffnen will, unser Gespür öffnen will, nämlich, dass es in unserer Welt, in unserem Leben mehr geben muss als das Gesetz, das Gegenseitigkeitsprinzip: Du hast mich eingeladen, also lade ich dich wieder ein. Das Gegenseitigkeitsprinzip.

Im letzten Teil des Evangeliums leuchtet auf einmal etwas ganz anderes, etwas einmalig Neues auf: Lade die Menschen ein von den Ecken und Zäunen! Wenn du das tust, dann bist du dem Reich Gottes nahe.

Das hat der hl. Ludwig getan und vermocht. Ich selbst war erstaunt, als ich jetzt nachgelesen habe, was z. B. ganz konkret von diesem hl. Ludwig erzählt wird. Da heißt es: „Nach dem Bericht eines Augenzeugen schlich er sich – also Ludwig als König – in frühester Morgenstunde, als Schildknappe verkleidet und nur von einem Diener begleitet, aus seinem Zimmer und verteilte unter die Armen, die auf dem Schlosshof warteten, persönlich die Almosen. Dabei gab er denen am meisten, die am elendsten erschienen." 1234 übernahm König Ludwig die Herrschaft, einen Monat später heiratete er, und am nächsten Tag krönte er seine Frau Margarete zur Königin. Bei dieser feierlichen Gelegenheit ließ das Paar reichlich Gaben an die Armen verteilen, und der König besuchte persönlich die Kranken der Stadt und ihrer Umgebung und half ihnen soweit wie möglich.

Eine andere Beobachtung aus dem Alltag: Ludwigs Kleidung war einfach, außer bei festlichen Anlässen, doch auch dann, dem kostbaren Schuhwerk fehlte manchmal ein Teil der Sohlen, sodass er barfuß gehen und unauffällig Buße tun konnte. An anderer Stelle: Mit der Lektüre der Hl. Schrift war König Ludwig von Jugend an vertraut. Ludwig war auch ein innerlicher

Beter. Noch lange, nachdem seine Ritter eingeschlafen waren, blieb er vor seinem schlichten Holzbett im Gebet versunken. Als Mitglied des 3. Ordens vom hl. Franziskus nahm er den Ausspruch Christi wörtlich: „Arme habt ihr allezeit bei euch.“ Täglich ließ er in seinem Haus 120 Arme und Gebrechliche verpflegen, und wenn einige seiner Hofleute ihn wegen seiner angeblichen Verschwendungssucht für die Armen und Kranken tadelten, antwortete er darauf: „Viel lieber möchte ich um der Liebe Gottes willen ein Almosenverschwender sein als Verschwender für den Prunk und eitlen Ruhm der Welt.“

Letzter Satz: König Ludwig war fest davon überzeugt, dass er seinem Volk in allem ein Vorbild sein müsse. In diesem Sinne hat der hl. Ludwig das, was im heutigen Evangelium die Sinnspitze ist, der Schluss mit den Einladungen an die, die sich nicht revanchieren können, die arm sind, die von den Hecken und Zäunen, das hat er in seinem Leben realisiert, wie die Historie glaubwürdig berichtet.

Darum hat er auch den Namen bekommen: Rex Christianissimus, der christlichste aller Könige. Nicht eine Vokabel, einfach dahingesagt sondern gedeckt durch sein Leben, durch Glaubwürdigkeit, und so ist er zu einer ganz großen Heiligengestalt im Mittelalter geworden und sogar in Europa. Er gehört in die europäische Geschichte, er, der es verstanden hat, Tischgemeinschaft zu leben wie sie im Evangelium aufblitzt, Tischgemeinschaft mit denen, die sich nicht revanchieren können, mit den Armen, mit denen von den Hecken und Zäunen. Er, finde ich, ist ein so einladender, sympathischer Patron für viele Gemeinden, und er ist eben auch der Patron unserer Kirche. Es ist immer wieder gut, sich in die Botschaft seines Lebens hineinzudenken, hineinzufühlen oder gar nachzulesen.

Ludwig, der Heilige, heißt es in der Geschichte.

Wenn die Entscheidung getroffen ist,
sind die Sorgen vorbei.

Cicero

Suchen und Finden

Predigt vom 14.9.2022

Dieses Evangelium (Lk 15,1-32) ist die beste Predigt, die man sich denken kann.

Ich will jetzt keine lange Predigt halten, aber etwas sagen, was mich berührt und was mich beschäftigt, nämlich Folgendes: Ich gehe aus von dem, was ich selbst erfahren habe. Ich habe hier in meiner Hand so ein ganz kleines Notizbuch, und in diesem kleinen Notizbuch, mein Sekretar – das ist so die Allzweckwaffe zur Alltagsbewältigung – da steht alles drin, was ich brauche, mit Tinte oder Bleistift oder Kuli geschrieben, und ich weiß ziemlich genau, wo ich was finde, was mir immer wieder hilft, besser als jedes Handy, sofort das zu finden, was ich suche, was ich im Alltag brauche.

Und dann passiert mir etwas, was Ihnen wahrscheinlich in Ihrem Leben auch schon einmal oder mehrmals passiert ist, dass Sie etwas ganz Kostbares, so wie dieses Büchlein für mich kostbar ist, verloren haben und dann verzweifelt sind und suchen und suchen und finden es nicht, und sich zermürben in Schmerzen: Wie konnte es nur sein? Da steht alles drin. Was ist mir da abhandengekommen?

Mir ist es mit diesem Büchlein dann so ergangen, dass ich auch gesucht und gesucht habe und extra zurückgefahren bin, mehrere Kilometer, um in mein

Büro zu kommen und zu schauen: Liegt es vielleicht auf dem Schreibtisch? Da lag es nicht. Ist es vielleicht im Schlafzimmer auf dem Nachtkonsölchen oder in der Jackentasche einer Jacke, die ich vor einer Woche anhatte. Ich fand es nicht und saß verzweifelt in meinem Zimmer, 5 Minuten, in etwa, glaube ich. Dann klingelte das Handy. Am anderen Ende eine Stimme: „Hier ist Ristorante Machiavelli. Unser Chef hat ein kleines Büchlein von Ihnen gefunden und gesagt, Sie können es abholen.“ Vorn in dem Büchlein stehen alle meine Daten, Telefon, Handy, E-Mail. So konnte mich die Bedienung sofort anrufen. Ich schnell dahin – der glücklichste Mensch von Berlin – und habe es wiederbekommen. Und was war passiert? Beim Ausziehen meines Mantels war es weggerutscht, als ich zu einem Haus ging, auf dem Bürgersteig, es war schon Spätherbst. Es ist mir aus der Manteltasche gefallen. Der Wirt hat gerade in dieser Straße in alle Haushaltungen die Einladung zur Martinsgans gesteckt und dabei im Laub dieses Büchlein gefunden.

Warum erzähle ich das? Weil es mir darauf ankommt, dass wir die emotionale Seite, die auch in diesem Evangelium eine große Rolle spielt, nämlich auf der einen Seite dieser Schmerz des Suchens und auf der anderen Seite das Glück des Gefunden-habens, zum Ausdruck kommt.

Das macht unser Leben aus, dieses Doppel von Suchen und Finden. Das betrifft nicht nur Gegenstände wie eine Brieftasche, Portemonnaie oder Hausschlüssel sondern etwas viel Tieferes, und da will uns das Evangelium heute hinweisen auf die Witwe, die Frau mit der Drachme. Das Kostbare, das mir hilft, habe ich verloren. Für diese Frau mit der verlorenen Drachme spielt diese kleine Münze, die eigentlich nicht so viel wert ist, ein Tageslohn, eine große Rolle, weil sie in einen Kranz, eine Kette gehört, die eine junge Braut von ihrem Bräutigam geschenkt bekommt als Zeichen der Treue für die zukünftige Ehe. Wenn eine Braut auch nur eine Münze von den 10, die auf einer Perlenschnur aufgereiht sind, verliert, dann ist das ein schlimmes Zeichen für die Zukunft, für die Ehe. Darum sucht diese Frau so intensiv, und Lukas, der malerische Evangelist, gibt uns ein paar Stichworte. Wie tut sie das? Erstens: Licht anzünden, zweitens: den Besen benutzen, also ganz praktische Dinge vollziehen, um das zu finden, was ihr am Herzen liegt.

Letzter Gedanke, der weiterführt und in die Tiefe geht: Wenn ich auf mein Leben schaue, jeder von uns, der hier ist, und sich mal die Frage stellt: Was ist mir eigentlich in der letzten Zeit im tieferen Sinne verlorengegangen, beispielsweise durch Corona, beispielsweise durch ein unerwartetes Schicksal. Es gibt keinen, der sagen könnte: Mir ist nie und überhaupt nichts verlorengegangen. Wir alle haben immer wieder etwas verloren, und wir begeben uns immer wieder neu auf die Suche, auf die Suche nach dem, was im tieferen Sinne jetzt in meinem Leben, Mittelalter oder dritte Halbzeit oder die letzten 10 Jahre oder Rückblick auf 70 Jahre, dran ist. Was habe ich gesucht, was habe ich gefunden, warum bin ich glücklich?

Ich schließe mit der schönen Erzählung von Herbert Reinicke. Sie erzählt von einem Mann, der zu einem Arzt geht, und der Arzt fragt ihn: „Was fehlt Ihnen?“ Und der Patient ist erst stumm, und dann hat er Mut zu sagen: „Ich habe mein Lächeln verloren.“ Darauf sagt der Arzt: „Ja, das ist doch nichts Besonderes.“ – „Doch, doch“, meint er, „lachen kann ich noch, auch lauthals, ich kann auch grinsen, aber das meine ich nicht, sondern ich habe mein Lächeln verloren.“ Dann philosophieren diese beiden, der Arzt und der Patient, was das ist, sein Lächeln verloren zu haben und kommen zu der Überzeugung: Wenn einem Menschen der Einklang mit sich selbst verlorengegangen ist.

Wie viele Menschen haben ihr Lächeln verloren?

Die Schönheit des Glaubens

Predigt vom 9.10.2022

In der letzten Zeit bin ich bei Gesprächen mit Menschen, die der Kirche fernstehen oder spirituell nicht in einer Religion oder im Glauben geerdet sind, immer mal wieder gefragt worden: Wann kommt die Kirche endlich aus der Spirale ihrer Themen Missbrauch, Strukturreform, Verdunstung des Glaubens heraus?

Dabei kam mir der Gedanke: Steht hinter all diesen Fragen nicht eine ganz andere Frage, nämlich die Frage nach der Schönheit des Glaubens. Gibt es eigentlich so etwas wie die Schönheit des Glaubens? Einer, der sie entdeckt hat, war der dankbare Samariter im heutigen Evangelium (Lk 17,11- 19). Er kehrte nach seiner Heilung zu Jesus zurück und lobte Gott mit lauter Stimme.

Der Schriftsteller, Hanns-Josef Ortheil, hat Folgendes über die Schönheit des Glaubens geschrieben:

„In meinem Roman Die Erfindung des Lebens habe ich die Geschichte meiner Mutter, also die meiner Eltern und meine eigene, erzählt und dabei nach den Fundamenten unseres gemeinsamen, sehr schwierigen Lebens gefragt. Das tragende Fundament dieses Lebens war der christliche Glaube, über dessen starken Einfluss auf meine eigene Geschichte ich in den letzten Jahren immer häufiger nachdenke.

Der Glaube hat in meinen Augen zunächst einmal nichts mit der Vernunft zu tun, er ist also kein philosophisches Projekt im klassischen Sinn. Glaube entsteht aus etwas anderem als Reflexion, Glaube entsteht durch die Erfahrung der Bedürftigkeit der menschlichen Existenz. Glauben ist in diesem Sinn eine Urerfahrung und damit etwas ganz Direktes, Ursprüngliches. Als ein Lebewesen, das in einem letztlich nicht vorstellbaren, seine eigenen Grenzen himmelweit übersteigenden Kosmos zur Welt kommt, erfährt der Mensch im Glauben so etwas wie Zuneigung. Der Glaube an Gott ist also eine Art von Ur-Vertrauen: darauf, dass ich in diesem gewaltigen Universum in einem elementaren Sinn geborgen und trotz aller Fremdheit staunend, bejahend, zu Hause bin. In meinen Jugendjahren habe ich diese Kraft des Glaubens noch nicht so stark erlebt. Mit der Zeit habe ich aber immer deutlicher erkannt, dass der Zweifel am Glauben oft von Begriffs-Tüftelei und kleinteiliger Reflexion lebt. Den wirklichen, tiefen Glauben trifft das nicht. Dieser Glaube ist im Menschen verwurzelt, er ist sich dessen oft nur nicht mehr bewusst, weil die Vernunft alle Lebensbereiche erfasst hat und dominiert. Selbst die großen theologischen Texte unserer Zeit sind durch die Herrschaftsansprüche der Vernunft getrübt. Man muss sehr weit zurückgehen, um auf theologische Texte zu treffen, die vom eigentlichen Glauben sprechen und darin gründen.

Der eigentliche Glaube ist nämlich etwas Zeitloses, und weil er eben nicht an die Zeit gebunden ist, erscheint er unveränderbar und von Tendenzen und Moden der Geschichte im Grund nicht betroffen. Vielleicht wird gerade deshalb so wenig vom Glauben und so viel über Kirchenpolitik gesprochen. Kirchenpolitik ist Zeitgeschichte, Auslegung des Glaubens, Beitrag zu öffentlichen Debatten. Der Glaube aber ist gegenüber all diesen Auslegungen immun, er ist etwas Substantielleres, er ist das eigentliche Mysterium der Religionen. Dieses Mysterium erlebe ich zum Beispiel oft beim Hören gregorianischer Choräle. Die sind uralt und erscheinen mir in ihrer großartigen Schlichtheit doch noch sehr gegenwärtig. Der starke Eindruck, den sie hinterlassen, entsteht wohl dadurch, dass sie wie ein einfaches, sich ganz zurücknehmendes Sprechen und Bitten wirken. Ich habe in Klöstern oft erlebt, dass sie von den Mönchen gleichsam in die Dunkelheit hinein geflüstert wurden. Diese Choräle machen sich also sehr klein, sie betreiben keinerlei Aufwand, die Tonfolge schmiegt sich den Worten an und bringt sie gerade mal so eben zum Klingen. Umso mehr lebt in ihnen das große Ethos des Glaubens: aus der Bedürftigkeit heraus den großen Gott anrufen, ihm danken, ihn bitten, dem Kosmos seine Zuneigung zu erhalten."

Mir persönlich scheint diese Sichtweise, vielleicht auch vielen Christen, speziell denen, die sich sehr, sehr engagieren, etwas fremd und ungewohnt, aber ich finde: immer wieder muss man neu zu den Fundamenten dieser grundsätzlichen Dinge, dieser Frage zurückkehren: Was ist Glaube? Hanns-Josef Ortheil hat in dieser biographischen Aussage von sich, finde ich, etwas ganz Wesentliches getroffen.

Nochmal die Kernpunkte: Die Erfahrung der eigenen Bedürftigkeit zulassen, anschauen, nachdenklich werden. Im Glauben erfahren, dass es so etwas Unsichtbares gibt wie Zuneigung von irgendwo her. Dass der Glaube das eigentliche Mysterium aller Religionen ist.

Wenn wir Gottesdienst feiern, feiern wir ein Mysterium, aber wir befriedigen nicht menschliche, soziale Bedürfnisse. Das ist wichtig. Das eigentliche Mysterium, das man nicht zerreden darf und nicht zerreden kann.

Leidenschaftlich wahr

Predigt vom 16.10.2022 – Pater Josefs letzte Predigt

Ich erinnere mich an ein Interview mit Martin Walser, das ich gelesen habe, und da wurde er von einem Redakteur gefragt, die Texte, Bücher, die Gedanken, die er schreibt, wann sind sie für ihn gut und wann sind sie für ihn nicht so erhaltenswert. Darauf hat er die einfache Antwort gegeben: „Dann, wenn sie leidenschaftlich wahr sind." Das ist ein besonderes Wort: leidenschaftlich wahr. Diese Leidenschaft mag sein wie loderndes Feuer, sie kann auch eine leise Glut sein. Aber immer, so Walser, muss sie zu spüren sein, dieses Leidenschaftlich-wahr-sein.

Wenn ich das Evangelium lese, mich auf eine Predigt vorbereite, dann frage ich mich immer: Wo ist davon etwas zu spüren? Und immer wieder entdecke ich: Da ist etwas. Manchmal muss man es suchen. Heute im Evangelium (Lk 18,1-8) ist es vielleicht ex contrario, vom Gegenteil her. Da war auch von Leidenschaft die Rede, und zwar diese Geschichte, diese Erzählung, dieses Gleichnis, was Lukas aufgeschrieben hat, was Jesus so oder so ähnlich erzählt hat, dieses Gleichnis – leidenschaftlich. Da ist dieser korrupte Richter, und da ist diese bettelnde, bittende Frau, die die Kraft hat, einem Richter – ohne Ehrfurcht – ein blaues Auge zuzufügen. Diese Geschichte spiegelt die Realität der damaligen Zeit wider: diese bittende Witwe, sie war die Hilflosigkeit in der damaligen Gesellschaft, die niemanden hatte. Darum hat sie sich an diesen so korrupten Richter gewandt, der könnte ihr vielleicht helfen. Und siehe da – das Ergebnis dieser Gleichniserzählung: Beide, die bittende Witwe und der korrupte Richter, beide sind keine Verlierergestalten. Der korrupte Richter hat kein blaues Auge bekommen, die bittende Witwe hat gespürt, jemand ist für mich da.

Jetzt sagt die Theologie, die Exegese, die Bibelwissenschaft: Wir dürfen nicht so einfach mit den Texten umgehen und sagen: Dieser Richter, das ist Gott, der kann korrupt sein, und die bittende Witwe, das ist eben diese arme Frau. Sondern der springende Punkt dieser Erzählung besteht darin, dass ein Schluss vom Kleineren auf das Größere gezogen wird. Wenn schon ein solch ungerechter Richter sich schließlich bequemt, der bedrängten Frau Recht zu verschaffen, um wie viel mehr wird Gott das für seine Auserwählten tun! Das ist der Kernpunkt in dieser Erzählung.

Für mich ist immer die Frage – die Geschichte ist 2000 Jahre alt, sie hat viel Problematik in sich – wo ist denn der Anschluss an unser Leben? Wir befinden uns weder in der Rolle des korrupten Richters noch der einer hilflosen Frau. Wir haben normalerweise immer die eine oder andere Möglichkeit, uns zu helfen. Wo ist die Anschlussstelle zu diesem Evangelium in meinem Leben?

Sie wissen, dass ich gerne spazieren gehe in dem Feld zwischen Theologie und Psychologie. Ich erinnere mich an einen evangelischen Kirchentag hier in Berlin. Dort war ich in einem Vortrag einer Theologin, die gleichzeitig auch Therapeutin war. Sie erzählte von ihren Erfahrungen, und wörtlich hat sie dann Folgendes gesagt: „Vor Jahren verblüffte mich eine ältere Freundin mit der Aussage, dass alles, auf das wir uns mit ganzem Herzen ausrichteten, was wir uns mit ganzer Seele wünschten, auch in Erfüllung kommen würde."

„Meinst du das ernst", fragte ich sie. „Aber gewiss", antwortete sie. „Wusstest du das nicht?" Sie meinte es im Ernst, aber natürlich nur im Blick auf das, worauf ein Mensch sich mit ganzem Ernst, mit seinem ganzen Ahnungsvermögen für sein innerstes Wesen ausrichten würde, das könnte sich auch realisieren.

Der entscheidende Punkt ist diese Ausrichtung, nicht vom Kopf sondern vom ganzen Menschen her mit seinem Schicksal, mit seiner Erfahrung, mit seinen Verwundungen und seinen Verletzungen. Dass irgendwann, wenn er sich Frieden ersehnt mit seinem innersten Wesen, dass er zu diesem Frieden auch kommt.

Angelus Silesius: „Mensch, was du liebst, in das wirst du verwandelt werden."

Zur Person

Josef Schulte wurde am 30. Juni 1942 im westfälischen Boke als Sohn von Wilhelm und Anna Schulte geboren. Nach der Volksschule besuchte er das Progymnasium der Franziskaner in Wadersloh. Ab 1958 lebte er bis zum Abitur 1962 im Internat „Kolleg St. Ludwig“ im niederländischen Vlodrop. Im selben Jahr entschied er sich zum Eintritt in den Franziskaner-Orden. Am 23. Juli 1968 wurde Josef Schulte im Paderborner Dom zum Priester geweiht.

Nach Kaplansjahren in Dortmund-Scharnhorst begann er am Münchener Institut für Katechetik und Homiletik ein Studium der Predigtlehre (Homiletik). An der Ordenshochschule der Franziskaner in Münster folgten zahlreiche Jahre als Dozent für Predigtausbildung. Von 1984 an beschäftigte er sich mit der Themenzentrierten Interaktion nach Ruth Cohn und wurde 1998 schließlich mit TZI-Diplom zertifiziert. Seit 1972 arbeitete er in mehreren Diözesen in der Predigtausbildung junger Theologen und in Predigtkursen für Pfarrer.

1986 kam Pater Josef nach Sankt Ludwig in Berlin – er hat immer wieder erzählt, dass er sich anfangs nur schwer vorstellen konnte in dieser unruhigen Metropole zu leben. Und doch hat sich eine so innige Verbindung entwickelt, dass er sich im Jahr 2020, als sich die

Franziskaner aus St. Ludwig verabschiedeten, nicht mehr von Berlin, von seiner Gemeinde, von all seinen Freundinnen und Freunden und vom Geist der Großstadt trennen mochte.

Pater Josef war ein herausragender Geistlicher, ein begnadeter Prediger, ein leidenschaftlicher Verkünder der Frohen Botschaft. Und er war ein charismatischer Seelsorger, der unzählige Menschen in ihren guten und in ihren schwierigen Zeiten durch das Leben begleitet hat. Bei den Dominikanern in St. Paulus in Moabit hat Pater Josef ein letztes Zuhause gefunden, nachdem der Konvent der Franziskaner hier aufgelöst worden war – diese großzügige Gastfreundschaft hat ihn glücklich gemacht.

Pater Josef hat uns, seine große und dankbare Gemeinde, bis zuletzt durch seine menschenfreundliche, weltoffene und lebensbejahende Art beeindruckt. Seine warmherzige Heiterkeit ist sicher seinem tiefen Glauben geschuldet. Er hat ihn bis zuletzt wach und munter gelebt.

Kurz vor dem ersten Advent ist Pater Josef Schulte am 25. November 2022 von uns gegangen und hat sein Leben vertrauensvoll zurückgelegt in Gottes Hand.

Monika Grütters

Inhaltsverzeichnis

2022

Die Deutsche Nationalbibliothek verzeichnet diese Publikation in der Deutschen Nationalbibliografie; detaillierte bibliografische Daten sind im Internet über http://www.dnb.de abrufbar.

ISBN: 978-3-96258-159-6

Herausgeber und Herausgeberinnen:
Ursula Hüffer, Jutta Kunert-Kirchhoff, Michael Pross, Karin Schellmann
Lektorat: Jutta Kunert-Kirchhoff, Karin Schellmann
Layout/Satz: Catharine J. Nicely, Michael Pross
Druck: JBconcept
Hergestellt in Europa

Ganz im Sinne der Nachhaltigkeit wurde diese Publikation auf FSC-zertifiziertem Papier klimaneutral gedruckt.

PalmArtPress
Verlegerin: Catharine J. Nicely
Pfalzburger Str. 69, 10719 Berlin
www.palmartpress.com